本书获得清华大学外文系学术出版基金和本科生教育教学改革经费资助

走向环境人文主义：生态批评的文化之旅

宋丽丽　著

北京航空航天大学出版社

内 容 简 介

生态批评是20世纪70年代在生态危机、环境危机、资源与能源危机语境中肇始于美国的文学批评概念，具有跨学科与跨文化的特性，聚焦文学与自然环境关系的研究。本书从生态批评反思的向度研究文学在文明转型以及人文主义精神转向中的作用，具体内容包括：在理论层面，涉及了文学的“生态位”的跨学科分析、文学生态诗学的本体建构以及生态批评与文本合谋的叙事策略；在实践层面，以生态批评的视角开启中国文化之旅，对中国文学中的环境想象、区域叙事的生态智慧、黄河书写的感染力以及农禅的深层生态思想进行了文化考察。在生态批评的中国文化之旅中，本书发现文学与环境关系的研究最终走向人与自然相互依存的整体主义自然观以及基于地方的文化多样性共生的环境人文主义建构。

本书适合从事生态批评、生态美学以及环境文学教学与研究的文学学者以及研究人员阅读，也可以为具有生态环境危机意识、思考文明转型以及可持续生存的读者提供参考。

图书在版编目(CIP)数据

走向环境人文主义 ：生态批评的文化之旅 / 宋丽丽著. -- 北京 ：北京航空航天大学出版社，2023.11

ISBN 978-7-5124-4052-4

Ⅰ. ①走… Ⅱ. ①宋… Ⅲ. ①环境保护－文学研究 Ⅳ. ①I06

中国国家版本馆 CIP 数据核字(2023)第 031621 号

走向环境人文主义：生态批评的文化之旅

宋丽丽 著

策划编辑 陈守平 责任编辑 江小珍

*

北京航空航天大学出版社出版发行

北京市海淀区学院路 37 号(邮编 100191) http://www.buaapress.com.cn

发行部电话：(010)82317024 传真：(010)82328026

读者信箱：goodtextbook@126.com 邮购电话：(010)82316936

北京建宏印刷有限公司印装 各地书店经销

*

开本：710×1 000 1/16 印张：11.75 字数：250 千字

2023 年 11 月第 1 版 2023 年 11 月第 1 次印刷

ISBN 978-7-5124-4052-4 定价：59.00 元

若本书有倒页、脱页、缺页等印装质量问题，请与本社发行部联系调换。联系电话：(010)82317024

前　言

人与自然的关系是文学再现的三大关系之一。但是相对人与人的关系、人与社会的关系而言，人与自然的关系在文学理论研究，尤其是西方文学理论大潮中，被淹没在沉默的角落。随着污染、水土流失、沙漠化、雾霾、核威胁、气候异常变化等自然环境危机日益成为严峻的现实，研究文学与环境关系的生态批评应运而生。人与自然关系的研究随着生态批评的发展而逐渐成为显学，并衍生出环境人文主义新视野。

生态批评研究是笔者攻读比较文学博士学位时确定的研究选题。在2002年确定选题时，生态批评在国内还是一个不太受关注的小众术语，与关注性别、种族、阶级、语言等问题的女权主义文学批评、精神分析文学批评、结构主义与解构主义文学批评、后殖民文学批评、现代性与后现代性文学批评相比，面向生态环境危机现实与可持续生存问题的生态批评还没有完全进入国内学界的视野。在研读了《在自然写作中寻找环境意识》《生态批评读本》《环境想象：梭罗，自然写作与美国文化的构成》《为濒危的世界写作》《生存的喜剧：文学生态学研究》等生态批评著作之后，笔者深刻地认识到人与自然的关系问题是文学研究者不能回避与忽视的问题。文学研究者在唤起民众的环境意识觉醒，揭示工业文明发展对生态系统、生态平衡及环境造成的污染与破坏的现实，反思科技力量、现代化、工业化、城市化与可持续生存的关系，以及生态学知识所启迪的人类自身与环境之间的相互联系、相互作用、相互依赖的关系方面，具有义不容辞的责任和义务。

此外，生态批评不是孤立的新潮文学批评概念和术语，而是具有开放的跨学科性与跨文化性的人文主义反思与建构的文学研究潮流。生态批评术语从20世纪70年代诞生至今，在不足半个世纪的时间里，不仅突破了自然环境写作文本研究的界限，也突破了学科研究方法的界限，把生态学、环境历史学、人文地理学、人类学、环境伦理学、生态政治学、生态美学、生态经济学、文化研究以及哲学研究的方法论引入生态批评研究，产生了诸如《超越自然写作：扩大生态批评的界限》《接触：生态批评的理论与实践的探索》《地方感与星球感：全球的环境想象》《物质主义生态批评》《美国印第安文学，环境正义与生态批评：折中方案》等研究成果。在笔者阅读的众多生态批评论著中，对本书成书影响最大的是从价值本体视角思考生态破坏与危机根源的《生存的喜剧：文学生态学研究》、从文化多样性共生视角论述环境正义的《美国印第安文学、环境正义与生态批评：折中方案》，以及论述环境人文主义未来的《环境人文：批评简介》。它们激发了笔者思考以下几个问题：

(1) 如何建构生态学语境下文学的作用以及文学的诗学系统？

(2) 人与自然的关系在中国文化体系中经历了怎样的变迁？

(3) 现代文化体系中的人类中心主义的人文主义，在生态环境危机重重的现代文化体系中显露出弊端，如何在文化多样性语境中思考和建构人与自然万物相互依存共生的环境人文主义？

(4) 环境人文如何重构文学与其他学科的关系？文学与科学之间有怎样的关系？基于地方的传统文化与人类世物质主义之间有怎样的关系？

基于对上述问题的思考，本书建构了生态批评理论与实践的论述框架。书中用四章的内容分别论述了生态批评反思与批评策略；文学在观照人与自然之间相互依存的整体关系中的“生态位”；建构文学的诗学生态体系，即人是自然世界的组成部分的本体身份认知；以及文学的跨学科知识体系。本书的主体是生态批评在中国文化中的旅行，确切地说是一次生态批评的寻根之旅。生态批评术语产生于美国，引发了对以西方文化为主体的人类中心主义、机械主义自然观主导的工业化、现代中心主义的城市化、科技中心主义以及资本与消费主义价值体系的反思。本书论述的文学的“生态境”是在约瑟夫·米克抑悲剧价值而扬喜剧价值的基础上进一步探讨文学生态学在本体认知、价值体系、生活方式等方面的非西方化重构。文学的生态诗学则强调在生态学的视域中文学对自身边界的突破，跨学科地建构人与自然之间整体性的知识结构、审美与伦理向度。本书的一个核心观点是：如生态多样性是修复生态系统的重要策略一样，文化多样性是修复人与自然关系的重要策略。文化多样性的核心是地方性的生态智慧再认知以及对西方中心主义与人类中心主义价值体系的突围。

本书所述生态批评文化之旅旨在从文化多样性视角重新认知中国文学再现中的生态智慧。在中国文学再现中，蕴含了丰富的文化-知识-伦理的生态智慧叙事；诸如庄子的“天地与我并生，而万物与我为一”的天人合一观，内蒙古的区域叙事，农禅的诗歌，萨满文化的叙事，揭露黄河污染的环境书写，都再现了人与自然关系有别于西方线性的末世论的人与自然关系。这为重塑人与自然关系本体价值观念提供了另一种能量与希望。

在挖掘基于地方的文化多样性人文主义资源的同时，本书试图将人类世物质主义的现实纳入文化多样性的建构之中，极力避免脱离现实的单向度回归论述。因此，本书提出环境人文主义一方面要去除西方文化中心化，重视文化的归属性，从时间、空间、情感上重建人与自然的联系；另一方面，环境人文需要直面人类世的现实语境，与科学联手进行跨学科的物质叙事学术，并捡拾被科学忽视与遗忘的超自然物质叙事，从而实现无限趋近人类对自身以及对人与世界关系的整体认知。

本书提出环境人文主义是新文科建设的重要内容之一。在人类世语境下，重构人类的身份，重新认知人与自然整体生命的关系，重构知识体系、生活方式、行为模式的伦理与审美判断是文学研究者抑或人文学者必须面对的课题。本书也顺应生态文明建设大潮，旨在从价值体系、认知体系的转向上寻找新的维度。本书的预期读者群有三类：一是把环境文学与生态批评作为研究选题的博士研究生和硕士研究生；二是致力于人与自然关系研究并建构环境人文主义与新文科的人文学者；三是关注生态与环境危机现实，思考文明转型与可持续生存的环境保护人士。

本书的写作经历了 2021—2022 年新冠肺炎疫情不断反复的冬春夏秋。疫情现实辩证地加深了笔者对文明转型和人与自然关系本体价值体系的思考。

本书获得清华大学外文系学术出版基金和本科生教育教学改革经费资助，也特别得益于外语系配备的办公室提供的便利，在此表示诚挚的感谢。

著者于蓝旗营

2023 年 3 月

目　　录

引言：文学、人文与文明的关系

我们在哪儿生存！我们为什么而活！

——梭罗(《瓦尔登湖》)

文学，从广义上说，是文明的前沿哨兵。它以前瞻的视角再现人文与文明发展进程中的问题以及文明路径随弯就转的可能选择。文学反映时代的人文精神，这种人文精神引领文明的走向。文艺复兴文学表达了摆脱宗教束缚的诉求，张扬自由、独立的人文精神；人对自身尊严、自由与权力的追求开启了突破宗教边界的启蒙运动，形成了以功利主义与实用主义哲学为内核的人文主义。以人为中心的人文主义与科技力量一道促进了工业文明、城市文明的快速发展。毋庸置疑，工业文明与城市文明给现代人带来了前所未有的方便、舒适、快捷的生活。然而，随着气候异常变化带来的自然灾害以及有毒物质污染的日益严重，以人为中心的人文主义以及工业文明、城市文明发展面临不可持续的危机。其无视自然与人类之间的生命联系，肆无忌惮对自然进行索取与掠夺造成的破坏性后果已经浮出水面，成为不容忽视的现实。“世界上没有免费的午餐。”对自然资源与环境的过度索取与破坏超出了自然的承受能力。地球生态系统，包括水、土壤、空气，都出现了致命的危机。生态系统的危机又给人类生存带来了威胁。在危机四伏的语境中，聚焦人与自然关系的环境文学与生态批评拨动了忧患与责任的琴弦，吹响了人文与文明转向的号角。

为什么人文与文明要转向？应转向哪里？如何转向？这些问题的答案也许就隐

藏在环境文学对工业文明不可持续性的揭露与批判、对生命存在的本体与目的、人类生活方式与行为方式、发展方向以及未来文明的追问与反思中。

一、环境文学对工业文明不可持续性的揭露与批判

环境文学的里程碑——《寂静的春天》在其第一章中向读者展示了一个令人触目惊心的寓言，也可以说是警示预言般的景象：

在美洲大陆中部的一个美丽的地方，万物繁荣。乔木尽情地向着阳光生长，高大挺拔，花草茂盛，蝴蝶在花草间飞来飞去，仿佛花草的色彩在飞。蜜蜂在花间忙碌地工作着，它们在给花草授粉。鸟儿时而在高空中展翅，时而栖在枝头，林间一片欣欣向荣的景象。兔子、鹿在林间跳跃，狼虫虎豹在慢吞吞地寻找着猎物。池塘里的水草在水中摇曳，鱼儿在水草中来往穿梭，各种自然生命都在各自的生态空间里展现着生命的美好。人类加入其中，开垦荒地，种植粮食，自给自足。时间有条不紊地前行。然而，在发生世界大战之后，人类开始把用于战争的化学品用于农业生产。人类像对待战争中的敌人一样对待农作物害虫，大规模的农药喷洒如同开战一样向害虫发起了猛攻。于是，美丽的地方突然发生了意想不到的变化。一切都和以前不一样了。鸟儿越来越少，经常看到气息奄奄的鸟儿倒在草丛中。池塘里的鱼儿成群成群地死亡。神秘莫测的疾病袭击鸡、猪、牛、羊。越来越多的家庭也开始受到疾病的侵袭。曾经生机勃勃的美丽的地方被一种奇怪的寂静笼罩。

《寂静的春天》出版于1962年，距今60余年了。这部非虚构文学作品第一次唤醒了人们对环境中有毒物质污染的意识。第一版就售出了65 000余册。它以置疑人类中心的科技力量的视角，警示世人进行人类与自然之间的相互关联、相互依存关系的生态人文理念的思考。作者雷彻尔·卡森首次对控制自然的人类中心主义理念进行了批判。雷彻尔·卡森传记的作者这样阐释道："我们总是狂妄地大谈特谈征服自然。我们还没有成熟到懂得我们只是巨大的宇宙中的一个小小的部分。人类对自然的态度在今天显得尤为关键，就是因为现代人已经具有了能够彻底改变和完全摧毁自然、决定整个星球之命运的能力。因为这种巨大的能力不仅没有受到理性和智慧的约束，而且还以不负责任为其标志。征服自然的最终代价就是埋葬自己。"

征服自然理念的产生与机械主义自然观分不开。机械主义自然观处理人与自然之间的关系时，无视人与自然之间的生命联系，忽视自然万物的关联与平衡，忽视多样性共生的重要性。其后果正如雷彻尔·卡森所揭示的杀虫剂的破坏性：势必会导致生命链断裂、生态系统崩塌。作者通过寓言向人们发出警告，人类向环境中排放的有毒物质正在制造死亡的阴影，正在把自身的生存环境推向不可持续。同时，作者也提醒人类，我们是自然万物中的一员，我们的健康生存取决于与万事万物之间不可分割的相互联系。

寓言是一种文学形式，是想象的文字创造。其目的是警示或者教育人类，让人类明白一个道理。《寂静的春天》以警告的语气，揭露人类向自然环境中排放的各种化学物质正在导致疾病与死亡的发生，威胁到包括人类在内的各种生命存在。在20世纪中期，它的警告还只是鲜为人知的个别事件，而到了21世纪初，它已经在全球范围内成为一种常见现象了。如果我们在百度上随便以鸟、鱼、猪、牛、羊等家畜的死亡为关键词进行搜索，就会出现一系列与《寂静的春天》中的寓言描述相吻合的标题。下面随便列举几个与上述寓言极为相似的新闻报道：

（1）2011年3月26日一则新闻报道"上海上百头猪集体死亡，警方排除人为投毒可能"，检验结果显示为有毒猪饲料所致。

（2）2012年9月6日，《海峡都市报》报道福建省龙岩市永定县二十几头牛在山林中全部死亡，检验结果显示为矿物质污染所致。

（3）2012年12月4日，人民网《生命时报》报道，有360公里垃圾环绕青海湖，塑料覆盖草地一年，使得草地上寸草不生，牛羊误食塑料，导致上千头牛羊死亡。

（4）2014年9月2日的一则题为"触目惊心，鄂尔多斯鸟类成群死亡"的新闻报道，内蒙古鄂尔多斯市乌审旗乌审召镇位于鄂尔多斯市西南约150公里处，地处中国四大沙地之一的毛乌素沙漠腹地。这里曾是一片荒漠，五六十年代靠人工治沙，建成一片绿洲，被树立为全国牧区大寨。60岁的巴拉吉老人向记者描述过去的景观，那时水草丰美，有茂盛的芦苇，开春时鸟窝鸟蛋多得无从下脚，飞起来的各种鸟能遮住太阳。每年6月份马兰花开了以后牧场就像铺了紫色绸子一样美。2004年以后，这里开始建起化工厂，后又扩大成化工业园区，抽地下水，排污水，排有毒气体。短短几年，草场退化、芦苇消失，鸟类成群死亡，周围的人们也开始得各种各样的病。

（5）2019年12月环京津网报道："天津现野生鸟类集中死亡事件，警方：多只鸟体内检出农药成分。""此次野生鸟类集中死亡的地点位于宁河区一养鱼池。经查，该养鱼池承包人孙某某（男，51岁，天津市宁河区人）于今年11月将池内混养的鱼、虾、蟹捕捞后，在网上购买了用于清塘的清塘剂，并过量投放到养鱼池中进行杀消处理。经检测，该清塘剂中含有国家明令限制使用的农药甲拌磷，现场发现的死亡野生鸟类中有23只鸟的体内查出甲拌磷成分。"

（6）2020年9月，中国生物技术网报道，美国西部多州出现候鸟死亡现象。

……

与雷彻尔·卡森的寓言相呼应的现实令人触目惊心。这些令人触目惊心的现实呼唤文学研究者跨越学科的界限，重新审视文学文本与文学研究的本体与目的。生态批评作为应运而生的文学研究潮流在研究文学与物理环境之间的关系过程中不断扩大自身的边界，在荒野、城市污染、环境正义、身体与物质、文化多样性等一波又一波的研究浪潮中，在文本和研究方法上与其他学科形成了有机的结合。生态批评的研究对象——环境文学超越了文学作为一个学科的局限，超越了文学学科文类的局限。环境文学的内涵拓展到文学成为一门学科之前的范畴。环境文学不再是局限在学科范畴内以诗歌、小说、散文与戏剧的形式用美丽语言表达出来的情感想象的文字，而是跨越学科界限、与科学认知联手直面物质现实的任何形式的书写。由此，环境文学与生态批评在跨学科的视域内显示出了更宏大的责任担当，即引领人文学科跨越边界的转向。聚焦人与自然关系的环境文学既包括情感想象文字的文学，也包括科学知识普及文字的文学，还包括历史、哲学、人类学、文化地理学文字的文学。生态批评研究在方法论意义上突破了文学与其他学科的对立分离。

在生态危机语境下，环境文学，无论是情感文字还是科学知识普及文字，都直面生存现实，它包括对现实的再现、对现实的警告、对现实的批判、对现实的反思以及对未来的展望。在再现、警告、批判、反思与展望的文字中，城市化与工业化显露出来的不可持续性及潜在的危机被揭示出来。环境文学揭示的危机与不可持续性从表面上看是技术问题，从深层次看则是文明本体与目的的问题。而对于可持续生存的人文与文明的未来，不从本体与目的层面进行另一条路的思考，是难以看到出路的。

二、环境文学在本体与目的层面的追问与反思

环境文学在本体与目的层面最经典的追问莫过于梭罗在《瓦尔登湖》中提出的“我们在哪儿生存？我们为什么而活?”了。

梭罗是在美国工业化、城市化腾飞之初提出这个问题的。工业文明之初，北美大陆上到处都是此起彼伏的伐木声，原始森林成片消失，大小城市像洪流一般向外铺开。美国的工业化与城市化数据显示，在19世纪40年代，城镇的人口几乎成倍增长，在19世纪50年代则增长了50%，城市与各种规模的工业作坊如雨后春笋般蓬勃发展起来。与此同时，美国本土的自然环境也发生了天翻地覆的变化。到19世纪中期，东部的大片森林遭到破坏，鱼与野生动物的数量随着栖息地的消失、过度捕捞和狩猎而急剧下降。美国西部的农垦定居也给景观造成了巨大的变化，这是美国森林消失、土壤流失、野生动物消失速度最快的时期。根据美国林业部的数据，在1630年，美国整体土地面积的46%被森林覆盖，19世纪上半叶三分之二的森林转化为其他用途，并连续50年以每天13平方英里(1英里≈1.61公里)的速度把森林清除。当然，美国的环境意识觉醒得比较早，并从20世纪50年代开始大力恢复森林覆盖率，目前已经恢复到1630年时森林覆盖率的70%。

19世纪，美国原荒自然在短短的二三十年时间里被私有化、被开垦、被建成一个一个小城镇。持续不断的森林砍伐和城镇建设也牵动了作家的心。在19世纪末，大批有前瞻意识的文学家聚焦工业化、城市化过程中森林砍伐的物质现实。女作家海伦·杰克逊在其游记《科罗拉多的小城》中生动形象地描绘了美国西部大开发时期几乎天天都在伐木、人人都在繁忙地建设城市的情景，速度快到12天就建完一座小城，人们日夜不停地听到斧头砍伐树木的声音。而最壮烈的场面莫过于惠特曼1819年

创作的《红木之歌》中所描写的：

别了，我的兄弟，
别了啊，天与地，
别了，与我相邻为伴的水。
我的时间结束了。我的大限已至。
沿着北方的海滨，
刚刚从岩石环绕的海岸和洞穴回来，
在海边吹来的咸咸的空气中，在孟多西诺县
随着低沉、嘶哑而沉重的海涛的伴奏，
随着健臂挥舞的斧头有节奏的咔嚓声。
在斧头尖利深深的劈砍中、在茂密的红木林中，
我听到了高大雄伟的树木吟唱死亡之歌。

从惠特曼的这首诗歌中不难看到：在功利主义、实用主义浪潮下，工业化、城市化过程对自然的破坏呈现了史无前例的速度与规模。与美国西部海岸历史同在的红木林经历了漫长的历史变迁，却没有逃过工业化进程的斧头。如果说红木林死亡之歌因其岁月久远而令人哀叹，那么红木林被破坏则因其生态价值更令人扼腕。红木林具有独特的价值与作用。生态学研究表明，红木林具有吸收污染物、净化海水、防止赤潮发生、为生物提供生产繁殖的环境、防风防浪、保淤保滩，以及作为固岸防堤的“海岸卫士”的重要生态价值与作用。在21世纪的今天，这已经逐步成为生态学常识，但在工业文明之初，它却完全被忽视了。忽视的代价就是打破自然平衡，导致生态系统的崩塌。发生如此大规模的森林砍伐和人与自然关系的本体意识形态有关。可以说，两种人与自然关系的本体信念与态度造成了早期殖民者对待原始自然的态度。其一是基督教伦理中人与自然之间的管理与控制的等级观念，林恩·怀特在分析生态危机的根源时深刻地剖析了这一点。在上帝造物的观念中，人高于万物，负责管理万物。随着基督教世俗化，管理慢慢地就演变成了使役与控制甚至再造。其二，在工业文明之初，实用主义哲学确认了机械主义自然观，把自然当作如钟表一样可以拆卸安装的机器，否定了自然的生命活性以及自然界万事万物之间的关联，粗暴地把自然界中的万物当作可任意掠夺开发、只为人类福祉服务的资源。宗教意义上的人与自然之间的等级观念以及机械主义自然观对自然的超自然特性的无视甚至否定，助推了工业化与城市化发展的速度与规模，并形成了全球化的趋势。

诗歌具有跨越时空的能量，两百年之后的今天，当再读惠特曼的《红木之歌》时，我们少了份惠特曼那样的人文主义的骄傲，多了份环境人文主义的谦卑。我们从诗歌中更多地听出了红木为人类的无知所唱的悲歌。

“我们在哪儿生存？我们为什么而活？”叩问文明与生存的本体与目的，既追问人在自然界中存在的地方与位置，也追问人作为地球上的物种存在的身份与去向：人类是谁？从哪儿来？到哪儿去？从宏观来看，人类作为一个整体，是宇宙中的一个物

种，具体地说就是，生活在宇宙中的众多星球之一——地球之上。地球经过了46亿年的漫长演变、进化，我们人类何其幸运！当地球上的万事万物达到了多样性平衡的时候，人类才进入到了地球景观之中。我们乐享其成。而我们的存在只占据着宏观宇宙时光里一小段微不足道的时空。我们是地球人，地球是我们的家园。我们依赖地球上万事万物之间的紧密联系而生存，或者说我们是地球生命链中的一环。从微观上讲，人类由不同的个体构成，由不同的种族构成，不同的种族与个体生存在地球的不同地理位置上，不同的地理位置具有不同的物质构造环境。不同的人、不同的种族在不同的物质环境中与自然万物进行着不同的互动，形成不同的生活习惯、习俗、文化、精神信仰以及叙事。不同的时空、不同的生态生存环境，产生不同的人与自然关系的情感与想象。可以说，人类与自然的关系对本体与目的的追问与回答，应该从具体生存环境的完整、稳定与美丽的视角出发，去人类中心化，去西方文化中心化，去信仰中心化，回归人类是自然的一部分的整体维度，在多样性共生中寻找答案。

“我们在哪儿生存？我们为什么而活？”也是对人类生活方式与行为方式的追问。梭罗在《瓦尔登湖》中说：“富有取决于你能舍弃多少。”人类中心主义把占有资源、消费资源视为理所当然的生活方式。这种生活方式把人类行为置于自然整体存在的对立面，使得人类以自然征服者的身份出现，割断了人类与万事万物之间的生命联系，实际上也是在抛弃自然赋予人类的福祉。人类之所以能在自然界中快速地演化发展，在于自然界的万事万物经过亿万年的演变达成了相互联系、相互平衡的稳定整体。而拥有了科学技术力量的现代人类在自然等级观念与机械主义自然观的支配下，执着于直线型的发展观念，忽视了生态圈万事万物紧密相连的循环原则。用巴里·康芒纳的话说就是，人类技术圈的线性发展观严重冲击了自然生态圈循环的基本原则。人类等于在与赖以生存的地球生态圈作战，而战争没有赢家。在与地球生态圈的战争中，人类不是走在毁灭的路上，就是走在自杀的路上。“与星球求和平”才是人类可持续生存的出路。幸运的现代人要守住自己的幸运就要守住与大自然共生的生物多样性，以生态圈循环原则为标准来发展科技、经济、文化，实现人类的进化与演变。这是“绿水青山就是金山银山”所表达的真义，也是可持续生存的根本。

健康的生活方式与行为方式离不开健康的环境。那么，什么是健康的生活环境必不可少的要素呢？说起来非常简单。生命存在真正离不开的就是干净的水、肥沃的土壤与洁净的空气。然而，就是这么简单的道理，在工业化、城市化发展过程中却被完全忽视，以致空气、土壤、水沦为牺牲品。非常讽刺的是，当人们在高度发达的工业化城市里享受着舒适、方便、快捷的富裕物质生活时，生命真正离不开的这些要素却几乎成了珍奇的奢侈品。这不仅仅意味着我们污染了水、土壤和空气，实际上，干净的水、肥沃的土壤、洁净的空气并非孤立存在的，而是一个系统，是相互作用、相互关联、不断循环变化的结果，破坏了任何一环就破坏了整体的稳定与安全。早在19世纪中叶，梭罗在《瓦尔登湖》中就已经用美丽的语言从精神层面向读者展示了他针对“什么是生活中必不可少的要素”这一问题所做的实验。他的实验力图证明荒野是生命的救赎者。在梭罗的笔下，我们读到生存环境中离不开水、土壤、鸟儿、森林。生存环境中一定要有水体，因为水是生命之源。这教会我们认识生命的真谛。生存环境中真正不可或缺的是可以生长各种植物的肥沃的土地，一旦土地失去了自身的生命活力，成为不毛之地，人类的生存危机就可想而知了。生存环境中真正不可或缺的还有可以供鸟儿和多种生物栖息的森林。目前，世界上已知的生物中有一半离不开森林的环境。森林的作用不容人类忽视。森林天然地为我们制造必不可少的氧气；森林默默承担着清洁净化我们的生存环境的重任，吸收二氧化碳，吸收灰尘。森林是水土的保护者，涵养水源，防止水土流失。森林是气候调节器，吸收温室气体，为稳定气候保驾护航。生存环境中真正不可或缺的还有鸟儿。它们是我们的灵魂伴侣。它们给我们带来自由自在展翅高飞的理想。环境文学强调一个基本常识：人类生命离不开自然万物。环境文学对本体与目的的追问引发了生态人文思考，即人类需要把自身的生活方式与行为方式置于万事万物紧密相连的自然生态法则之中。

“我们在哪儿生存？我们为什么而活？”也是对人类发展方向的追问。勒古恩在其小说《路的方向》中以橡树的叙事视角，讲述了人类有速度没方向，飞速向前行驶，最终车毁人亡的悲剧故事。在橡树的眼里，人类在行走、骑马、赶马车的时代还常常会在橡树下乘凉，橡树如同好朋友一样存在于人的生活中。有了机动车之后，道路越修越宽，森林和森林中的生物不得不为人类的机动车让路。人与人之间、人与自然之间的交流和联系也随着道路的加宽、车辆行驶速度的加快而变得疏离异化。但是人类以这么快的速度要行驶到哪里去呢？在橡树的眼里，只有甲壳虫是没有方向四处乱窜的生物。人类的方向在哪里？小说中机动车撞向大树，车毁人亡的结尾寓意深刻。“路的方向”是一个严肃的话题。作者借橡树之口，责备人类：如果不懂自然法则，至少应该懂得相对性法则，并质问不问方向地盲目快速发展是为了什么。

目前，人类正面临着前所未有的挑战，即温室气体排放加剧了全球温室效应，导致冰川融化。冰川融化可能引发海水温度变化，进而导致空气流动以及风向异常变化，造成全球气候异常变化。自然界的生命链一环扣一环，当把自然的正向链接打破，逆向链接也就如多米诺骨牌效应，将在所难免。气候异常极可能导致日益频繁的自然灾害发生。自然灾害势必让方便、舒适、快捷的生活成为海滩上用沙堆的城堡。若要可持续生存就必须回答“我们在哪儿生存？我们为什么而活？”这个本体问题。

从微观上思考，要回答“我们在哪儿生存？我们为什么而活？”，目光势必要回到文化的维度。在几万年的漫长进化中，人类与环境之间形成了互相塑造的关系。在与自然之间的有条不紊的相互塑造中，人类创造了地方特色的文化。正如电影《家园》中所展现的：地球经历了46亿年的进化，在漫长的过程中形成了水、土、树木、空气、花、草、万物多样性共生的生机勃勃的世界。这时，人类才进入自然的景观之中。在接下来的几十万年的人类发展进化中，不同地方的人类族群与周围的环境发生了对立统一的依存互动，创造了丰富多彩的地方特色文化与文明。多样性的文化各自叙述着人与自然之间的相互关联、互为整体的自然与超自然的故事。多样性文化叙事蕴含着人类维护自然环境完整、稳定、美丽的智慧与知识、情感与想象。这些知识、智慧、情感、想象具有时间的长度和空间的厚度，讲述着因为所处的地方不同而千姿百态的生命的模样。然而，随着殖民运动的兴起，以生命为中心的文化叙事逐渐受到排挤。多样性的人与自然关系体系的文化被现代化统一到同一个文化模式轨道上。到工业文明阶段，尤其是近一百年来，在机械主义自然观的主导下，在以人为中心的实用主义与功利主义价值观的视域下，人类与自然之间的互动共生关系被形而上的主体与客体关系取代。人类以主体的身份把自己置于高于自然的位置，与自然万物的关系渐行渐远。自然不再是产生人类知识与智慧的源泉，反而成为人类知识力量的试验场，成为知识力量改造的对象，成为人类经济利益的资源场。人类与自然之间彻底物质主义化。花、草、树、木、鸟、兽、虫、土、水听任以经济利益为内核的人类福利的处置。人类像享受免费午餐一样享受着短期的经济利益与物质的极大丰富所带来的满足感。巴里·康芒纳在《与星球求和平》中指出：世界上没有免费的午餐。当人类砍下第一棵树，而没有及时地种上另一棵树作为补偿的时候，就开始欠下水与空气的债了。人类生命离不开空气和水，债务在日积月累。全球范围内以统一的文化模式、经济模式发展——大规模地砍树，大规模地毁灭生物多样性，大规模地使用化肥、农药破坏水土自身的生命共同体，也许短期内人们得到了经济利益、物质福利，吃到了自然的免费餐，获得了极大的满足，但正如奥尔多·利奥波德在《像山一样思考》中所指出的："从长远来看，太多的安逸似乎只能带来危险。"在亏欠自然的债务达到一定程度的时候，人类的生命也就深深地陷入债务危机之中。生命债务危机意味着人与自然关系的崩溃，而人与自然关系的崩溃将直接威胁人类生命的存在。

"我们在哪儿生存？我们为什么而活？"最终指向未来文明的追索方向。显然，殖民运动开启的现代工业文明以统一的文化模式把人类带到了生存危机边缘。无论能源还是最基本的土壤、水与空气资源，或是城市消费与垃圾，都呈现出不可持续的危机，更不用说日益加剧的气候异常变化造成的频繁威胁人类生存的自然灾害。环境文学反思的本体与目的的问题，将人们的目光引向一种可持续生存的文明。可持续生存的文明需要重温人是自然整体的一部分的故事，重温万事万物紧密相连的故事，重温生命的意义高于一切的故事，重温人类生命与大自然中的万事万物的生命联系的故事，重温自然中的万物都具有内在生命价值的故事，重温人类生命的价值在于认识与维系生命与生命之间的相互依存、相互作用、相互联系的故事，而最重要的是重温文化多样性共生的故事。这些故事证明以生态为本体的人文与文明是生命在地球上可持续生存的必然选择。

三、回顾中国生态文明建设的历程

无论是文本中揭示的环境危机，还是现实中愈演愈烈的资源、环境、生态危机，都指向文明转型。中国提出生态文明建设是中国特色社会主义事业的重要内容，这无疑表现出了对人类未来可持续生存与发展的担当。人类共享一个地球，我们生存的地球把所有人的命运联系在一起，建设人类命运共同体是生态文明的伦理与文化选择和人文精神的基础。

进入 21 世纪的二十几年里，生态文明建设政策与规划逐步完善，生态人文与生态文化建设成为“五位一体”总体布局的一部分内容。2002 年，党的十六大提出要“推动整个社会走上生产发展、生活富裕、生态良好的文明发展道路”。2003 年，党中央确立了以生态建设为主的林业发展战略，明确提出建立以森林植被为主体、林草结合的国土生态安全体系，建设山川秀美的生态文明社会。2007 年，党的十七大将建设生态文明确定为全面建设小康社会的重要目标，指出必须把建设资源节约型社会、环境友好型社会放在工业化、现代化建设的突出重要位置，落实到每一个单位、每一个家庭。2012 年，党的十八大从新百年的长远规划出发，进一步推进生态文明建设的战略决策，从生态文明的重要地位、重要意义、严峻形势、树立生态理念、生态文明的本质特征、政策方针指导、发展途径、发展目标、战略任务以及根本目的方面绘制了生态文明的宏伟蓝图。生态文明建设是在资源趋紧、环境污染严重、生态系统退化的危机语境中应运而生的，它关乎人民福祉、民族未来。生态文明建设过程中首先必须树立尊重自然、顺应自然、保护自然的生态文明理念，并把生态文明理念的观点范式融入经济建设、政治建设、文化建设以及社会建设的方方面面。生态文明建设过程中要坚持节约资源和保护环境的基本国策，坚持节约优先、保护优先、自然修复为主的方针，着力推进绿色发展、循环发展、低碳发展，形成节约资源和保护环境的空间格局、产业结构、生产方式、生活方式，强调给自然留下更多的修复空间，给农业留下更多良田，给子孙后代留下天蓝、地绿、水净的美好家园。生态文明建设的根本目的就是实现中华民族的永续发展，为全球生态安全贡献中国文化的智慧与能量。2015 年，国家又发布了《关于加快推进生态文明建设的意见》，其中特别提到把科技与经济发展的绿色化程度结合在一起，有效降低发展的资源环境代价，进一步明确了科技人文有机整体发展的方向；另外，其中提到的“坚持问题导向，针对薄弱环节，加强统计监测、执法监督，为推进生态文明建设提供有力保障”，加大了全社会每一个人参与的力度。生态文明建设非一己力量所能为，也并非完全依靠政府的政策就能一蹴而就，必须要全社会每一个公民都有环境意识，都行动起来才有效。生态文明建设关系到各行各业、千家万户。要充分发挥人民群众的积极性、主动性、创造性，凝聚民心、集中民智、汇集民力，只有这样才能真正实现生活方式绿色化。2015 年 10 月，随着十八届五中全会的召开，增强生态文明建设首度被写入国家五年发展规划。生态文明是人类文明发展的历史趋势。以生态文明建设为引领，协调人与自然的关系要解决好工业文明带来的矛盾，把人类活动限制在生态环境能够承受的限度内，对山、水、林、田、湖、草、沙进行一体化保护和系统治理是人类未来可持续生存的希望。2017 年，习近平在党的十九大报告中指出：人与自然是生命共同体，人类必须尊重自然、顺应自然、保护自然；提出继续推进绿色发展，着力解决环境问题，坚持全民共治、源头防治，实施重大的系统保护与修复工程；还提出构建生态廊道与生物多样性保护网络，提升生态系统的质量与稳定性。可以看出，从领导层面，生态环境意识已经上升到本体认识高度，生态文明建设已经开始落地生根。另外，管理力度也在不断加强。正如习近平所说，“生态文明建设功在当代、利在千秋。我们要牢固树立社会主义生态文明观，推动形成人与自然和谐发展现代化建设新格局，为保护生态环境作出我们这代人的努力”。

在“五位一体”总体布局中，文化建设是其中重要的一环。它在对生态文明的界定、认识、理解与阐释上发挥着不可替代的作用。生态文明需要环境人文主义支撑。环境人文主义需要文学研究在跨学科的平台上研究、论证环境人文的重要观念：人类是自然整体的一部分；人类生命与自然中万物的生命紧密相连；文化是以地方、历史与情感想象为中心，而不是以西方文化为中心。文学是文明的前哨，是文明蓝图的先行者之一，是环境人文生长的沃土。文明要转型，情感想象必先行。

四、本书的意义

本书是在生态文明视域下，本着“着眼全球、立足本土”的原则，进行环境文学与生态批评宏观理论与微观文本的研究。全书有上、下两篇，上篇包括第一章到第四章，从理论上宏观地对“文明的转型与生态批评”、“文学的生态位”、“文学的生态诗学”以及“生态批评的叙事学术”进行了论述。下篇则立足本土，进行生态批评文化旅行，对庄子、陶渊明、徐刚、郭雪波、姜戎、哲夫、马军、李林樱以及农禅诗歌进行了生态文化与环境人文探索研究，重点探索了中国文学环境想象、黄河书写的文化内涵、区域叙事的生态智慧、环境正义与敬畏自然、文化多样性生态批评、农禅的深层生态哲思等内容。本书最后落脚在从人文主义走向环境人文主义的论证。环境人文主义在人文主义取得的以人为中心的独立、自主、尊严与权利的人文成果基础上，以谦卑的姿态反观人自身以及人与世界的整体关系。其反观途径包括：(1) 借助深层生态学整体主义自然观，反观人类与自然万物同属一个生命共同体的伦理审美与生态智慧。(2) 借助生物多样性共生的生态原理，反观文化多样性共生可持续生存智慧。(3) 借助跨学科研究平台，反观科技与人文携手共同面对人类世的不确定性的张力。环境人文主义一方面要超越人类中心主义与西方文化中心化，重视文化的归属性，从时间、空间与情感想象上重建人与自然的联系；另一方面，需要直面人类世的现实语境，与科学联手进行跨学科的物质叙事学术，同时捡拾被科学忽视或遗忘的超自然物质叙事，从而实现无限趋近人类对自身以及对人与世界关系的整体认知。

第一章　生态批评反思与文明的转型

有机械者必有机事，有机事者必有机心。机心存于胸中，则纯白不备；纯白不备则神生不定；神生不定者，道之所不载也。

——庄子(《天地》)

一、生态批评的界定与缘起

格罗特菲尔蒂在《生态批评读本》中把生态批评界定为对文学与物理环境关系的研究。研究对象从非虚构的自然环境文学写作开始逐步延展到所有聚焦人与自然环境关系的文学文本。在美国文学研究中，自然环境写作可以追溯到17世纪美国殖民时代的自然写作和18、19世纪回归自然的浪漫主义文学。生态批评研究先后发现并确立了吉尔伯特·怀特、约翰·史密斯、梭罗、约翰·缪尔、J. 巴勒斯、M. 奥斯汀、奥尔多·利奥波德等自然与环境文学经典作家。他们大多在美国大规模工业化之初就开始思考工业文明的未来，创作出了关于人与自然关系前瞻性思考的不朽之作。如果要对自然与环境文学加以区分界定的话，那么在时间上就存在一个节点，即《寂静的春天》出版的年代。可以说，在20世纪60年代之前，自然与环境文学往往从情感、思想、想象以及物质现实的视角思考人与自然的关系，书写自然的内在价值以及保护荒野自然的重要性。荒野与人在精神与美德层面的内在联系以及荒野的生态意义是第一波生态批评浪潮中研究的主题。这时，环境文学反思的焦点在于荒野自然对于人类精神与情感的重要性。1962 年，《寂静的春天》出版，这部里程碑式的作品揭示了自然生命网络随着工业文明的飞速发展而遭受巨大的污染和破坏，警醒人们注意环境中有毒化学物质污染可能导致的毁灭性后果。《寂静的春天》传达出人是自然世界的一部分的理念。这对西方文化中人是自然的管理者的理念是个革命性的冲击，由此对人类与自然的关系的思考从精神层面转向了物质层面。人类是自然世界的一部分，人类物质文明的发展直接影响到物质自然的完整、稳定与美丽。物质环境的破坏直接影响到人类的健康与生存。20 世纪 60 年代以后的自然环境文学直面我们生活环境中日益严重的环境问题，诸如污染、沙漠化、核威胁、酸雨、沙尘暴、全球气候异常变化等。随着对有毒物质污染等环境危机的警醒，越来越多的人文学者聚焦自然环境文学作品文本研究，承载生态意识与环境责任的生态批评逐渐成为显学。

生态批评针对现代工业文明视域下人与自然关系的不可持续性进行了反思，反思文学学术研究面对环境生态问题所能生发的能量。首位使用生态批评术语的学者鲁克特在 1978 年提出，从文学的阅读、教学和写作中“找到避免人类群体毁灭自然群体同时也毁灭人类群体的方法”。他提出找到文学的精神负熵能量以平衡物质世界熵的消耗。他相信文学在环境危机中能够有所作为。生态批评家格兰·拉夫提出“今天，文学最重要的功能是重新引导人类全面地思考人类在濒危自然界中的位置”。他非常犀利地指出人文学者没有理由只沉浸在文字的象牙塔里，对威胁人类生存的环境问题置若罔闻。文学学术应该反思其在解决环境问题中的作用并努力与科学携起手来。约瑟夫·米克在《生存的喜剧》中提出“如果文学创作是人类物种最重要的特点，那么应该仔细认真地审视，找到它对人类行为和环境的影响——看看它在人类生存福祉中到底起什么作用。它在人类与其他物种和周围世界的关系方面提供了哪些真知灼见”。约瑟夫·米克是最早提出文学生态学概念的学者，其跨学科的教育经历——获得生态学专业学位以及比较文学专业学位——使得他的研究颇有优势，以文理结合的视角论述人类与自然环境的关系，更能趋近整体认识，不失为环境人文的先例。他提出一贯备受推崇的悲剧精神张扬人类中心主义价值观念，为了抽象的个人英雄主义而牺牲生命价值存在，是把人类从自然世界剥离出来的孤立的价值观念，与生态多样性共生的原则背道而驰；相反，喜剧精神则以家庭团聚与生命健康为中心，体现了生态学意义上相互关联的价值原则。

相互关联的整体价值观念使得生态批评具有不拘泥于狭隘的文本与学科的特性。在对自然写作、西部文学、环境写作、浪漫主义文学以及超越自然写作等经典作品的反思性研究中，它的批评视域在不断扩大，批评方法也呈现出多元跨学科的样态。里德在《走向环境正义生态批评》一文中把生态批评概括为五个流派：(1) 保护主义的生态批评——旨在研究文学作品中的人与自然之间的关系，提升欣赏自然之美、保护自然之美的意识，强调人与自然之间在精神层面超越性的前瞻视界；(2) 生态学生态批评——旨在利用生态学的概念与思想阐发生态诗学；(3) 生态中心主义或者深层生态学生态批评——旨在阐发超越人文主义界线，张扬非人类生物的权益和存在；(4) 生态女性主义生态批评——旨在从自然被女性化的视角，研究文学如何阐发女性与自然之间被压迫、被征服的关联；(5) 环境正义生态批评——旨在研究环境恶化与威胁对穷人和有色人种的影响，以及其他少数族裔文学的自然写作传统在生态危机面前话语权复兴的意义。在最近十年间，又出现了物质主义生态批评与跨身体生态批评，研究人与自然万物之间物质能量流动关系的叙事；后殖民生态批评强调殖民主义对本土环境和人文的掠夺、驱赶与压治，以及打破了本土环境与人之间的完整关系，造成人与自然之间关系的异化与渐行渐远。随着科幻小说的兴起，后人类主义生态批评也应运而生。人与自然的关系不仅仅局限于人与自然。人类的造物，尤其是科技产物也成为人与自然关系的一部分。人与自然的关系仿佛是物质与能量的螺旋式旋涡的集合体。人文主义的界限也在不断受到冲击。后人文主义把科技带入人文主义的关系中，从某种意义上说，它揭示了以科技中心取代人类中心的人文主义以及人与自然的关系。纵观生态批评的上述种种流派不难发现，从方法论上看，生态批评呈现出了开放联合的姿态。

生态批评以开放联合的姿态，从不同的角度、用不同的方法切入研究，直面可持续生存危机，归根结底是在寻求乔纳森·贝特(2000)在《大地之歌》中反复提出的一个问题“我们从哪儿开始走错的？”的答案，寻找走出世界正面临的日益严重的生态失衡与危机的可持续生存的出路。接下来，笔者将从以下六个方面就从生态批评角度对文学与物理环境关系的研究作一个整合式的反思，以期展望人类生态文明转型的未来。

(一) 反思人类中心主义的进化观

毋庸置疑，在现代文明发展过程中，人类与自然的关系的逻辑内核是人类中心主义。人类中心主义确立于启蒙运动之后，随着培根提出知识就是力量，人类逐渐把认识自然的知识转化为改造自然的力量。“自然中的一切都可以用来为人类造福”就逐渐成为一种理性的信念。尤其是在“物竞天择、适者生存”的社会达尔文主义把人类适应地球生态环境的生存法则发展成人类改造与征服地球生态环境的进化观念以后，人类把自身凌驾于自然存在物之上并以自然的主宰自居视为理所当然。随着科学技术的发展与进步，人类与大自然中的一切生命和无机环境从相互依存的关系变成了征服和改造的关系，确立了人类中心主义人文传统。在人类中心主义人文传统中，人类的尊严与权利、个体潜能与个体创造精神至高无上，大自然中万事万物的存在从属于人类的存在，服务于人类福利，为实现人类个体的潜能服务，为人类个体的创造性服务，为实现人类个体的物质利益最大化服务。人类与环境之间相互塑造与相互影响的关系变成了人类改造自然、利用自然的关系。人类物质生活条件的改善成为提升人类尊严与权利的绝对标志。借助科技力量，人类对自然进行了超历史的肆无忌惮的开发、改造与掠夺。自然变成了人类实现自我的资源场。

从某种意义上说，短短三百年的人类中心主义工业文明在物质层面实现了多数人物质生活条件的极大满足，人类社会出现了前所未有的极大物质丰富；从个人权利方面，实现了人类个性的张扬、人类个体潜力的最大化发挥。可以说，现代工业文明实现了人类物质生活上方便、舒适、快捷的进步与发展，人文主义取得了史无前例的进步。

然而，从社会层面来说，前所未有的物质财富的增加并没有完全解决社会公平公正的问题。财富与资源越来越集中在少数人手里。根据乐施会（Oxfam）的一份研究报告数据，2018 年世界上富人的财富每天增加 25 亿美元，而富有的 26 人所掌握的财富相当于最穷的 38 亿人所掌握的财富的总和。

在人与自然的关系层面，自然环境为人类井喷似的物质繁荣付出了巨大的代价：物种灭绝、水土流失、土地沙化、核武器威胁、全球气候极端变化等生态危机与环境恶化给人类带来了前所未有的生存危机。从深层生态批评视角看，人类中心主义人文传统是造成人与自然之间失衡的根本原因。雷彻尔·卡森在《寂静的春天》中警示人们：人类是大自然生命链中的一部分。对生命链的破坏证明人类中心主义征服自然与掠夺自然实际上是一种自杀行为，我们必须与其他生物共同分享我们的地球。走向生态中心主义的生态批评为环境人文主义开疆拓土。当人类与自然之间的感情纽带被激活以后，现代化世界的居民极有可能以生态中心的思考方式重新建立人与自然的关系。中国提出生态文明建设，强调要重新回到尊重自然规律的轨道上来，从长远利益出发，重新修复人类与自然之间的关系。人与自然之间关系的危机与社会公平公正的危机相辅相成。人类释放对财富的欲望，不加以节制，但在财富无法均衡分配的情况下，就目前地球的人口数量而言，就目前社会的竞争与经济的发展模式而言，穷人要达到富人享受的生活水平，没有八个地球是不可能实现的，而不让穷人达到富人的生活水平是不人道的，是违背人文主义原则的。那么，地球的资源、能源与生态就不可避免地要面临崩溃。

于是，人类要可持续生存就必须重新审视人类与自然万物之间的相互依存关系。与依存关系最不相容的要素是“自我中心”和“竞争”。人类中心主义观念使得自我中心的主体意识膨胀，在竞争中追求利益的最大化。要在精神层面和思想层面改变“自我中心”和“竞争”的经济逻辑、文化逻辑以及社会发展逻辑，就要回到存在本身，也就是约瑟夫·米克所说的喜剧精神上来。以生命与生存为中心的喜剧精神是人类尊重自然规律、与自然共存的基本条件，是向生态文明与环境人文主义转型的前提与基础。只有思想与精神改变了，行为才会改变，生活方式才会改变，人与自然的关系才会改善。

（二）反思机械主义的自然观

比尔·麦基本曾说，改变思维方式，行为才会跟着改变。观念决定行为。自然观决定人与自然的关系。我们现代人与自然的关系基本上秉承机械论自然观。机械论自然观是对神学自然观的反叛，它从 17 世纪开始盛行。牛顿在开普勒和伽利略所做的研究的基础上建立了严密的力学体系。笛卡尔根据力学成就创作了一个机械的宇宙演化模型，试图用力学体系对自然物理现象、生物现象进行解释。由此，笛卡尔提出："我思故我在。"以主客体二分法把人与自然的关系分离并对立起来。在用主客体二分法思考人与自然的关系过程中，自然界的万事万物都被假定没有内在价值，只有人才有价值，万事万物的存在都为人类价值的实现服务。这个逻辑经尼采到福柯的哲学思辨就已经越来越站不住脚了，最后到德里达的解构主义，就被解构为形而上学的虚无。一个最具力量的比喻来自尼采，他说："如果蚊子会说话，它也认为它是世界的中心。"

人类对待自然的观念决定人类对待自然的行为。自文艺复兴以来，尤其是启蒙运动以来，西方文化统领大半个地球，伴随着科技革命的深入，人类逐渐把自然看作像钟表一样可以拆卸的机器，认为可以分门别类地对其加以认识。随着学科细化分野，局部地分析、认识自然界成为研究自然的主要方法。这与全球各地各民族传统文化中人与自然互为整体的有机整体自然观大不相同。在中国传统文化中，天、地、人是一个有机整体。人与自然万物之间依据阴阳变化、五行生克、此消彼长不断变化的规律建立生命联系。老子说："道生一，一生二，二生三，三生万物。"大自然是一个生生不息的衍生世界，一环套一环，环环相联系。在这个衍生的世界里，人类只是其中一个组成部分抑或是一个环节，正所谓"天大，地大，人亦大，域中有四大，而人居其焉"。在北美印第安人文化中，人的生命与大地密不可分。大地是人类的母体，大地可以拥有人类，人类却不可以占有大地。

机械主义自然观以分割的方法看待自然，取得了前所未有的胜利，也造成了危机四伏的后果。在机械主义自然观中，人与自然之间是主客体关系，人类是主体，自然是客体、是认识对象。机械主义自然观认为自然可以拆分开来加以认识，如生态女性主义所述，自然被死亡化地加以认识。人类像对待一台机器一样对大自然进行拆卸、组装、认识、使用、操控和改造，把自然万物等同于物质化资源，使其服务于最大限度地满足人类欲望的政治、经济与现代文化。这为工业文明在三百年间得到迅猛发展、开发出流水线式生产与消费提供了便利。消费主义给现代社会带来了万花筒般日新月异的变化，同时也给物质自然带来了枯竭式的变迁。不用说由于人类温室气体过度排放造成的南北极冰川融化，也不用说看得见的世界各地正在发生的水资源、石油资源短缺，科学家发现，第六次物种大灭绝正在以前所未有的速度发生。现代人正沉浸在物质狂欢之中，却忽视了自然枯竭的现实。

人类是否能够忽视自然世界整体枯竭的现实？人类通过拆卸、组装创造的世界能否替代自然而然生成的自然世界？答案显然是否定的。随着 20 世纪生态危机的日渐显著，人类开始重新认识人类与自然的生命联系，逐渐认识到机械主义自然观在死亡化自然的同时，也正在毁灭人类赖以生存的家园，并最终将死亡化人类。从 19 世纪末开始，机械主义自然观，如其怀疑与反叛神学自然观一样，自身也受到了怀疑和反叛。除了它在科学上被证明的缺陷之外，生态学生态批评认为自然生态圈的首要原则是万事万物紧密相连。从整体联系的视角看自然，自然是一个不断变化、自我调解、进化的有机体。自然，具体地说地球同样也是一个整体的存在。即使是矿藏、石油、水脉、天然气这些现代社会赖以生存的物质资源，在自然世界中也不是孤立存在的，而是相互联系、相互作用的整体中的组成部分。地球自身有完整的物质与能量转换体系、调整与运动机制。很多科学家通过对地球与其他星球的比较研究认识到，地球是个有机生命体，人类作为有机生命体系中的一员对地球整体生命而言至关重要。盖亚假说的提出者英国化学家洛夫·洛克在探寻外星球生命的过程中提出，地球极像一个生命系统，地球如同生物一样，不断在吐故纳新。这与中国生命哲学的核心概念“生生不息之为易”相呼应。美国航空航天局的科学家 J. 汉森在 20 世纪 80 年代末就提出，人类的行为已经严重干扰了大自然的平衡，尤其是工业文明以来人类社会温室气体的排放将导致气候的异常变化。雷彻尔·卡森在《寂静的春天》中说：“自然平衡并不是一种静止固定的状态；它是一种活动的、永远变化的、不断调整的状态。人也是这个平衡中的一部分。有时这一平衡对人有利，有时它会变得对人不利。当这一平衡受人本身的活动影响过于频繁时，它总是变得对人不利。”生态学生态批评提出从联系的、整体的视角看待自然生态，其哲学基础是深层生态学提出的人与自然万物共享自然整体系统的自然观，以及人类的自我实现在于承认自然万物的内在价值的生态智慧。有机整体的自然观为生态文明与环境人文奠定了哲学基础和生态的价值取向。

（三）反思现代中心主义的发展观

有机整体自然观念显然与现代社会的西方中心主义不兼容。人类学以及后殖民主义研究发现西方中心主义缘起于 16 世纪的殖民主义运动。殖民主义运动把“现代”一词推广到全世界，以摧枯拉朽之势冲击各地的传统文化。而“现代”一词显然是以西方文化为中心的文化发展模式，伴随着殖民运动，割裂、破坏人与土地之间历来的互动联系以及在互动中形成的多样性传统文化，成为一种衡量文化先进或落后的中心标准。“现代”一词最初出现在 16 世纪，用于强调“目前这个时刻，现在存在的”。伴随着殖民扩张和科学技术的发展，“现代”一词有了弃旧迎新、不断发展的内涵。“发展与进步”的标志就是全球向西方学习，以西方文化统一全球文化，以西方的自然观、文化观、经济观统一全球社会，并使之成为人与自然关系的准则。“发展与进步”的线性模式成为全球社会发展的统一模式。自然界生态圈中万事万物相连的循环原则被忽视并受到严重破坏。以西方文化为标杆的现代中心主义认为现代的就是进步的、合理的。在对待自然世界的态度上，就是要不断开发自然资源、不断改造自然，并使之以生产消费的线性轨道向前发展。线性向前发展是现代中心主义殖民扩张的一个极佳借口。在向前发展的过程中，人与土地、人与历史、人与文化之间的传统联系被割裂；土地以及土地上文化的自然进化过程被忽视。伴随现代中心主义也产生了被现代中心主义置于反面的词汇，如荒野、原始、传统、迷信等。殖民主义霸权取代多族裔文化多样性共生。现代社会以直线型同质化的发展模式，从一个新的生产建设到另一个新的生产建设，以肆无忌惮的生产消费速度清除地球上所谓的荒野与原始的痕迹。其发展速度也如梭罗比喻的舞蹈症一样越来越快，无法自控。现代中心主义的变化与发展的确给世界带来了万花筒般碎片化的繁荣与富强，但是实质上却并没有消灭人类社会的不平等与贫富差距，甚至加剧了不平等与贫富差距。对于不发达地区而言，美好生活并没有随着现代中心主义的到来而实现，反而要承受现代中心主义所带来的不可持续这一灾难。在压制、窒息、丢弃民族多样性传统文化与习俗的同时，却迎来了现代社会的生态危机，如物种灭绝、生态多样性丧失、人造垃圾泛滥、二氧化碳排放量剧增、人口级数增长等威胁人类自身可持续生存的危机。在危机面前，环境正义成为不能忽视的现实。也就是说，灾难与危害的最大受害者并非资源的最大占有者和破坏者。巴里·康芒纳在《与星球求和平》一书中指出，现代社会不断向前的线性发展原则严重冲击了生态圈万事万物紧密相连的循环原则，使得人与自然之间呈现出战争状态。

保护主义生态批评重新探究荒野与生态多样性对人类生存与发展的意义。梭罗的警句“挽救世界在于挽救荒野”，以及奥尔多·利奥波德提出的“像大山一样思考”都试图突破人与自然二元对立的思维局限，重新思考人与自然之间整体的相互联系。把狼赶尽杀绝并非意味着猎人的天堂。生态批评对荒野与文化多样性的研究发现，前现代多样性文化蕴含被现代人忽视、蔑视、排挤的人与自然万物共享生命空间的原生态的知识与智慧资源，可以与生态学原则——万事万物相互关联的科学观念，共同形成突围生态危机的能量。研究发现，北美印第安文学再现的狩猎、祈祷仪式以及生活方式表达了超越人与自然之间物质关系的环境人文叙事，对依赖科学技术的现代人而言不失为隐匿的希望清泉。

现代中心主义线性发展观过度依赖科技力量，而科学与人文分离之后，人文被边缘化并成为科技的功利与实用主义方法论的附庸，本土多样性文化的人文传统与现代文化呈现出落后与进步对立的状态。现代文化成为衡量文化的标准。这对于不同的生态环境、不同的地理环境、不同的种族历史与文化，无疑如同拔苗助长一样，具有急功近利的破坏性。修复被破坏的文化多样性与修复失衡的生态多样性一样重要。多样性共生以及万事万物紧密相连的循环原则为生态文明社会、经济、文化与生态发展提供基本原则。近年来，在美国出现了美国印第安文学的繁荣，在全球出现了少数族裔文学研究的繁荣以及非欧洲中心主义的文化与文学研究的兴起。这对修复传统与现代的对立与割裂、文化多样性共生，续接人类与自然在生命层面的联系具有重要的意义。

（四）反思科技至上的工业文明观

“物无美恶，过则成灾。”现代中心主义的线性发展离不开功利主义的科技发展。

科技发展极大地丰富和改善了人民的物质生活。这是现代社会值得骄傲的美事。然而，如果整个社会过度依赖科技，只看到科技带来的福利，看不到科技造成的破坏性，那么科技造成的破坏性就会产生累加的效应，到最后可能我们人类自己也认不出“我们自己到底创造了什么怪物”。雷彻尔·卡森在《寂静的春天》中指出：这是一个专家的时代，每一位专家都在自己特定的领域作出重大的发现，无视个人研究领域与整体世界的关系。这也是一个不惜代价赚美元的工业化时代。科技成果被快速应用到工农业生产中。获取最大的经济利益是工业文明求取速度和规模的发展逻辑。科技的功利性表现在科技与工业化经济利益捆绑在一起并被置于至高无上的地位。毋庸置疑，科技本身是人类智慧的结晶，但是服务于工业化经济效益的科技发展则把智慧功利化。功利化的科技过分注重短期效益，而忽视了对生态环境长期的潜在破坏。这使得科技的破坏性累加，生态与环境危机日益加重。生态危机的现实突显出科学技术的双刃性，从杀虫剂对生命网络的破坏到温室气体过度排放对气候异常变化的不确定性影响，人们越来越意识到科学技术的发展在大大促进人类对自然世界的认识、推动人类文明发展的同时，也造就了前所未有的污染与气候异常变化等生存危机。

科学技术的确繁荣了人类物质文明，但是把它置于至高无上的地位对人文精神与文化也产生了前所未有的碾压力。印度作家尖锐地指出：“科学本身是社会力量的产物。推动科技生产的人决定它的社会功能。在当代社会，科技活动被赋予了优越的认识论地位，而在社会、政治上处于中立地位。因此科技具有双重特性，它为社会政治问题提供技术处理方案，但是却与它所带来的社会与政治问题脱钩。”换句话说就是，科技成果只享受功劳与荣誉，不承担责任。科技也带动了全社会对成功的执迷——只问成功，不问责任。因此，对功利主义科技的推崇与应用提升了工业文明向前发展的速度与规模。结果，科技推动的肆无忌惮的线性发展的速度与自然有条不紊的进化速度发生了激烈的冲突。生态系统与人类社会在冲突中进入了前所未有的无序与不确定性。

生态学研究表明，自然进化是一个缓慢的逐渐达成平衡的过程。生命体与无机环境在平衡中呈现相互依存与互动的整体关系。然而，自从 17 世纪科技革命确立了科学作为反映客观世界本质与客观规律的知识体系的绝对权威地位之后，自然就处于科技的主宰之下。科技对自然的认识、开发与利用给工业文明插上了腾飞的翅膀。在工业文明腾飞过程中，有机的、整体的、动态变化的自然世界被科学化为机械的、分门别类加以认识的对象。传统文化中与自然直接接触、体验、积累的经验知识和本土传统习俗知识被边缘化，甚至被看作科学知识的对立面，被打上愚昧、落后、迷信的标签，被工业文明无情地抛弃。四次科技革命彻底确立了科技在工业文明中至高无上的地位。随着生产工具和工艺过程的重大变革，对自然世界的干预程度与速度也不断加快，严重打破了自然历经亿年形成的整体有机平衡，同时也给人类自身的生存带来了前所未有的危机。巴里·康芒纳指出：人类制造的技术圈对大自然的生态圈实施前所未有的冲击与掠夺，严重打破了自然生态圈的平衡，当代社会正享受着技术圈带来的超前消费，而“世界上没有免费的午餐”，技术圈对生态圈所欠下的债务，人类势必要付出代价偿还。

庄子在《天地》中有言：“有机械者必有机事，有机事者必有机心。机心存于胸中，则纯白不备；纯白不备则神生不定；神生不定者，道之所不载也。”也就是说，人一旦依赖机器，必然会功利；功利又反过来把机器的作用推崇到极致；遵循自然规律的道德律令最终势必会被遗忘，人类不可避免地会违背自然规律。违背自然规律必然要打破人与自然之间的共生之道。不顾及人与自然之间的共生之道则势必走向恶性循环。科技至上的功利主义工业文明对生态圈的破坏性冲击已经呈现为种种危机现实。被科技裹挟着的人类要走向哪里？这是从危机四伏的工业文明转向生态文明必须回答的一个生存选择性问题。

（五）反思消费主义的经济观

垃圾围城正在成为全球环境灾难。垃圾围城是科技至上的功利主义工业文明的杰作，尤其是在发明了流水线生产方式之后，资本主义生产方式掀起了消费主义的经济大潮。随着全球化的深入，消费主义成为现代化社会的核心词汇。从线性功利主义工业文明的逻辑来看，消费主义是实现经济效益、体现市场活力的重要一环。然而，无序高速的消费主义必然带来能源和资源危机。能源和资源危机与生态环境危机是一对双胞胎。乔治·马吉法德博士说：“不降低消费主义而想减少环境污染如同不铲除毒瘾而反对毒品买卖一样。”消费主义是“一种建立在激励越来越大的购买商品与服务欲望之上的社会与经济秩序”，虽然它在20世纪60年代才真正确立其重要地位，但是短短的时间里，消费主义对环境与生态所产生的冲击与影响却可以用“助纣为虐”来形容。这主要表现在以下三个方面。

首先，消费主义建立在社会财富取之不尽、用之不竭的虚妄信念之上。而现实是自然资源有限，有些资源甚至不可再生，可再生资源也需要一个缓慢的过程才能再生。消费主义无疑加速了资源和能源的枯竭，而资源和能源枯竭反过来也证明工业文明所依赖的无节制地掠夺自然资源进行生产消费的经济观念的虚妄。

其次，在无视工业化生产对自然环境产生污染的情况下，消费主义打着平等的旗号刺激人类欲望得到最大化满足，实际上却造成贫富分化越来越严重的现实。有调查数据显示，在消费主义社会，20%的人消费世界上80%的资源。而银行数据显示出的贫富分化则更加残酷，那就是2%的人占有世界上80%的财富。不容忽视的现实是贫困地区的人们在不公正地承受消费主义生产与消费制造的垃圾与污染。环境正义问题日益凸显。由此可见，消费主义的经济观造成了环境与社会双重正义的困境，使得社会矛盾如同科技的破坏性一样在无意识中累加。

最后，在物种灭绝、生态多样性丧失、资源枯竭、人类可持续生存受到威胁的情况下，消费主义蛊惑人类对自然进行开发、掠夺与利用，这无疑将人类推向了距离满足与幸福更远的道路。艾伦·杜宁在《多少算够》一书中指出个体从越来越多的消费中获取对欲望的刺激，以及与亲朋好友、左邻右舍之间的攀比和竞争，而不是个体生活的幸福感和满足感。攀比、竞争以及个体欲望的不断膨胀促使消费标准不断升级，整个社会也进入越来越不满足的氛围之中，对自然资源的开发也就变本加厉，于是社会不满足与自然资源消耗之间就会陷入恶性循环的漩涡。从日益全球化的社会经济结构看，消费主义不仅无法解决社会平等和人们的幸福感、满足感问题，反而使得贫富差距日益加大。高端消费者与低端消费者之间在资源的分配上越来越不平衡，在承受环境恶化的后果上越来越不公平。环境正义生态批评指出，每个人都平等地享有健康地生活、游玩、工作、祈祷以及享受良好生存环境的权利。但是，在消费主义经济体制下，全球化的产品与资本源源不断地流向高端消费者，而本土居民却不公正地被迫承受被污染了的河流、土地和空气对健康的损害。从某种程度上说，全球化消费主义经济模式是环境污染、垃圾围城、资源不可持续地消耗、环境不公正的直接原因。美国环境作家温德尔·拜瑞将其列为威胁美好生活的要素之一。劳伦斯·布伊尔也针对消费主义提出放弃的美学(aesthetics of relinquishment)，从生态批评的视角对消费主义进行反思，对生态文明转型具有镜像的作用。

(六) 反思个人主义的价值观

从人与自然关系的视角看个体生命意义与价值实现，避不开对个人主义价值观的反思。爱默生在《论自然》中颇有激情地为个人主义价值观唱赞歌。他说："言外之意，个人主义价值观可以通过利用自然资源的途径实现。"一个世纪后的今天，人类中心主义、消费主义以及功利主义科技发展最大化地突出个人主义价值观，反过来个人主义价值观也推动了人类中心主义、消费主义、功利主义科技向前发展的速度。它们之间的关系模式如同咬着尾巴转圈的狗。事实上，个人主义价值观具有双面性。一方面，个人主义价值观张扬个体尊严、权利与自由，这是人文精神的内核，是人类进步的方向，自文艺复兴以来已取得了巨大成就。人类在尊严、独立、自由上获得的升级带来了个性与创造力的解放。人类的创造力提升了人类生命的尊严与体面，使生命享受到了前所未有的方便、舒适、快捷的物质条件。这是人类进化与演变取得的进步，是人类引以为自豪的成果，需要加以肯定与维护。另一方面，有一点不容忽视，那就是张扬个人权利与自由的背后隐藏着一个陷阱，即自我中心的欲望膨胀。它为消费主义创造了最佳土壤，间接地造成了对生态环境和自然资源不可遏制的掠夺、占有与浪费。从个人主义的定义来看，"在个人主义者看来，所有的价值都以人为中心，个人至高无上……个人主义暗含这样一种财产制度：个人或者家庭最大化地享有获取财产以及按照他们的意愿管理与处理财产的机会"。个人主义对个人财富增长的欲望与满足在消费主义经济逻辑中无限扩张，反过来也刺激了消费主义社会的经济增长。汽车、洋房、名牌商品等高消费、豪华品质的产品成为个人主义的个性标识。奢华与挥霍式的攀比变成一种时尚。财富排行榜则公开让欲望与拜金的价值观登堂入室。个人欲望最大化满足的社会，依赖自然资源最大化消耗。而自然资源并非取之不尽、用之不竭，如矿石、石油等自然资源不可再生，或者再生周期很长。个人主义膨胀的欲望无疑加剧了生产与污染、消费与资源枯竭、创造与不可持续生存之间的矛盾。个人主义是人类中心主义的极致表现。当每个人都是一个中心的时候，个人欲望的膨胀势必导致累加的个人物质需求远远超出地球的承载能力。《地球生命报告2014》指出，人类对地球资源的需求超出了地球可再生能力的50%，需要1.5个地球才能承载目前地球人口的生态足迹，并且在2030年之前将达到需要两个地球，在21世纪末必须有三个地球才能实现个人主义欲望的最大化满足。很显然，这还不是用世界上那些顶级富豪的生活水平来计算的，如果按照世界上那些顶级富豪的奢华生活水平来计算，人类在地球上的日子将屈指可数。

由此可见，个人主义价值观在人与自然关系的层面存在着伦理道德与责任空白。可持续生存对于每一个个体，尤其是财富既得利益者，或者财富过分占有者，提出了严峻的责任拷问，对个人主义价值观的资本主义逻辑与拜金的思维定式提出了道德挑战。如何填补现代个人主义价值观在伦理道德与责任层面的空白是生态批评与环境人文不可回避的问题。劳伦斯·布伊尔提出“放弃的美学”，不失为填补空白、使个人主义价值观走出误区的补救策略。他指出，首先个体在物质层面要放弃对物质商品的无止境追求，然后才有可能使个体主动从精神上放弃与自然环境的分离。奥尔多·利奥波德的“大地伦理”也提出人类有必要把人与人之间的爱延伸到人地及大地上的万事万物，因为人类与大地上的万事万物同属于一个生命共同体。在这个生命共同体内，每一种存在都是生命链条上不可缺少的组成部分。人类行为正确与否必须依据生命共同体的完整、稳定、美丽来加以判断。爱大地、爱万物与爱人类自己同等重要。深层生态学家阿恩·奈斯提出：在整体联系的人与自然关系中实现自我价值，在以地方为本的实践中寻求生态智慧。生态文明建设强调人类命运共同体的重要性。人类共同拥有一个地球。无论在地球上的哪个地方，每一个个体都对地球未来的完整、稳定与美丽负有责任。

二、结 语

现代工业文明过分强调人类中心主义发展的智慧，却忽视了人类与自然之间互为整体的根本事实，忽视了人类与自然之间相互依存、互为塑造的生态关系，忽视了人类历史文化的传承——过去、现在与未来之间的有机联系和持续性；过分强调舒适、方便、快捷的物质条件，却异化、挤压、边缘了我们精神生活的生命空间；过分强调个人的自由、个人欲望得到满足及个人价值的实现，忽视了个体对地球家园的保护与传承责任。生态批评的反思旨在在看到进步的同时，也应该看到进步过程中与自然的可持续关系；在满足人类欲望与享受物质生活的同时，也应该看到大自然资源的有限性；在改造世界的同时，也应该考虑世界的承受能力。

反思不是为了倒退，而是为了更清楚地看清未来，在危机面前及时做出人类在地球家园可持续生存的选择。从环境文学与生态批评的反思来看，以人类中心主义、现代中心主义、机械主义、功利主义科技至上、消费主义、个人主义为特征的现代工业文明的发展显然已经不可持续。它正和与万事万物紧密相连的生态圈之间发生着强烈的冲突。工业文明与生态圈的冲突已经以各种污染、核威胁、土壤退化、水土流失以及气候异常变化的形式呈现在人类生存现实面前。生态文明转型是人类在地球上可持续生存的必然选择。在生态文明转型中，生命共同体、生物多样性与文化多样性共生、在尊重自然内在价值的基础上实现人类生命价值的观念，将取代人类控制自然、战胜自然的机械主义自然观。人与自然共生的循环往复的多样性文化发展观将取代现代中心主义的线性文化发展观。在生态文明转型中，生态环境人文将以生态原则、大地伦理、放弃美学、环境正义为建设可持续的、健康的、令人快乐的、环境友好的地球生态文明的重要理论依据。而文学作为人类独特的文字创造，在生态文明建设中则具有特有的生态位，并发挥特有的生态作用。

第二章　文学的“生态位”

如果文学创作是人类物种的一个重要特征，就应该仔细、诚实地对其进行审查，看看它对人类行为及自然环境的影响。

——约瑟夫·米克(《生存的喜剧：文学的生态学研究》)

生态学研究有机生命与无机环境之间的互动关系。在生态系统中，每一种生物存在都有其独特的位置与作用。文学作为人类物种独特的创造，再现并反映人的存在，其“生态位”的内涵是个值得探讨的题目。从20世纪70年代开始，文学学者开始在文学学科领域建构文学与生态环境关系的研究，诸如劳伦斯·布伊尔从文学想象的角度，格兰·拉夫、威廉·鲁克特等从研究者的社会责任以及文学与科学的关系角度，斯科特·斯洛维克从文学与心理学的角度，贝特和克鲁柏尔则从文学与社会文化关系的角度，墨菲从生态女性主义理论的角度，米克从生态学与文学的文理融合视角，研究文学在生态学语境下参与解决生态环境问题的可能空间。进入21世纪以来，越来越多的文学学者在生态批评领域有新的建树。他们不断借用其他学科的研究方法开拓生态批评的疆域，相继出现了生态中心主义生态批评、环境正义生态批评、人类学生态批评、后殖民生态批评、物质主义生态批评、后人类生态批评、文化多样性生态批评、动物研究生态批评、跨身体生态批评、怪异生态学生态批评、人类世生态批评等。生态批评正在形成一个整合各个学科的跨学科环境人文研究态势。这方面的专著也不胜枚举，就北美而言，最有代表性的包括《生存的喜剧：文学生态学的研究》(1972)、《浪漫主义生态学：华兹华斯与环境传统》(1991)、《美国自然写作中的环境意识探求》(1992)、《生态的文学批评》(1994)、《环境想象：梭罗、自然写作与美国文化的构成》(1995)、《生态批评读本：文学生态学的里程碑》(1996)、《远方》(1999)、《阅读大地》(2000)、《环境批评的未来：环境危机与文学想象》(2005)、《没有自然的生态：重新思考环境美学》(2007)、《慢暴力与穷人的环境主义》(2011)、《后殖民生态批评：文学、动物、环境》(2010)、《后人文主义：一个批评分析》(2013)、《物质的生态批评》(2014)、《身体的自然：科学、环境与物质本身》(2010)、《美国印第安文学、环境正义与生态批评：折中方案》(2001)、《奇怪的自然：未来性、情感与怪异的生态想象》(2013)、《生态女性主义的国际视角》(2013)等。近十几年来，生态批评成果出现了井喷式增长，这里列举出来的仅仅只是冰山的一角。众多的论著分别从各自的学理出发，或梳理自然写作传统中再现的人与自然的关系，或探求文学研究参与解决自然环境问题的可能性，或研究作家写作过程中个人与自然之间的心理联系，或从浪漫主义文学资源中寻找文化想象与自然的联系，或者从其他学科的理论资源中寻求生态批评与环境人文的学科建构。从不断丰富的研究成果来看，在论述文学与环境的关系方面，文学蕴藏着丰富的与生态学相关的思想资源，在跨学科的环境人文系统中，文学有其“生态位”。

不过，在论述文学的“生态位”之前，我们首先需要澄清这样一个基本问题：人与自然的关系。这一主题在文学再现中古老而恒在，从神话传说、宗教故事到宗法经典，从文艺复兴到启蒙运动，从浪漫主义到自然主义，从现代主义直到当今的全球化时代科幻作品，人与自然的关系一直或隐或显地出现在文学作品中。诚然，人与自然的关系始终是文学理论探讨的古老的对象。从柏拉图、亚里士多德的“模仿说”，到解构主义的“意义虚无”等，都离不开人与自然的关系这一主题。那么，生态批评对文学与自然环境的研究和传统的文学批评对人与自然关系的研究之间有什么区别呢？生态学语境中，生态批评将如何确定文学的“生态位”？这些均是本章所要探讨的问题。本章主要围绕西方的文化与文学发生发展路径展开论述。

一、文学的生态信念

毋庸置疑，无论从文本对象还是研究者自身来看，生态批评的发展历程与环境保护运动都有千丝万缕的联系。从文学研究者的视角，生态批评话语的衍生与发展可以分成感性与理性两个阶段。感性阶段指的是在生态批评初期研究者出于感性地对生态环境恶化问题的关注以及对现实的责任意识，往往从主题切入，试图阐发文学参与解决生态危机、环境恶化问题的可能性与潜在作用。大部分欧美生态批评家都亲身参与了各种环境保护运动。他们相信，人文学科，特别是文学研究能够释放对抗生态恶化和环境危机现实的能量。同时，生态批评家们也认为生态批评不仅仅停留在文字文本叙事上，也一定亲身实践并体验自然文本叙事中表达的人与自然的关系。劳伦斯·布伊尔指出：生态批评家首先应该是投身环保运动的环境保护主义者，而不仅仅是纸上谈兵的理论术语制造者。格兰·拉夫也提出，文学研究者就职业职责而言，也不能对环境问题视而不见，而应该积极投入其中。理性阶段指的是在感性地参与生态环境解困的思考与写作的基础上，生态批评家们进而开始开拓深层次上和广义上的学理，在与生态学理论以及其他相关学科理论相互渗透的跨学科互动中，探讨并反思文学与自然环境的关系，构建并拓宽学科自身的理论向度。也就是说，生态批评旨在以生态学发现为依据，在文学资源的空间内，推导并论证人类与自然共生的实在性原理。其实在性的建构是在环境保护运动所催生的人类生态意识自觉基础上，走向生态信念、生态伦理与生态审美建构。

现代生态信念建立在科学术语基础上。1866 年，德国生物学家海克尔首次提出生态学的概念，将其定义为“一门关于有生命的有机物与其外部世界，其栖息地、习性、能量和寄生者等关系的学科”，开启了生物与周围环境相互依赖、相互作用的整体关系在科学层面的研究与认识。人与自然之间相互关联的信念冲击基督教传统中的人与自然之间的等级与管理观念。当然，海克尔的生态学概念并非首创。他深受达尔文的影响，并对达尔文的进化论思想倍加推崇。1859 年，达尔文在对加拉帕格斯群岛和南美洲进行考察之后，创造了革命性著作《物种起源》。《物种起源》揭示了人、自然万事万物在适应与选择中进化的原理。然而，达尔文进化论产生了两个方面的革命性影响。正所谓成也萧何，败也萧何。一方面，达尔文的进化论被斯宾塞发展为社会达尔文主义，演变出“物竞天择，适者生存”的原理，为资本主义社会的残酷竞争背书。资本主义的竞争直接作用于物质环境，从某种意义上说，资本主义竞争是以牺牲生态环境为代价展开的。竞争的结果在短期内创造了极少数奢华的物质大亨并领跑整个社会，使物质主义风潮席卷自然生态系统，导致系统危机丛生，社会内部也形成内卷狂飙。另一方面，进化论带来了生态学的意识觉醒，海克尔被称为达尔文的信徒，成为生态学概念的开创者。生态学把万事万物紧密相连的生态整体观念引入人们的思维。在西方，它挑战以人为中心的主客对立的人与自然的关系。《物种起源》中关于人的进化起源的论述破天荒地揭穿了西方人自视来自神的骄傲自大与自我中心主义的神话。人类是从自然界进化而来的理论为生物多样性共生概念的发展奠定了意识基础。基督教传统信仰认为人是由上帝创造的、人与自然之间由上帝规定为管理者与被管理者的关系、人类天然地优越于自然。进化论对于这种等级二分关系来说意味着解构性革命。用沃斯特的话说，“他的进化论给西方思想归还了一种自然血亲关系意识”，播下了人类重新思考指导行为的信仰的种子。梭罗在《瓦尔登湖》中写道：“大多数人，在我看来，都处在奇怪的不确定性中，搞不清是上帝还是魔鬼，都匆匆忙忙地得出结论，赞美上帝并永远爱他。”进化论撼动了上帝造世造人的信仰根基。“人是谁？”“人为什么而活？”“人在哪里活？”等种种具有存在意义与目的的问题潜在地开始萌发。

19世纪，吉尔伯特·怀特在塞尔伯恩，梭罗在瓦尔登湖，约翰·缪尔在约塞米蒂，亲历返归自然的生存体验，重新认识人与自然的整体和谐关系，探寻人在自然界万事万物中的位置、身份和行为的基本生态信念。吉尔伯特在对日常生活环境的观察中认识到人是自然整体的一部分，田园生活是人类与万物和谐共处的完美的生存方式。梭罗在康科特城郊的生活试验中提出人与自然万物为邻，真理就在自然万物中。约翰·缪尔的足迹遍布塞拉山脉，他深刻体验了大自然中万事万物之间平等、独立、各自为了各自的目的而生存的真实，人类在这种平等的关系之内，而非超越人与万物的平等关系。他们都通过身体力行获得生存层面生态意识的自觉。生态批评在分析和研究他们书写的自然环境文学的基础上诞生。劳伦斯·布伊尔将梭罗视作经典重构的基点。沃斯特将吉尔伯特·怀特在塞尔伯恩的写作看作阿卡狄亚科学，唤醒人们对田园主义审美生存的信念。

生态环境文学与生态学交相呼应。随着生态学中共栖、共生、寄生、演替、群落、食物链、物种数量金字塔、生态位、生态系统等概念的出现，人类对自然有机整体的信念不断增强。虽然可以从不同视角理解和阐释这些概念，但是核心却只有一个，即自然是一个有机整体，是由生态系统构成的有机生命网络。在这个生命网络中，万事万物紧密相连，每一种存在物都在各自的位置上进行着有序的能量与物质交换，其交换的前提和目的一致，就是维持整体生命网络的平衡。生态学展现的自然界的互动平衡的状态为文学书写提供了科学依据。环境文学书写人类环境意识觉醒，人类环境意识觉醒反思文化与自然的关系。生态学、生态环境文学、意识觉醒、文化与自然的关系构建了一种良性循环的生态系统。

美国野生动物保护之父奥尔多·利奥波德实录了他在威斯康星州林区的生活，创作了一篇又一篇优美的散文。遗憾的是，在1948年的一次救火中，他突发心脏病不幸离世。他的子女们继续他未竟的生态伦理事业，使得《原荒记事》一书（又名《沙乡年鉴》）顺利出版，并成立奥尔多·利奥波德中心，推广大地伦理理念，教育并带领一代又一代人保护、尊重、热爱自然世界。大地伦理首次把人与人之间的伦理关怀延展到了人与大地之间，扩大了人类文化的情感张力，以伦理关系弥合文化与自然之间的隔阂。奥尔多·利奥波德说："生态学的基本原则是视土地为一个群落，但土地应受到爱惜与尊重却是道德伦理的范畴。人们早就知道土地为文化之母，但近年来这一点却常常被人遗忘。"现代人一边歌颂大地母亲，一边用有毒物质污染大地母亲。人们之所以陷入这种自相矛盾的行为是因为人们歌颂的大地母亲被形而上地抽象化了。在现实层面，人类把自己置于物质存在的大地之上。文字的表达与现实行为之间存在一个断裂带。文字中的讴歌与赞美情感并没有与行动连接，行为中出现了尊重与珍惜缺席的弊病。文字与行为之间的分裂源自人与自然之间二元分离的观念。要消除文字与行为之间的分裂必先消解人与自然之间的二元分离，把人自身的存在与大地联系在一起。奥尔多·利奥波德从生态学的角度提出了大地生命共同体的概念，人类与大地上的一切存在同属于并共享一个生命共同体：狼、羊、草地、高山、流水、树木、花草、农田，甚至土壤里的微生物等都是共同体的成员，都有其不可忽视的与共同体的完整、稳定、美丽密切相关的存在价值。在此观念下，人类污染大地就是污染自身生命的一部分，这样人类就会与大地之间产生敬畏与爱惜的关系。大地伦理确定了这样一种价值判断：凡是有利于大地生命共同体的完整、稳定、美丽的行为就是正确的行为，而一切破坏大地生命共同体的完整、稳定、美丽的行为都是错误的行为。依据这种伦理判断，人类的经济、社会、政治与文化行为便需要架构在健康、稳定、安全的生态信念之中。

1962 年，雷彻尔·卡森以一位海洋生态学家独特的知识结构和敏锐的认识穿透力向世人推出了《寂静的春天》。书中揭示了人类为了自身的利益不计后果地使用滴滴涕(DDT，一种杀虫剂)，不仅给地球生命网络造成了极大的破坏，也不可避免地殃及了人类自身的生存，第一次唤醒了人们对有毒物质污染的意识。《寂静的春天》警示人们：人类如果不从地球整体生命网络的视角思考自身的存在和行为，最终就会走上自我毁灭之路。当春天这个鸟语花香的季节由于杀虫剂对食物链的破坏而变得寂静无声时，死亡便是人类不得不面临的现实。《寂静的春天》被称为“环境灾难警示录”，其本质应该不只是警示人类可能发生的灾难，更应该是唤醒人类的自救意识。梭罗、奥尔多·利奥波德、雷彻尔·卡森的创作给文学的概念本身增加了生态的维度。生态批评在对生态文学创作的研究中重拾文学批评的建构功能，把文学放在生态关系的维度考量，建构文学的“生态位”。

建构文学“生态位”的最重要理论基础是深层生态学理念。1972 年，挪威哲学家阿恩·奈斯提出了深层生态学概念。他在《浅层的与深层的、长远的生态学运动：一个概要》一文中，从理论上将人类作为关键词来区分浅层生态学与深层生态学的概念。他指出：以人类为中心，为了人类的利益，研究和关注自然环境的现状，尤其是在政治、经济、社会领域从人类的利益出发，思考解决污染和资源消耗等问题的生态学和生态思想为浅层生态学。深层生态学则是从自然整体利益出发，把人作为自然整体的一个组成部分来思考人与自然的关系，思考人类在自然界中的位置、价值、影响以及意义。兹莫曼进一步阐释了深层生态学建立在两个基本原则之上：

其一，科学地透视地球上所有生命体相互联系的关系，同时认为以人为中心的态度是一种错误的看问题的方式。生态中心主义要比人类中心主义更环境友好。虽然生态中心主义是种模糊性很强的态度，但这种态度与地球上自然生命多样性共生的现实更协调一致。生态中心主义将人类看作生命整体网络中的组成部分，而不是独特、唯一的或者是由上帝选中的造物。要使我们和我们生存的星球可持续地存活下去，就必须改变人类与自然之间是主宰与被主宰的关系的观念。

其二，科学地看待人类生命的自我实现意义。阿恩·奈斯指出“人类自我实现”要在与万事万物相互依存的生命共同体中得以实现。人类需要学会认同植物、动物、有机物、无机物生态圈的共存共生性。这将带来相当激进的意识改变，也会使我们的行为与维护地球生命的共同福利协调一致。这一点应该不难理解和认同。我们不应该总是做一些破坏我们赖以生存的地球的事情，就如同我们不能一个一个地砍掉我们的手指头一样。

实际上，深层生态学的哲学建构呼唤人类的生态智慧，重新张扬在文化衰微的背景下被后现代主义理论家弗朗索瓦·利奥塔宣布解体的宏大叙事。深层生态学张扬的宏大叙事指向与人类唇齿相依的地球生态圈。人类要自救必先维护地球生态圈的完整。地球生态圈是迄今为止最适合人类居住的地方。值得强调的是，深层生态学在生态学语境中宏大叙事的对象不再是对形而上学的实体认识，而是对人与自然关系的实在性建构，是在有机整体的自然世界中对人类自身位置与功能的认识与再认识。也就是说，宏大叙事从追问上帝的存在、绝对理念的实质转向追问"人类是谁?""人类从哪儿来，到哪儿去?"深层生态学宏大叙事的目的是在维护生态圈完整的前提下，完成"人类的自我实现"，而不再是以主客对立的身份实现形而上学理念的显现。

生态批评在深层生态学阐发的自然整体性信念、"人类自我实现"的伦理与审美的基础上建立起文学研究的生态信念。这个信念包括：(1) 对自然的有机整体性的信念；(2) 对包括人类在内的自然万物互相依赖、互相作用、互为整体的关系的信念；(3) 对人类是自然的一部分，并在自然整体中实现人类内在价值的信念。生态批评家迈克尔·布朗齐说："生态批评大体上暗含着文化变革的呼声，它不单纯是分析文学中的自然，更蕴含着一种世界观的运动。这是伦理的延伸，是对人类与物质环境共同组成的全球群落中的人的概念的扩展。"环境文学与生态批评把文学研究与生态环境运动结合在一起，在实践意义上让文学研究面向现实问题。劳伦斯·布伊尔在生态批评伊始就提出："谁要是只执着于文学研究与文学理论本身就无法做一名生态批评家。"

除了与深层生态学共谋之外，生态批评从一开始就尝试把生态学术语应用于文学研究。换言之，生态批评跨越了文学的界限，向生态学伸出橄榄枝，开拓了跨学科的研究趋势。对于这一点，生态批评的先行者威廉·鲁克特早在1978年发表的论文《文学与生态：一次生态批评的试验》中就指出："努力发现什么是文学生态学，或者开发出将生态学概念应用于文学阅读、教学和写作中的生态诗学。……那么，科学与诗学这一对老冤家就可以同床共枕，生产新的婴儿。"生态学给生态批评提供了研究和阐释的模型。从生态学的概念切入文学研究领域，生态位是确定文学与生态学之间能否建立有机联系的重要概念。

二、文学的生态再现功能

生态位是一个重要的生态学术语。格林内尔把生态位定义为"生物在群落中所处的位置和所发挥的功能与作用"。他提出个体生物在其生存环境中对其生存空间具有一定的调节和影响作用，它与群落之间在空间上存在着相互制约的限度。爱尔顿把动物的生态位定义为“物种在其生物环境中的地位以及它与食物和天敌的关系”，强调物种在生态环境中与其他存在物之间的互动与相互联系的关系。爱尔顿将生物之间的关系作为描述生态位的支点，指出了生物在生存环境中互为平衡的重要性与功能性。奥德姆综合地将生态位概括为“就是一个生物在群落和生态系统中的位置和状况，而这种位置和状况则决定于该生物的形态适应、生理反应和特有的行为（包括本能行为和学习行为）。一个生物的生态位不仅决定它生活在什么地方，而且决定它干些什么”。生态位在功能上的含义为生态批评研究文学的生态功能提供了参照。那么，该如何理解文学的“生态位”呢？

生态学通过对自然的观察、分析和概括来研究有机世界与无机世界之间的相互联系。它的主要研究对象是自然万物及其相互关系。在生态学的研究中，人往往不在视野之内。但是，生态学家承认，地球因为人类的行为而满目疮痍，需要人类通过了解自身在生态群落中的生态位对生态系统进行修复。文学描述人与自然、人与社会、人与人之间的关系，是人类物种特有的想象性创作行为，再现人类物种对其自身在自然环境中形成的行为方式与生活方式、人类与自然万物之间的互动，以及人类族群内的行为关系所显露出来的人性的本质特征。文学从某种意义上说是人类物种的一面镜子。在生态学的语境下研究文学，给理解人在生物环境中的位置以及人在生态环境中与其他存在物的互动与相互联系的关系提供了具有历史性与共时性、全景的和微观的特征的生态试验场。文学由于自身丰富的隐喻与象征所形成的语言张力，而具有自我生发的功能。特里·伊格尔顿说：“文学可能不但是一个人们如何写作的问题，而且也是一个写作如何影响人们的问题。”文学的功能隐含着人类在群落和生态系统中的位置与状况。这种位置与状况决定于人类的生存形态及其适应、生理反应和特有的文化行为。生态批评研究文学在反映人与生存环境互为平衡支点的关系图景中，确定人的生态位置的重要性和功能性。在这个意义上，科学与文学之间存在着可以互补的基础，例如达尔文就在加拉戈斯群岛上从莺雀与陆生龟的生态位中看到了自然界的适应原则。《白鲸》的作者麦尔维尔从在同一个岛上的经历中看到了人类被放逐、孤独、暴力和人类绝望力量的破坏力。适应与破坏力之间的最大区别在于前者以“位”的存在而存在，后者因“无位”而焦虑。因而，解决人类在群落和生态系统中的位置与状况的缺失感，不失为消解人类邪恶破坏力的一个策略，是舒缓人类对立、征服和叛逆精神的关键。前者对“位”的发现对后者“无位”的茫然具有深刻的启示意义。

在历史的演进和人类社会复杂化的进程中，人与自然之间的关系一直呈现出不太乐观的发展趋势。各种危机迫使人类反思文化和历史的走向。空气污染、臭氧层黑洞、气候异常变化、物种多样性急剧下降等地球失衡与环境恶化现象，揭示出人类作为生物物种正在面临生存危机。检视文明发展过程中人与自然之间关系的变化，从图腾时代的天人一体、宗法时代的族群认同到科学时代的个性张扬，不难发现，人一步一步将自身从自然中剥离出来，走向孤家寡人的境地。因此，文学的“生态位”研究将要追踪人类将自己孤立出来与自然渐行渐远的动因与结果，检视人类文明发展变化的生态弹性。

各种潜在的和显现的生态环境文本在各自的历史和文化背景中观照人类文化与文明进程中不同的生态轨迹。文学的“生态位”研究关注生态的宏大话语。这是一个由诸多问题构成的宏大话语，诸如：如何面对人与自然之间的不和谐？人类文明发展历程有多大的弹性可以扭转人与自然分离的危机境地？如何理解人类行为与各种生态灾难的关系？是宿命还是因果使然？人类的智慧可否为自己的行为负责？如何确立和阐释人类与自然之间的价值诉求？自然仅仅是物质资源的概念化符号吗？人类的故事与自然的故事止于物质自然吗？人类对自然的征服与再造是发挥了生态位的功能还是跨越了生态位的界限？……种种问题迫使文学批评的阅读与写作打开其研究的视域、方法与界限，在跨学科的平台上，在生态环境意识的连接下，与生态学、历史、哲学、人类学、人文地理学、美学等共同建构环境人文。

跨学科是文学“生态位”研究的必要条件，生态批评的先行者约瑟夫·米克的研究清楚地验证了这一点。笔者认为，迄今为止，《生存的喜剧：文学生态学研究》是生态批评最深入也最趋近整体视角的研究成果。米克本人具有文学与生态学两个学科的教育背景。他将文学研究与生态学研究结合起来，提出“文学生态学就是研究文学作品中出现的生物学主题与关系，同时试图论述文学在人类物种生态学中所起到的作用”。这个定义明确了文学生态学研究的对象、目的和发展方向，也表明文学“生态位”研究的重要性。米克的观点可以从以下两个方面进行解读。第一，他主张考察在生态学视域下如何理解文学作品中的人类，即从与自然万物相互作用的物种的视角认识人的行为与思想。如此，文学作品中出现的关于人性的揭示，关于人与自然、人与社会、人与人关系的揭示，应该是文学对人类这个物种的生态位考察的参照要素。第二，米克认为有必要考察文学在人类文化与文明过程中所起到的生态功能，反思它在人类与自然万物共存、人类可持续生存、守护地球家园过程中到底发挥了什么作用。从跨学科的意义上说，米克是文学“生态位”研究的开创者。可以说，《生存的喜剧：文学的生态学研究》是融世界文学知识和生物学领域专业知识为一体而产生的打开环境人文视域的跨学科研究成果。

与其他生态批评家不同，米克的独特之处在于他把文学当作研究人类行为的生态场域来研究，而非仅仅将其作为文本来研究。他把文学活动视为人类适应环境的物种行为，而不是把文学文本视为孤立的人的独特的创造。米克指出：

人类是地球上唯一的文学生物……如果文学创作是人类物种的一个重要特征，就应该仔细、诚实地对其进行审查，以发现它对人类行为及自然环境的影响。如果它在人类福利、人类生存中确实扮演着一种角色的话，我们必须判断它扮演着什么样的角色，分析它对人类与其他物种以及与周围世界的关系提供一种什么样的洞见。我们必须判断：文学作为一种人类活动是正在使我们更好地适应世界，还是正在使我们与世界疏远；从进化和自然选择的冷酷视角来看，文学是对我们的生存贡献大还是对我们的灭绝贡献大。

显然，米克提出的文学生态学强调文学对人类物种生存模式选择的影响，打开了对文学进行生态功能考量的维度。在米克看来，文学的生态学有必要对文学的历史做一个生态观演进的梳理，因为文学活动作为历史的产物之一，历史地承载着生态观的发生发展变化轨迹。一方面文学在无意间起到了传承的作用；另一方面它也可能刻意把自身剥离出来，强调自身与传统的区别，并对传统产生颠覆性的影响。从文学与历史的关系来看，文学活动不可能与历史泾渭分明地分离。文学的“生态位”考察与建构离不开有关人与自然关系的观念演变的历史。而从生态观念的演变入手，对表现人与自然关系主题的文学进行生态学意义上的研究，具有把人文主义放在生态维度考察、催生环境人文主义的意义。文学生态学以人类生态适应行为的知识观念考古学的方法，试图历史地发现导致我们的现状的根源，找到先民与我们在观念上的共识性的参照，或者说，抹平时空差异的观念，对沉浸于物种潜意识的根本性的意识形态加以揭露、批判和张扬。接下来，本章将从神话文学、宗法文学以及现代文学三个阶段对文学“生态位”进行探讨。

(一) 神话文学中的人与自然的矛盾共生关系

可以说，文学自古以来就与生态学之间存在着互为观照、相互关联的关系。伊格尔顿在《文学原理引论》中说：“生态学作为一门学科是新兴的，但是在文学和艺术中却是个古老的主题……贯穿文学始终最重要的文学主题是人类在世界整体结构中的角色，而生物自然常常是这个更广世界的意象。”神话沉积了文学的原型观念。在神话的文学原型中，人类与自然万物在生命的含义上呈现出你中有我、我中有你的整体结构。从最早审美的人置身于自然之中表达人在自然之中的审美活动开始，功利的和信仰的文字与符号在原型上实际上就负载着表达这种互为整体的审美活动了。文学源自随着人在自然之中的活动而产生的审美快感，体现了人类情感在自然整体之中孕育成长的过程。

神话中的人只是宇宙世界最微不足道的生物，种种不同的创世故事表露了神话的生态取向。人被创造的过程每每表达了人与土地以及土地上的万事万物在生命、灵魂以及肉体上不可分割的联系。在中国神话中，人是泥土，女娲抟土塑人、鞭泥成群。人的生命与泥土不可分割。在古希腊神话中，地母盖亚的儿子普罗米修斯“捧起泥土，用河水把它沾湿调和起来，按照世界的主宰，即天神的模样，捏成人形。为了给这泥人以生命，他从动物的灵魂中摄取了善与恶两种性格，将它们封入人的胸膛”。人不仅与泥土不可分割，也与动物存在着灵魂性格上的联系。在埃及神话中，太阳神从原初之水中产生，用眼泪创造了人，人的生命与水不可分割。印度神话中，不同的自然材料造出不同的人，众神先后用泥土、树木、玉米等造出智慧和情感各不相同的人。在上述神话中都含有人与自然万物同根同源、相互通灵的本原之意。在神话世界里，万物有灵，人与自然之间的界限非常微妙。在牛郎织女的故事里，牛和老槐树为牛郎的婚姻尽心尽力，故事的结尾，夫妻双双化为（或复归）魅力星座；梁山伯与祝英台为了他们的爱情化为了蝴蝶。那位自恋的美少年被奥林匹斯山上爱恋他的女神化成水仙花。在神话世界里，充满了灵动的变化，万物只有身体形式的区别，没有高低贵贱之分。文明之初，神是卑微的人所崇拜的伟大而不朽的自然力的象征。灾难和幸福只是象征自然力的神圣与恶魔之间的战争的结果。在神话故事中，除非是作为半神的英雄，普通的人是无法成为主人公的，往往就只是旁观者和承受者，甚至完全没有作为旁观者和承受者的存在意识。在神话时代乃至整个神话传统中，人并不是以身体的样貌投射自己，而是通过神的故事真诚地表达着自己对生态整体的谦卑认同。人在自然之中，真正的主宰者是自然力。

神话不是讲述人和人群的故事，而是以半神和半人的故事为语言，讲述对初民而言真实存在的自然力的故事。从赫拉克勒斯到特洛伊战争，从黄帝与蚩尤之战到大禹治水，对初民而言，神的世界是真实存在的空间，而初民的人的形象则微不足道，是可以省略的旁观者和承受者，而且初民极少自觉到身体存在的在场。神话是世代传递的智慧，对于传递神话的初民而言，神的世界具有更重要、更直接的生存意义。神的世界就是人必须绝对服从地旁观与承受的世界。如果说神话是人类文学活动的源头，那么在这个源头里面，神、自然力、自然的伟大就是不可抗拒的。神话文学传承这样的信念：神可以因为人的缘故制造福祉或灾难，因为神就是神。神意味着绝对的力量和价值的源泉。同时，正如人们广泛认同的那样，神的形象来自自然的伟大，直接来自自然力。所以最早的天人合一是神的世界的发现和认同，是人静默地存在于自然力的世界中，而自然力的世界是“神妙的”，即不可窥知，更不用说操控。只有在巫术、祭典之类的活动中，人与神、与自然力才有间接的沟通。

如果假设神话文学的生态观念底色是天人合一，那么神的表现形式则预示人类理性的逐步自觉和对这种理性能力不断增长的自信。人在神身上自觉不自觉地寄托了人从自然环境中脱颖而出的意识和人对自然力的觊觎。这也是人与自然关系滚动的主线。有理由假定，在蒙昧时代，人类本能的生存方式是自然生态的一部分。人只是一种动物。继而，人以各种图腾崇拜的方式把自己认同于具象的自然力，并以所认同的他者样式为自己命名。例如，在印第安文学中的狩猎仪式中，通过与熊对峙、沟通、周旋，表达敬畏、认同以实现个人成长；又如舜帝用眼神与熊对话，表达人、熊之间的敬畏与认同，最后达成舜帝的不同凡响的英名。这不是直接认同于名称所指谓的现实存在，而是认同于或强调现实存在中所蕴含的抽象的自然力。正是这种带来恐怖与敬畏的自然力构成了神话世界的理念基础，也推动了人对自然生态力的反叛，给了人类从旁观者和承受者转变为主动行为者的自信。

神话文学的生态再现以既矛盾又和谐的辩证统一方式体现：人在觊觎那伟大的自然力，越来越用自己的形象映射出自己对自然力的好奇、畏惧、歆羡、沟通、捕捉、攫取与敬畏。在古希腊神话中，人的形象出现在神话里，经常是为了完成某种可怕的宿命、某种撕裂人生的神谕;在中国神话中,人的形象出现在神话里,往往是为了表达对某种边界的跨越,以及不同的存在形式的结合。无论是悲剧的主题还是喜剧的主题,都共享一个共同的生态整体性母题,人必须放弃自身物种的存在才能成为神圣世界的一员,而放弃的行为则是通过一些像赫拉克拉斯一样与自然力抗争的英雄的行为来实现的。这也许就是人类陷入“无位”的茫然的开始。由于对自然力的反叛、对抗和觊觎,人类不知不觉地选择了将自我从自然中剥离放逐的路线。因此神话时代并没有以喜剧形式结束,相反,恰如米克所言:“人的精神提升到自然之上必然导致悲剧的结局。”神话时代的结束意味着人与自然之间不和谐的关系的开始。神话时代的原初生态和谐关系的打破,一方面表现了进化的力量,另一方面带来了人生存的“悲剧”。“这并不是说,控制自然的行为本身是悲剧性的,因为人类相对来说已经很容易地解决了生命的物质需求。人类真正的难题是社会的与形而上学的:如何按照自然规律生活,如何面对死亡,如何带着所谓的荣耀面对这两个问题。”

这种泛悲剧的主题在中世纪以后更成为道义悲剧的基本范式。米克指出,古代希腊文化开始并迅速达到顶峰的悲剧艺术包含了西方文化的基本线索。也就是说,正是某种关于对立、灾难、意志、牺牲和征服的悲剧情节统治着西方文学传统,进而统治着西方文化的生态观念和生态行为模式——一种悲剧的观念和模式。这也许就是为什么存在主义哲学家索伦·克尔凯郭尔在世俗生活的背景中提出“无限的弃绝”,与一般的悲剧意识相反,他把这种无限弃绝描绘成一种平静的幸福、一种直接与神合一,这与生态批评家劳伦斯·布伊尔所提出的“放弃的美学”不谋而合,不过前者是形而上学意义上的放弃,而后者是形而下意义上对过度物质羁绊的放弃。

神话时代结束于人类自身的神圣意识自觉的萌芽中。但是人的故事还没有马上登场——人在中世纪的上帝和封建礼教的阴影中并没有成为真正意义上的主人公。西方以基督教为核心的中世纪文化延续了神话时代超越自然力的英雄主义价值观念,并将其改造成某种秩序和唯一神的道德观念。人与自然的生态关系走向了脱离自然的形而上学的轨道。在神魔化自然力之后,在文艺复兴之前,种种虚设的道德秩序的形而上学逐渐固化于文化之中,成为超越性的道德观念,例如:命运、神意、得救、秩序、荣誉等。在西方,社会进入了形而上学主导的远离自然的关于道德与经济秩序的文化建构。

综上所述,神话文学的生态再现功能既包含人与自然曾经同体共生、互为整体的生态基础,同时也表现了卑微的人及其理解力对伟大的自然力的叛逆式臣服。道德形而上学的追求具有双重意义。一方面,它把初民从对神魔自然力的崇拜中拯救出来,转而投向个体精神意志的诉求;另一方面,它为即将到来的宗教时代准备了意识形态的观念基础,一个关于道德、经济秩序的形而上学的世界正在接替古老的关于自然力的神魔世界。

（二）宗法与现实文学中人与自然之间的浪漫与现实关系的二分

宗法时代也就是漫长的封建时代，西方也将中世纪宗教专制时代称为黑暗时代，当时的中国则处于封建礼教统治的封建时代。这个时代的文明，无论具体样式如何，都包含着人类生态观的演变：人的生态观念从人相对于神的关系，从对自然的虔诚、对自然力的臣服与觊觎转变为人相对于形而上的上帝或封建礼教的关系，表现为人类（理性）中心倾向的自我压抑。从某种意义上说，宗法时代意味着人与自然关系的形而上学转向。随着神话时代的结束，人类的生产方式逐渐从狩猎演变为农耕。人与自然之间有灵的直接的互动合一关系逐步淡出并边缘化。以人为主体的新的伦理道德、经济秩序围绕着理性的圣人、唯一的上帝展开。宗教或礼教的力量取代自然神的力量。文化也普遍地围绕着相应的圣人、上帝建构起来。基督教的耶稣、伊斯兰教的真主以及中国古代的圣人和天子等表明了某种专制统治的合理性的预设，事实上构成了文化秩序的核心或基础。文学中人与自然的关系成为人类活动的世界的背景。

这个时代的文学文本的最大功能是实现教化的目的。宗法时代，或者说专制秩序时代，对上帝的信仰投射特定专制秩序的维护，投射的光柱表现为道德约束。社会、政治、经济与文化行为在以维护专制秩序为目的的道德约束范围展开。从这个意义上，封建专制时代的确是一个道德教化时代，教化结果是将人类逐步引向工具意义上的中心。在西方文化中，封建教化和信仰体系的完美结合把上帝世俗地表达为道德的至善。西方宗教信仰确立的人类救赎之路，脱离了生态互动整体的存在环境，建立的是金字塔形等级关系的秩序，既上帝—人—自然万物，人自命是上帝意志的执行主宰。

宗法时代确立了人类在文本中的中心地位。不过人类还不是真正意义上的意识中心。在宗法时代，文化首先面对的是神/上帝或天地祖先。在西方文化中，上帝是造物主，人也是上帝的造物，不同的是人是上帝按照自身形象所创造，所以天然享有替上帝管理万物的特权。中国文化认为“一生二，二生三，三生万物”，万物是天地之间的造物，故有“天为父，地为母”的形象性类比。其次是人与神/上帝或天地祖先的关系。语言使人的位置从有生命联系的物质自然整体向万物之上的文本移动。在文本中，人是万物之中唯一的能动者，是可以借文字来完成某种道德与经济、政治、文化秩序的建立的能动者。在文本所建立的秩序中，人是高于自然万物的造物，是能够借造物之名服务神/上帝的“灵长”。在西方的宗教文本中，人是理解和执行神/上帝旨意的皈依者。人作为信徒的使命只是要去理解和执行上帝（人所理解的）的旨意。对于中国古人而言，生命本身就是完成家族传承使命的旅程。在家族秩序与宗教秩序面前，虔诚、敬畏、谦卑呼应人与神/上帝或天地祖先关系中的道德要求。人面对上帝甚至比初民面对神魔自然力更匍匐谦卑。一个以天子/上帝为核心的等级森严的秩序由此确立。宗礼和宗教同样是人类走向形而上学之路的阶梯，现代人正处在阶梯破损之后的悬在半空的状态。

此外，在秩序投射的等级关系中，人在谦卑中无不透露出对优越感的追求。阿德勒认为封建专制时代的文化典型地表现着自卑与优越的情结。人虽然没有自诩为价值尺度的创建者，虽无力自居造物主，但是在开始以文本为言说中心的时代，就暗含了人在生态圈中的中心位置。在人的位置从自然万物之中转移到文本之中的过程中，人与自然的关系被人与神/上帝的关系掩盖了。封建专制时代的神/上帝已经被极大地抽象化，并且越来越抽象化，直到所有的来自神话时代传统的神的具象含义完全消失。

实际上，这一时期文学的生态再现功能在人与自然万物互动的关系上，延续了神话时代生态观念的矛盾的两个方面，并使之趋于分离。一方面，在对神/上帝或天地祖先的敬畏、虔诚背后，保留了万物有灵带给人们的禁忌、神秘感以及对自身行为的约束，进而演变成维系人与自然关系的浪漫主义精神纽带。这时的浪漫主义精神具有两个方面的内涵，一个是相对于人而言对缺席的自然的遐想，另一个是相对于自然而言对人的缺席的遐想。文本中的自然和自然中的人因为缺席而产生了互相追寻的想象空间。“归位”在浪漫主义想象中累积，即互为整体存在的意象。另一方面，文本中的人类自我中心秩序建立，表明人与自然的关系在表现形式上发生了与整体存在之间的分裂，关注的中心不再是生命体的整体存在，而是割裂的人类灵魂的出路，在中国文化中表现为家族传承与延续的信念。物质与灵魂的二分给人类将自然机械化、物质化提供了形而上学的基础，也为后世对大自然的征服的规模与速度背书。因为物质与灵魂的二分给人与自然的主客之分，甚至给人与自然对立的观念清除了障碍。已经自居于生态中心的人类开始在表现形式上寻求自我实现的超越性价值，而这种价值在“悲剧作家如工程师一样不断地确证将世界看作是独一无二的财产”的作用下，在以不惜牺牲生命为代价的悲剧精神的支撑下，将自然视为价值实现的对象。人与自然被现实地置入利用与被利用、征服与被征服的工具意义的二元对立关系之中。

在文学再现上，现实主义和浪漫主义构成了人与自然关系横向与纵向的两个轴。在现实的层面，文本中的神/上帝或天地祖先约定、刺激人类认识的形而上学走向。从对自然力的崇拜，经上帝到道德灵魂的经营，文化不自觉地远离了生态整体，进入了形而上学的价值漩涡。人与万物同在的关系被人类要认识、征服、利用万物的欲望替代。文本的主人公将直接以人的面目登场。古代神话、神话原型和范式以及神话创作仍然在继续，但显然神魔被放逐到理性世界的边缘。在生态观方面，自然被简化为客观世界的表现形式。随着理解力、理性、知识的发展，人类中心主义得以生根，确切地说，人类置顶了“我思故我在”的理性和知识，依赖巫术或祈祷词与自然力沟通的仪式和知识被统统踩在脚下。被罢黜神力的自然逐渐沉寂。达尔文进化论的出现为人类成为主角提供了合法化证据。赫伯特·斯宾塞社会达尔文主义进一步提出的

“物竞天择，适者生存”使得人类使役自然的资本主义逻辑合理化。在现实主义层面，人与自然的关系呈现为合理合法地利用与被利用、开发与被开发、征服与被征服、改造与被改造、消费与被消费的对立冲突关系。

在纵深层次上，虽然天堂和复活、宗族的昌盛、超脱与轮回等成为比自然生命更重要的施加于灵魂的力量，但这种对灵魂的关注同时也带来了一种超然的浪漫主义精神生态学。一种回归与自然的整体生命联系的渴望、一种超脱秩序的对自由的渴望，一直以潜流的形式存在于现实的背后。在中国，古有庄子《齐物论》中“天地与我并生，而万物与我为一”的哲思，以及“采菊东篱下，悠然见南山”的物我两忘的田园诗；在西方，因为物质主义与功利主义不能实现人类自身生存的自由、快乐与平等的精神追求，所以产生了梭罗、华兹华斯等在最简朴的自然生存中寻求自我实现的浪漫主义田园试验。田园诗与田园价值的探求，体现了对人与自然环境关系的关注和信念，成为人文主义向环境人文主义发展的涓涓细流。如果说文学生态学要确立文学“生态位”的知识谱系，那么，宗法-现实文学文本中体现的人与自然之间的浪漫主义精神就孕育着人类回归自然的生态种子。也就是说，对自然整体生命的信念和信仰的力量源自古往今来人与自然之间的浪漫主义精神与想象，并成为新的生态观念的背景。

宗法-现实文学的生态位表现出人与自然之间的现实主义与浪漫主义两种不同的关系特征。在两种不同特征的文学文本中，我们可以发现人类与自然经历了从敬畏到反叛、从远离到回归的之字形往复曲线。文学在之字形的曲线中既再现了对人类自身人性的探索以及对自我实现的追寻，也再现了耕耘着人类在本体意义上的人与自然的关系，也就是生态意识的觉醒与自觉。

（三）当代环境文学中人与自然关系的生态意识与生态觉醒

在西方文学体系中，当代环境文学的生态意识觉醒可以追溯到文艺复兴时代，尤其是早期的文学体裁与艺术创造的繁荣都与信仰的实在性探索和在自然的大视野中认识人类自我的意识萌动有关。它包罗了人与自然之间整体关系的生态萌芽，涌动着从文本中确立的秩序向自然之中寻求生命根基的潜在的愿望。在文艺复兴早期的艺术家眼里，自然是充满活力的有机体。罗宾·科林伍德在《自然观念》一书中指出：在文艺复兴的早期阶段，“自然界仍然被看作是活的有机体，它内在的能量和力量具有生命和精神”。在达·芬奇、拉斐尔的艺术创作中，在但丁乃至莎士比亚的文学创作中，隐隐约约地传达着将人的信念从神转向自然的意识，表达了人只有在自然之中才能实现自由的主题。在莎士比亚的戏剧中，自然的生命性是通过仙后和仙子来体现的，万物有灵的自然观念流露于笔端，呈现了人类对自然生命的拟人想象。有机自然观视自然为生命体。想象是编织人与自然之间生命联系的浪漫主义纽带。浪漫主义想象拟人地表达自然生命，进而想象人在自然关系中的身份和位置，埋下了生态意识觉醒的种子。

然而，人与自然内在生命和精神的联系并非一厢情愿的美好与单纯，也并非一帆风顺的和谐与友爱。文艺复兴时期，带着宗教的惯性，有机自然观受到了试图以人的尺度来重新衡量自然的意识的排斥：一方面，人是万物的尺度，高于自然；另一方面，自然灾害的险恶使得人类极力要以主体的身份战胜自然这个对立客体。如此，人与自然之间的有机联系在启蒙运动的去魅中被压抑到了意识的深层。到了浪漫主义时代，伴随着回归自然运动的兴起，这棵与自然内在生命有机联系的生态种子才得以破土发芽，浮现到意识的表层。浪漫主义诗人，如华兹华斯，咏出以自然为师的诗歌，在身份上拉近了与自然的关系，想象回归自然所能实现的生命的完整与自在。而随之而来的现实主义文学以社会达尔文主义以及实用主义哲学为旗手，鼓噪着人类中心主义的物质化发展，人类与自然的关系异化、资源化和物质化。人与自然的关系呈现出污染、沙漠化、枯竭以及异常变化的危机。生态与环境文学重拾对人与自然关系的反思，发出生态中心主义的哲学呼唤，警示人类中心主义的冲突与危机，激活被压抑在无意识层面的生态自觉。

可以说，人类与自然的关系历史地以生态无意识的形式存在。唤醒被压抑的生态意识，有必要历史地回顾理性与知识在人与自然关系方面的演变。在西方文化中，知识与理性将自然不自觉地“他者化”——非活性化，这可以溯源到柏拉图和亚里士多德的模仿说。模仿说暗含着人类与自然万物之间注视与再造的再现关系。而模仿与再现中间隔了一个实体的概念。人与自然之间以实体为参照，在二元对立中疏离。《圣经》中非常明确地规定了人与自然之间管理与被管理的我-它的上下等级关系。在这两个根基上生长起来的理性与知识世界，自然注定要低于人类。人类注定出离于、优越于、高于自然。笛卡儿提出“我思故我在”，将人类思维判定为一切存在的合理化标准。启蒙运动以降，科技力量赋予了人类控制自然、战胜自然、再造自然的知识和理性。实用主义与功利主义哲学背书的人文主义，张扬以物质化自然为手段实现尊严、独立与权力自由。人文主义以人为本的原则把自然他者化，更确切地说是物质化。只有人类才有合法化的权力，自然是满足人类合法化权力的手段或者过程。至少在文学研究的视域里，世界就是人类世界。人类生存的信念/对真理的追求把知识和理性固化在认识论的工具意义之上。从信念到自我意识的视线都历史地滑行在单向度的以人的利益为中心的价值轨道上。培根曾毫不掩饰地这样论述人类中心主义观念：

如果我们考虑终极因的话，人可以被视为世界的中心；如果这个世界没有人类，剩下的一切将茫然无措，既没有目的，也没有目标，如寓言所说，像是没有捆绑的扫帚，会导向虚无。因为整个世界都为人服务，没有任何东西人不能拿来使用并结出果实。星星的演变和运行可以为他划分四季、分配世界的春夏秋冬。中层天空的现象给他提供天气预报。风吹动他的船，推动他的磨和机器。各种动物和植物创造出来是为了给他提供住所、衣服、食物或药品，或是减轻他的劳动，或是给他快乐和舒适。万事万物似乎都是为人做事，而不是为它们自己做事。

从地球的历史来看，人类来到这个世界的时间短暂得犹如悠忽瞬间。那么，地球上的春夏秋冬是否只为人类服务？自然无法用人的语言言说，是否等于自然可以任由人类使役？人类从万事万物中获得利益，是否可以无视万事万物存在的权利？

诚然，人类知识和理性孕育了科学技术，科学技术正创造人类征服自然、控制自然的新的知识体系与叙事范式。当科学技术像滚雪球一样越滚越大时，人类变成了悖论意义上自由的英雄。表面上，人类看起来无所不能。实际上，人类越来越不由自主地受制于科学技术的运转。从无线电到个人电脑，从原子弹到克隆人，人类的科学技术在以人为本思想的驱动下反而把人架空，使得人类成为人类自身生存的最大威胁。由此产生的悲剧性结局便是：以人为本已经被以科学为本的异化历史所覆盖。利奥塔曾说："科学知识似乎比过去任何时候都更依附于权力……而大量进入科学知识中的技术标准不会始终不影响真理标准。"

文学作为与科学不同的叙事范式在科学确立自身合法化的过程中不断被边缘化，甚至遭到放逐的命运。文艺复兴早期再现自然内在生命性的种子在文学中一直处于沉寂状态。自然内在生命性在机械主义自然观中由于无法得到实证而被打入了冷宫。自然主义摇身一变以新的身份——物质主义登堂入室。这是机械主义世界观的基本假设运作的结果。机械主义世界观建立在自然与物理原则的确定性一致、与机器的象征力一致的假设基础上……这些假设包含：(1) 自然界是由物质构成的，物质的性质由构成它的最小微粒来确定；(2) 自然是一个机械系统；(3) 自然界可以被拆分还原认识；(4) 问题可以分解成多个部分，然后通过数学方法解决；(5) 感官的数据是不可信的。这些基本假设确立了两个优先原则：其一是能够被证明的物质层面的知识优先，不能被证明的感觉的知识忽略不计；其二是自然的特性可以与机器的特性等同。这两个优先原则给人类控制自然、掌握自然提供了可操作的便利。19世纪以来，科学技术的飞速发展实质上无视自然的生命性，将自然等同于无生命的机械结构。笛卡尔曾说："世界就像一台机器，一台极其精密的机器。这台机器可以通过被拆散而理解——研究完其部件之后再将它们拼在一起，这样可以看到机器的完整情况。"而环境文学与科幻作品揭示人类正面临诸多不确定性和危机的生存现实。一方面，科技的前端AI、赛博朋克、克隆技术的发展使得未来呈现出绚烂的不确定性。另一方面，自然生态系统也呈现出异常变化和威胁人类正常生存的不确定性。科学技术似乎进入了图腾化的时代，那么，科学技术的图腾化是不是在将自然物质化的同时也在物质化人类呢？

易卜生在《培尔·金特》中借金特之口说："过多的知识会造成愚昧，怯懦的幼苗会开出残酷的花。真理倘若走了极端，就等于让智慧的柱子头朝下。"科技图腾化在给我们带来万花筒般的前所未有的方便、舒适、快捷以及物质极大丰富的同时，也让人类陷入了自然生态系统连环崩塌的生存威胁之中：诸如瘟疫、气候异常变化、土壤退化、水资源短缺、自然灾害频繁、物种灭绝、空气污染等生存威胁。在物质上，我们的生活日益进入一种模式化的方式。每一个人都已被牢牢地铸进了机构化的生存之中。日常生活严重依赖科技产品，甚至成为科技产品的附庸，比如开车依赖 GPS，上课依赖 PPT，日常生活依赖手机，等等。在精神上，陌生、疏离、机械、自大、膨胀、攀比、竞争、抑郁成为生活的主题。快乐与满足、自由与自在被越来越严重的不安全感所替代。人类的活力受制于机器。人类相信机器与文字，沉浸在机器与文字提供的知识与新奇之中，而对物理环境中发生的一切视而不见。最终“存在着这样一种悲剧的反讽：当人类达到了渴望已久的对自然的控制时却发现人类自身的存在必须依赖在控制自然过程中打破的自然平衡。”如利奥·马克斯所揭示的，机器文明轻而易举地取代了田园文明。人类文化越来越向充满不确定性的空间发展。可以说，人类科技文明对生态整体的割裂认识已经把人与环境的矛盾推向了危机的边缘。当危机以生态灾难的形态呈现并威胁到人类生命存在的安全时，被科技无视的无法用科学实验实证的被冠之以超自然的自然内在生命价值又重现在人们的认识与反思中。激进生态学家卡罗琳·麦茜特精辟地概括道：

地球是死的还是活的？古代东西方文化和美国土著人将地球看作母亲——生机勃勃、与人类行为交相呼应。古希腊和文艺复兴时的欧洲也将宇宙构想为有机体：有身体、有灵魂、有精神。地球作为哺育我们的母亲，有呼吸系统、循环系统、生产系统和排泄系统。大多数民族与地球之间是我与你的伦理关系；在拦坝、砍树或开矿井前都要求得到人地的谅解。然而，在过去的三百年里，西方机械主义科学和资本主义将地球看作是死的或无活力的，可以从外部进行操纵并进行掠夺以谋取利益。今人，自然之死使人的控制合法化。殖民主义资源开采连同工业污染和消耗，已将整个地球推向生态毁灭的边缘。

危机催生生态意识的自觉。生态意识的自觉又使得生态观念不再是一个默认的暗含的文化前提。人与自然的生态关系被推到了文化反思的前台，并成为一个思想的焦点。从雷彻尔·卡森的《寂静的春天》揭示小小的杀虫剂污染将带来整体生命网络的破坏开始，文学以非虚构的自然环境写作的形式，撕破了人类中心主义线性发展的虚妄。奥尔多·利奥波德从大地伦理、巴里·康芒纳从生态原则、阿恩·奈斯从深层生态学等方面，提出人是自然生态网络中的一部分。自然界中万事万物的生命都具有其内在价值。人类与自然万物之间内在的生命联系的种子开始发芽生长，生态意识觉醒与自觉将带来生态文明的转向。

文学“生态位”从自然生态的立场出发，反思、批判知识和理性文化的孤立性、割裂性、片面性以及无视自然内在生命价值的人类至上的危险性。这并非完全否定启蒙运动以及科学技术的发展，而是对科技启蒙知识与理性进行审视和反思，从整体的视角提示更为客观全面地面对知识与理性的过去、现在与未来。现代科学的发展在将物质生活的一切可能性不断挖掘出来的同时，也暴露出其物质主义、功利主义对环境与生态的破坏性。科技力量的创造与破坏的双面性警示了人类对自然的全息认识的缺失，警示了人类无视自然内在生命价值的后果。文学“生态位”是在生态学的知识背景下审视和发现人与自然万物、人类文化与自然规律之间的相互联系。生态学家指出，人处于有机世界与无机世界的互动联系之中，并非高于互动联系。因此，文学“生态位”着重审视和发现人的生态身份、位置及行为对人类所处的自然环境所造成的影响。劳伦斯·布伊尔认为“生态身份”这个整体意义上的术语表达了人类在地球关系中体现的自我意识、行为、价值和个性阐释方式。那么，文学的“生态位”对人类中心主义身份的剖析意味着什么？文学在生态语境中对文化模式与文明进程起到了什么样的作用呢？

三、文学的“生态位”的作用

现代社会以人性为旗帜，把人的思维能力凸现出来，但从来没有真正明确人的定义。人性已经是越来越庞杂的谜题。在神话时代，社会生态观念的焦点在于人与象征自然力的神魔之间的关系，人与自然之间在万物有灵的基础上相互联系。在宗法时代，生态观念的焦点在于人成为以上帝/天地祖先为名的道德秩序中的一员，人与自然万物通过土地上的生产方式建立联系；生命与精神的内在联系开始外化、功利化；人与自然之间的整体关系转向人与自然之间文本化的认识关系以及主客关系。文艺复兴重新张扬世俗的世界，一个有机的充满生命活力的自然曾一度活跃在作家的笔端，但对人性的赞美并没有放在与有生命的自然万物的平等互动之中，而是将“人作为万物的灵长”置于自然之上。启蒙运动以降，随着对知识和科学的尊崇，自然的去魅化过程加快，在对知识与科学的追求中，自然逐渐变成了物质的概念化符号。人与自然的关系淡出了文学的视野，成为人与人、人与社会关系的背景。从生态观念的角度看，当人与自然的关系发生分离、排斥、对立，最后人类意识的膨胀遮蔽了自然的在场时，现实世界的人类形象也就越来越模棱两可，人类文化也将不可避免地呈现出疏离、隔离与分裂的特征。以直线的历史观考察，人类文明的进步同时也意味着人自身的生态存在对其生态环境的疏离。最终，人的行为逐渐疏离于人的生态存在。于是，文学的“生态位”的作用就是认识人自身，认识人的精神对文化模式与文明模式的导向关系。文学的“生态位”从再现生态系统生命共同体的完整与美丽的视角反思，不难发现人类中心主义以及文学张扬的悲剧精神导致人类与自然家园渐行渐远，而一贯被轻视的喜剧精神则蕴含着与自然和解的能量。

（一）人类中心主义的幻觉

从历史景观来看，自然的边缘化是伴随着西方科技文化的发展而发生的。从今天科技与科幻的走向来看，其结果也必然带来人自身形象的边缘化。从托勒密的地球中心说到哥白尼的太阳中心说，从基督教的创世论到达尔文的进化论，从苏格拉底开始的理性信仰到弗洛伊德的非理性的人的样貌，人类的认识在不断突破时间与空间的疆界。宇宙成为大航海之后的新的探险空间，人自身的秘密也被基因科学揭示和复制，心理而不是心灵成为教育、治疗和拯救的对象。在这个过程中，全部人类活动好像忽然都失去了主语：作为有机体的人是大自然的一部分，但也是人类征服和改造计划的一部分。那么，谁在征服？谁高踞于人所处的大自然之上？某种虚拟的并不存在的人类社会主体正在成为一个没有根源的利维坦。人类仿佛是推动文明进步的文化的寄主。作为征服者和改造者的文化与文明寄生在人类有机体的活动中，并把人与自然的关系推向紧张、恶化甚至毁灭的边缘，从自然力、唯一神到虚幻的利维坦，人类文化观念及伴随的文化行为逐步演变成破坏人类自己安身立命的家园的力量。

家园的宏大意象是地球。地球到目前为止仍然是唯一适合人类及各种生命生存的星球。经过46亿年的演化而形成的地球生态圈是人类和各种生物的家。在大约300万年前，人类离开了森林，来到了平地上开始建造家园。文明社会经历了最初的狩猎、采集的生活方式和刀耕火种的农业文明，才有了今天的工业文明。家的外壳也从洞穴、木屋进化到今天的高楼大厦。文化逐渐抛弃了在自然之中的田园生活，而走向了远离第一自然、在再造的第二自然之中的城市生活。

现代工业文明和城市化的迅速发展与殖民主义和帝国主义的扩张分不开。唐纳德·沃斯特在《自然的经济体系：生态思想史》中指出，田园主义自然观念与帝国主义自然观念是主导人类与自然关系发展的两条对立冲突的主线。“田园主义观点倡导人类过一种简单和谐的生活，目的在于使他们恢复到一种和其他有机体和平共存的状态……帝国的传统是要通过理性的实践和艰苦的劳动建立对自然的统治。”两条主线约略对应于情感和理性在文学传统中的冲突存在。社会历史进程更多地架构在理性或者帝国主义自然观念的发展、进步、扩张的执迷妄念之上。人类的自我意识特别是批判性的反思则更多的是在情感主题和田园诗歌中被找到。文学中人类与自然关系的主题在田园主义与帝国主义两条主线之间游移。田园主义自然观念在每一个文化和文明周期中都保持着朴素的敬畏自然的情愫，并以情感的力量体验生存方式，寻求与自然的和解。帝国主义自然观念则不断地扩张人类的征服意志，在理性、秩序、技术、工具、武器中寻求战胜自然的权力。

纵观西方自然观念的演变可知，自然观念已经从亚里士多德时代的有机整体观念转变为无机的机械物体的概念，从一个由永恒的实体控制的自为运转的有生命的世界转变为可供人们征服、认识、利用和改造的机械的无生命的创造物。人类与自然生态环境的关系也经历了从依赖、从属、敬畏走向索取、掠夺、进犯与占有的发展过程。诚然，文明的进步，尤其是科学技术的发展，改善了人类的物质生活。同时，现代科技也如魔法般不断刺激着人类对物质的欲望。人类如《渔夫和金鱼的故事》中的渔夫老婆一样，有了新木盆又要新木屋，有了新木屋又要做贵妇人，做了贵妇人又要做女王，做了女王又要做女霸王……不断被技术刺激的欲望推动人类在自我中心主义的主宰下飞速地开发、利用自然资源，把不断积累的熵的负担留给地球承受，其结果便是地球家园从资源到环境与气候都越来越不适合人类居住。

文学在与历史共谋的同时，也起到了质疑文化历史走向的作用。经典的文学文本常常惊骇于人与人之间虚伪的伦理道德关系；在张扬人的个性伟大的背后，也常常惊骇于人类价值观念的日趋虚无和人类异化、物化的日趋严重。文学再现了人类的生态行为，承载了决定人类生态行为观念、文化演变及演变带来的后果的生态场。文学的“生态位”最根本的任务就是基于文学的生态场检索和审视人类物种在地球生态系统中的行为特点与功能。

“人类的哪些行为、哪些行为规律是由基因遗传的？哪些是由社会行为的文化传统模式决定的？”这是生态批评家米克在《生存的喜剧：文学的生态学》中提出的问题。下面就跟随米克对文学的生态定位，进一步阐释文学“生态位”对人类中心主义的解构。

米克对人类文学活动的生态定位起到了从根本上透视人类中心主义虚幻情结的作用，这主要表现在以下三个方面。

首先，他指出，从物种的层面上看，文学同时建构与解构人类的独特性。文学是人类物种独特的创造行为，再现了人类的聪明、才智与价值判断。但是，其他物种也有独特的创造行为来展现其生命的奥秘和神奇。“人类是地球上唯一的文学生物。他虽然没有植物光合作用的天赋，不能像鸟儿一样飞翔，却能因为大脑的特殊发展写出伟大的史诗和平庸的工作日志来。通常认为，人类独一无二的文字天赋是其他动物所没有的。但是，如果北美咳声鹤被赋予自我意识的话，它的奇妙的交配仪式也会带来同样的感受。像我们一样，它们也会将他们独有的特征转化成地位的符号，以此证明它们在这个世界上的价值。我们会取笑它们，因为实际上我们非常清楚独一无二的特征本身并不意味着优越。”

文学创作是人的特殊生物才能，由于这一特殊生物才能，人类在所创造的文字、文学和文化中体验着自然界独一无二的尊严感、创造的力量。在文字创造中，人类是世界的创造者，是历史的叙述者。在翻译自然大文本时，文字的语法与规范自然而然地把人作为主语。人是文字的主人、文学世界的创造者和中心。人类以文字创造的世界为全部世界。然而，生态学所揭示的现实告诉我们，地球上的物种都具有独特的生态位。它们各自独特的生态位共时地展示了地球生命的多样性。人类以自己在文字方面的天赋自居中心恰如北美咳声鹤以其独特的交配仪式而自居中心一样重要。对于自以为中心的虚幻，尼采也有过类似的论述：“只有人类或者智识的所有者和生产者才会如此重视它，仿佛整个世界都围着它转。但是如果我们和蚊子交流一下，我们会发现它也同样自我感觉良好地在空中飞来飞去，在它飞行的范围内感受世界的中心。”

其次，米克的文学生态定位揭示了文学反映人类的生存，同时也具有作用于人类生存的折射功能。文学的折射功能是多方位的。它可以使人的存在得以提升，也可以导致人的存在的堕落或者扭曲。随着文学自身的发展，人类历史的每一种现状都可以共时性地出现在文学中。作为构成文化的一种特殊的力量，文学甚至经常左右着文化历史的现状。对世俗文化而言，文学是基本的形成者，是灵魂的工程师。文学是专属于人类的创造行为。通常，生物有机体的一种创造行为意味着它必须不断地在自身与周围环境的关系中追寻意义与价值。而人类中心主义凸显文字特别是文学的先天缺陷，使文学作为生态行为必须首先消解泛文化的意识形态。走出这个意识形态进行思考，人类自以为至高无上的文学技能在生态圈中又能起到何种作用？“它在人类福祉和生存中起到什么作用？它在人类与其他物种以及与周围世界的关系中提供了怎么样的洞见？……它对我们的生存贡献大还是对我们的灭绝贡献大?”也就是说，文学在它的历史中以及在它所折射的生态观念的历史中，暗含和张扬着人类与自然整体关系的何种生态存在方式，以及记录和刺激了何种人类生态行为，都还是需要缜密研究的课题，是文学“生态位”需要探索的。

最后，米克的文学生态定位表明文学显现的文化模式充满了反讽的悖论。米克认为：“文学是文化传承过程中追踪人类主要生态行为模式的源泉。”这肯定了文学“生态位”的合理性，也意味着重新审视文学发展历程的必要性。不可否认，经典文学作品和现代文学尤其是当代的环境文学在表现文化内涵的同时也引导着文化发展的方向。文学作为一种认识活动、一种意识形态的载体，从神话时代、宗法社会直到现代社会，一直有一条显在的主线围绕着英雄主义、拯救与救赎、征服与被征服的主题展开，弘扬以牺牲生命为代价获取的悲剧性价值取向。悲剧性的价值取向反过来强化征服与被征服、拯救与救赎的主题。在这个相互强化的过程中，自然成为牺牲的对象、资源与手段。继续深究，不难发现，这终究是一场没有主语的征服，因为脱离生命实在性的人本身也成了无限趋近虚无主义的被征服对象。这是一种无人受益的救赎，因为人日趋受到比宗法时代更为严密的控制——不再仅仅是道德秩序的控制，更有机构化的日趋严密的社会组织的控制，还有全新的技术社会的控制。

当人把自身想象为高于自然万物的物种时，人类的自然观念必然以自然为对立面，并将对立、冲突视为生活的主题。在历史的沉淀中，文学中表现出的对立、冲突的悲剧主题不断被重新阐释和加强，从而固化了人类中心主义悲剧倾向的生存模式。随着社会文化的变迁，这种悲剧的生存模式不断被植入新的语境并显现在文化语境之中。

（二）悲剧的文化模式批判

文学记录再现人类各个时代的生存方式以及与社会和自然的关系，是文化模式的重要建构者。在文化中，政治、经济、信仰、哲学、科技和艺术等提供着关于存在和未来的可能性，而文学却提供最具象的再现：包括思想和科技在内的总的意识形态的样貌，包括最典型的城市生活和乡村生活的基本图景，包括最偶然的个体行为的戏剧性表演，包括关于对最可能和不可能的人类存在样式的想象，包括关于人类自我形象的时代意象，等等。从这个意义上说，文学的“生态位”对人类行为与身份的反思，是尝试以文本重构的方式对人类生态行为所进行的科学考察。从人类总体的生态行为的一般意义到对具体的生态行为模式的揭示和重构，特别是对文学作为承载和传递文化模式的工具的分析，与对生物和非生物构成的生态圈的实证考察一起，成为文学生态学研究的必然内容。

人类的精神与思考决定其行为与身份，用生态作家麦基本的话说就是"改变你的思考方式，行为就会跟着发生改变"。因此，对人类精神与价值取向的考察是文学"生态位"的起点。米克在《生存的喜剧：文学生态学研究》中从悲喜剧模式引申到有关生存模式的思考，很有借鉴意义。他对西方文学传统的悲剧模式所体现的价值观念进行了分析。米克指出：

> 无论文学形式还是哲学态度，悲剧似乎一直以来就是西方文学的独特发明。这与古希腊思想传统密不可分。尽管后世的西方文学再没有产生过超越古希腊的悲剧文学……悲剧观念认为，人处于比他自身的力量更伟大的冲突之中。这种力量，诸如自然、上帝、道德法则、激情的爱、伟大的思想以及知识，似乎都高居于人类之上，并且在某种程度上决定着人的福祉或痛苦。悲剧文学与哲学就理所当然地承担了表现人类战胜或超越这种冲突的责任。

米克的论述揭示了两层含义，架构起悲剧模式所体现的价值观念。第一层含义揭示人与自然呈现二元对立的关系结构，在二元对立结构中，人类以战胜自然的目的来凸显自身主体存在的意义。第二层含义表明人的生存架构在形而上的投射之上。这为人类中心主义言说的创世奠定了基础。悲剧文学造就了大于或等于这种冲突和创世的思维定式。也就是说，悲剧人物与自然对立冲突，极力证明自己的伟大与崇高，甚至不惜毁灭自己，以证明人类对自然的主宰力量。悲剧表现人类力量的伟大，形成人类高于自然的形而上学创世等级结构，鼓噪人类从自然环境中崛起，并不断清洗自身的自然生态属性。悲剧的精神由此获得了道德背书，即把人性与人类有机体的自然生态属性对立起来，继而形成以人为中心的人文主义和理想主义传统。西方文化道德秩序的形而上学基础是一种等级建构：上帝-人-自然，人性无限接近于神性，而自然属性则意味着属于恶魔的危险和诱惑。

西方悲剧模式体现的生存观在人与自然的关系方面预设了人高于自然。自然被排斥在人类道德关怀之外。悲剧文学再现的主角往往聚焦独一无二的个体英雄。英雄为了实现其伟大，往往要付出巨大的甚至毁灭生命的代价。自然生命在悲剧的价值体系里从属于高于自然的个体意志。这种悲剧的价值体系深深地镶嵌在西方文化之中。个体身上所体现的个性、思想和意志激励着社会、历史、文化的发展，并奠定了文化传统的根基。从某种意义上说，西方文化传统的道德秩序的建立形而上地预设了一些超越自然的概念，诸如命运、神意、拯救、公正、荣誉等。英雄行为一旦与建立在这些概念之上的道德秩序相悖，就要承受惩戒性的后果。悲剧的意义就在于英雄在道德生命的两难中仍然能够承受自身行为的后果，并在承受中显示出与众不同的个性。从悲剧文化到英雄主义主题，西方文学传统中产生的人文主义理想蕴含着个人主义价值观的追求。在突出个体精神意志的悲剧表现中，对立、战胜的意义大于生命本身存在的价值。典型的悲剧英雄往往通过斗争来消灭其他生命以获得胜利。英雄的产生是一场你死我活的较量。所以，西方文化中蔑视生命的个体英雄主义生存方式成为文化的模板，表达一种不同于自然、优越于自然的人性，一种外在于自然而从属于绝对的道德秩序的人性，一种因作为独特主体而卓越的人性。通过对生命和自然力的征服，通过奋不顾身的自我牺牲，成就悲剧中不朽的英雄。在这些英雄面对的冲突与对抗的行为中，或者作为这些冲突和对抗行为的结果，自然与生命被排斥在个体精神意志之外。

当然，如北美殖民者初到美洲大陆时对自然的描述一样，在文学作品中，自然常常被文字描述成两副面孔。一张面孔是富饶、博大、神秘、包容的母体形象。探险家约翰·史密斯这样描述美洲大陆：“这里，自然和自由让我们自在地享有快乐……男人、女人、小孩在自家的小船上随便抛一个网或钩就能高高兴兴地钓上各种各样的鱼儿。”自然与生命是相辅相成的依存整体，自然哺育生命，生命展现自然赋予的快乐与自由。文字再现的自然的另一张面孔却是恐怖的、原始的、野蛮的、强大的，是需要人与之抗衡的力量的象征。正如清教徒威廉姆·布莱福德的描述：“夏天过去了，在他们脸上打下了饱经风霜的印记。这个覆盖着茂密森林的国家笼罩着野蛮、原始的色彩。回头望去，刚刚驶过的海洋现在仿佛是巨大的栏杆和海湾，把他们与文明世界的一切隔开。”自然与文明成为对立的双方。文明似乎要战胜自然力量，自然万物的生命甚至本土印第安人的生命都是文明征服的对象。悲剧所不断重写与强化的就是自然的恐怖、野蛮、原始的力量。在悲剧预设的价值观念中，人类主体一定要与巨大的邪恶的自然力量作斗争并取得胜利。悲剧精神就是在战胜自然、征服自然，同时付出生命代价的悲剧抗衡中不断升华自身的价值理念的。悲剧中代价的大小成为衡量道德高低的标准。因为越是伟大的悲剧，越是包含着不可抗拒的宿命和恐怖的灾难。然而，具有反讽意味的是，人类在抗衡灾难中又不得不承受宿命。这就如同物理学家认定地球毁灭是不可避免的规律。人类理性加速了对地球的认识与开发，从而反过来加速了地球毁灭的进程。对于现代社会而言，这种预设在对立冲突中实现的悲剧价值理念，无非是创造了某种虚妄的人类中心主义形而上学，并为了虚妄的形而上学而征服自然、破坏生态、异化人性。

从生态学的观点看，悲剧中伟大的人性似乎脱离了自然生命的情感价值。悲剧中的主人公要么偏执于某种现代人已经无法理解的教条，要么张扬死亡的形而上力量。索福柯勒斯的悲剧《安提戈涅》和《俄狄浦斯王》，欧里庇得斯的悲剧《美狄亚》和《克瑞斯丰忒斯》，以及莎士比亚的悲剧《哈姆雷特》等展现的可怕与可怜的事件是发生在亲属间的凶杀，被极力渲染的是死亡的主题，抑或是对死亡的超越。人的对抗行为以及意义和结果被夸大，而生命的自然状态、自然力量被悲剧中所描述的可怜与可怕的事件所激起的严肃性掩盖。在这些伟大的悲剧中，文字凸现了畸形的生存，这种悲剧的教化意义显然不是主张这种畸形生存的普遍性，但却渲染了人类生存中可能的畸形样貌。从自然情感来看，悲剧表现出来的情感基础是恐怖而不是敬畏，悲剧表现出来的崇高感是战胜恐怖而不是提升敬畏感。亚里士多德的悲剧净化说强调悲剧对人心灵和情感的陶冶作用，去除的是恐怖，从而提升人本身的自高自大感，而不是提升对自然与生命的敬畏感。因此，在文化的深层结构中，悲剧一方面强化了人与自然关系的对立冲突意识，另一方面把人与自然关系的对立冲突意义提升到人类中心主义的人文主义理想的高度。

悲剧在净化与陶冶人性的过程中，隐含着人类超越自然、战胜自然力的集体无意识。从米克的分析中我们可以看出，悲剧文化强调对立冲突行为的结果或者对抗行为本身所带来的快感。悲剧文化轻视生命自然过程或生命自身的快乐。这种悲剧文化经过基督教的浸染后，沿着失乐园的方向前行，并不断远离伊甸园，在冲突和对立中线性地走向末世，朝着寄希望于救赎或死后得救的、蔑视生命过程的结局发展。从普罗米修斯受难、俄狄浦斯王命定的罪恶到《圣经》中的原罪，都沉积为反叛、对立、毁灭、死亡、救赎的文化路线，西方悲剧产生死亡的意义不断深化而生命的意义不断淡化的情节效应。仿佛“由于受制于神秘的残酷的命运，我们大家都处于这样的境地：为了保存我们自己的生命，必须以牺牲其他生命为代价。而由于伤害、毁灭生命而又不断犯下罪行。”悲剧架构起了一个命运的恶的怪圈。以牺牲生命为代价的悲剧情节积淀了人类轻视甚至无视生态环境的心理，膨胀了人类高于自然、人类无所不能的人类中心主义意识的悲剧情结。借助悲剧和对悲剧的认同，人类增强了自己战胜物质自然的信念和力量。在这种盲目乐观情绪的激励下，对立行为的意义大于生命。生命淹没在物质欲望的最大化满足之中。理性的成果仿佛就是在宣布一个又一个的死亡。尼采论证了人类人文主义理想建立在虚无之上，进而宣布上帝和宗教信仰的死亡。德里达认为书写本身是一种延宕行为，福柯继而指出话语是权力操纵下的叙述，后现代思想家宣布了作者的死亡。利奥塔德指出宏大叙事的解体，也就是黑格尔哲学一统人文学科体系的解体，代之以非中心化、非精英化的后现代狂欢。福山在《国家利益》中提出了“历史的终结”的假设，并进一步预言了人的死亡。卡罗琳·麦茜特认为受机械主义自然观主宰的现代科学早已宣布了自然的死亡。在与自然对立、不断远离自然、违背生命多样性共生原则的西方人文主义理想的路上，显现和潜伏着总也无法回避的危机：生命价值危机和文化虚无。现代文明对自然环境，如物种多样性，所造成的毁灭性破坏，以及这种破坏对人类生存造成的威胁，使人不得不对悲剧模式主宰的西方文化价值定势产生怀疑。

“世界是美妙中的可怕，充满意义中的无意义、欢乐中的痛苦。”对于现代社会而言，如此的反讽与悖论无处不在。人类依靠技术实现了对自然的控制，同时也发现科技正在打破自然的平衡，而人类生存恰好依赖于这种平衡。人类在控制自然的同时也给自身的生存造成了威胁。悲剧精神将人的注意力引向远离生命、远离自然环境的方向，并且极力降低自然在人类中心主义世界里的位置和作用，结果塑造了灾难性的生态危机现实。个人主义的人文精神鼓噪着人类蔑视与自然生命之间相互依赖的关系。然而，今天生态危机现实传达出了令人警醒的信息：人类必须设法走出人与自然对立、蔑视生命多样性与生命网络整体性的悲剧的形而上学的模式。正如米克所说：“拒绝悲剧的生命观对结束人与自然之间漫长的灾难性故事至关重要。转变对悲剧精神的渴求是化解生态危机的重要前提。”

（三）喜剧存在模式的构想

与超越生命的悲剧精神相反，喜剧精神珍视生命的价值，颂扬生命的平安与喜乐。英语中的喜剧(comedy)一词源自希腊神话中的半神考莫斯(Comus)。他在神话故事中是一名欢乐神，通常以高举着火炬和圣杯的年轻人形象出现。他负责掌管生命繁殖，掌管的范围包括动物、植物的繁殖力以及群落与家族的生活和平衡。考莫斯每日的工作是维护生命大家庭的整体存在。他的主要任务是保持生物之间的生命平衡，并在失去平衡时给予修复。文学中的喜剧情节总是描述破镜重圆的故事。喜剧中，人物对待个体生命的态度隐含着豁达与包容的共生生态观念。米克指出，在生命存在的意义上，喜剧与生态学之间共享快乐的生命与生命之间相互联系的内涵。生态学论述生命，从广义上讲，强调多样性共生的生命共同体，即生态系统的繁荣与丰富取决于一种生命形式与另一种生命之间相互对立统一的依存互动联系。如土壤生命共同体、河流生命共同体、草原生命共同体，强调的是共同体的生命完整与快乐，而非一个个体生命战胜或驱逐另一种生命。如果草原上只有羊而没有狼，草原上的植被早晚会被羊啃食光、破坏掉，草原生命共同体也就无法保全。在生命共同体中，强调每一种生命的内在价值，无所谓高低贵贱，每一种生命都是整体中重要的一环。生命与生命之间的关系维护并保持着整体生命共同体的稳定。生态学意义上的生命是一个复杂的生命网络或者说是一个完整循环的食物链。

> 自然界中没有一种生物能够脱离其他生物而孤立存在，肉食动物要吃草食动物，草食动物靠消费植物为生，而每一种动物、植物的体内和体外都还寄生着许许多多的寄生生物。就人体来说，寄生生物不下100种，其他生物就可想而知了。生物之间相互牵绊，有着千丝万缕的联系，彼此之间是牵一动百的关系，形成错综复杂的生命网。在这个生命网中，任何一个个体和物种都在相应的位置上为了维护整体的完整发挥着各自独特的作用。在目的论意义上，整体本身的存在才是最重要的，没有哪一个物种可以高踞于其他物种之上。

喜剧通常张扬和谐、大团圆与和平。这与生态学的多样性共生的生命共同体的精神契合。喜剧中的人物不求伟大与崇高，甚至表现得有些卑微，却运用智慧创造着整体快乐祥和的气氛。为了整体的和平与团聚，喜剧中的主人公跨越个体生命形式的壁垒，将个体生命自觉地融入广博的生命洪流之中，豁达地对待生、死、荣、辱。在维护生命的理念中，智慧为和平与完整服务。这与宗法时代以来为了荣誉与利益而进行战争与征服是一种截然相反的价值取向。

喜剧的生存模式通过想象的智慧体现人与自然之间浪漫主义的生命联系。喜剧往往表现的是为了适应生命的需要，以一种平常心对待生活中的喜怒哀乐、生死、荣辱和功利。其中，最大的智慧在于想象人的生死与自然整体生命的合一。人类不是世界的中心，更不是世界的主宰，只是宇宙中微不足道的生命存在形式。人类对自身在自然整体中合适位置的认识，必须借助想象的智慧实现。喜剧往往再现主人公虽然处于尴尬境地甚至卑微之中，却能智慧地一笑置之。其中暗含的最大生态哲学内涵在于人本来就是自然界中一个微不足道的物种，而且是自然界中最年轻的成员之一，个体的最大价值在于认识自身在整体中的位置与作用，泰然面对生死，而不是超越生死；暗含的生态伦理内涵是人类物种的可持续生存在于维护与其他生态伙伴之间的互动与联系；暗含的最大生态美学内涵在于生命本身是最大的快乐源泉，而审美活动的核心就是欣赏生命与生命之间共生共在的故事。学生态学出身的生态批评家米克总结道："个体的福祉通常从属于团体的福祉，没有任何个体及特殊物种居于绝对的统治地位。但是每一个物种都在保持区域整体稳定中起到了独特的作用。区域本身至关重要，只有区域各成员之间保持相对独立、平等与均衡，区域才可能长久。"在生态学揭示的生态语境中，喜剧体现了浪漫主义生态智慧——爱生命、爱和平、重团圆、重喜乐、重和谐——它驱使人类的想象从基本的信念开始重新定位。这对人类自救具有重要的意义。它如草根幽默的作用一样，提醒人类回到它在生态圈中本来的位置。

与悲剧指向毁灭相反，喜剧指向生存。生存意味着生命之间相互关联。大团圆的结局表明喜剧的中心机制是尊重生命的存在，拒绝任何绝对主义价值观的对立、冲突。喜剧中的生命不仅仅是人的生命，而且是人与自然万物的生命整体，是人的生命与非人的生命之间的联系、转换与生成。喜剧中的生命具有包容性、超然性与柔韧性，具有丰富的想象空间。生存是对生命多样性的依赖，而不是分离、割裂与孤立。生命是一个一个生命个体的联结。打破这个联结意味着生命链的断裂，生命链的断裂意味着生态平衡消失，生态平衡的消失又意味着生命存在的危机。如果说悲剧中的生命是刚性的，那么喜剧中的生命则是柔性的、有弹性的。如果说悲剧中的生命观不利于生物多样性共生，那么喜剧中的生命观则是以一种开放的、轻松的、共生的姿态呼应着生物多样性的特征。

生物多样性是维持生态平衡的根本，生态平衡是人类赖以生存的基础。每一个物种的灭绝都意味着自然与人类适应变化的条件可选择的余地缩小，而从食物链的基本规律看，物种灭绝不是孤立的现象。近年来，生态学研究成果发现：

在17世纪，平均5年灭绝一种兽类，到20世纪则每两年灭绝一种。在1850—1950年，鸟类和哺乳动物平均每年灭绝一种。科学家预测，如不采取措施，地区全部生物的1/4在未来20～30年里都有被消灭的严重危险。现在，每年有约1万个物种灭绝，物种灭绝的速度是其形成速度的100万倍。由于食物链的作用，地球上每消失一种植物，往往就有10～30种依附于这种植物的动物和微生物随之消失。

以上现实无法不引发人类对自身在生物圈内的位置的思考，也无法不引发人类思考维护生物多样性与生态平衡的重要性及自身的责任。备受爱因斯坦尊崇的西方伦理学家施韦泽从整体生命的纬度提出了绝对伦理原则。他说:“有思想的人必然会体验到必须像敬畏自己的生命意志一样敬畏所有的生命意志。对他来说,善是保存生命,促进生命,使可发展的生命实现其最高的价值。恶则是毁灭生命,伤害生命,压制生命的发展。这是必然的、普遍的、绝对的伦理原则。”这段生命伦理原则也道出了喜剧的主旨——惩恶扬善、化解冲突,阖家团圆、高歌生命。

喜剧的生存模式顺应了生态学揭示的生态关系,表达人与自然之间在生命层面的浪漫主义依存关系。生物本身是喜剧性的。生命本质上追求关联与共存。即使在达尔文描述的残酷的令人绝望的加拉帕戈斯群岛上,生物仍是以适应为原则在调节自身的习性、行为和彼此之间的关系。当面对剧烈的冲突和矛盾时,喜剧选择的解决办法永远是包容与和解,以求取整体性的和平、稳定、团圆、快乐。不仅戏剧如此,小说、散文、诗歌等其他文类也都有同样的喜剧生存模式的表现。文学作品中表现的喜剧的生存模式表达了人类生命适应环境的弹性,表达了人类的想象与生态学意义上人与自然关系的契合,张扬一种超越人的绝对价值以及超越财富物质追求的浪漫主义精神。人类浪漫主义精神从根本上具有淡化个人英雄主义的功能,追求个人的生命与自然整体生命合一的理想。人类浪漫主义的追求与功利主义驱动的现实主义不同,不是极力追求物质的进步与完善,而是要保持和恢复整体关系的平衡,关注生命的快乐本质。人与自然之间的浪漫主义依存关系在浪漫主义诗人笔下比比皆是。华兹华斯在《写于早春》中说,大自然中最美好的事物是快乐与欢欣,如“鸟儿跳了又耍”“嫩枝捕捉清风”;每一种事物都享有生存的权利和自由,如“每朵花不论大小,都能享受它呼吸的空气”。人类的理想就是将个人的灵魂与自然的美好事物联系起来,进入大自然多样性共生的整体中来,达到“万物与我为一,天地与我并生”的境界。米克总结说,如果人类拒绝灭亡而选择生存,就不能继续以人类的独特唯一而自居,而应该以喜剧的生存模式承认人类生命存在的局限、文化的局限,在维护整体完整的纬度,选择与万物共存、平衡、和谐,选择向大自然学习快乐生存原则。生态学研究证明,人类社会并非独立于自然之外,而是与自然万物相互依存而存在,文化同样也不能超越自然原则,应该在与生态的整体关系互动中求发展。

喜剧的生存模式意味着对文化的形而上学秩序的消解和重构,意味着以自然万物的生命整体性为基础的文化重构。喜剧的生存模式,从生态学意义上,从生命共同体的完整性、稳定性意义上,从物质自然多样性共生的意义上,从人类可持续生存的意义上,都更具有文化的弹性。

四、结　语

综上所述,文学“生态位”的考察发现,文学自有史以来就从来不乏对人与自然关系的再现与想象。文学作为人类物种独特的创造行为也反过来影响了人类与自然万物之间的关系与想象。文学表达了人类物种在与自然万物之间的互动关系中的身份及其变化，以及人类物种在生态圈中的位置及其变化。文学“生态位”考察也发现，文学对悲剧精神及其形而上的价值观的倾向，导致了自然万物甚至人类生命的物化与工具化倾向。生命的物化与工具化意味着对生命内在价值的践踏与排斥，导致文化发展的严重偏差，或者说物质文化与精神文化发展的严重失衡。种种生态现实表明，这种失衡意味着生命存在面临危机，意味着生命本体发生了严重的错位或陷入不可持续这一危险中。这种危险对人类智慧提出了新的挑战，即如何平衡物质文化与精神文化。如果人类正处于重新思考、审视文化价值观念的关头，那么有必要从本体上，从与人类文化发生关系的一切自然因素上开始思考。人类价值观念必须承认自然环境中植物、动物和土地的福祉。人类必须培养出新的能够理解复杂的生态进程而非破坏这种进程的智慧。生态学在如何走向更有活力的多样性而不是消极的简单化方面对人类提出了挑战。生态学的挑战把强调生命、团圆、快乐关系、和解而非对立的喜剧生存模式的重要性提到了文学“生态位”的突出位置。

喜剧生存模式蕴含与生态学契合的整体性智慧，是文学“生态位”自我调整与适应的可选择的策略。文学“生态位”旨在历史地剖析人类与自然的互动关系，从而发挥协调、平衡文化与自然的关系的作用。文学的生态信念将生态整体性作为人类思考自身的身份、位置、行为的背景和前提。要在这个背景和前提下对人与自然的关系进行认识和探求，就要改变以往的对立与冲突的文化定式，而采取合一与和解的文化模式。在这个前提下，文学“生态位”重新张扬浪漫主义精神，在人与自然万物生命的相互联动层面而非物质化的层面，重新定位人类的身份、位置以及生存方式。

第三章　文学的生态诗学

老僧三十年前未参禅时，见山是山，见水是水。
及至后来，亲见知识，有个入处，见山不是山，见水不是水。
而今得个休歇处，依前见山只是山，见水只是水。
——青原惟信

我感到
有物令我惊起，它带来了
崇高思想的欢乐，一种超脱之感，
像是有高度融合的东西
来自落日的余晖，
来自大洋和清新的空气，
来自蓝天和人的心灵，
一种动力，一种精神，推动
一切有思想的东西，一切思想的对象，
穿过一切东西而运行。所以我仍然
热爱草原，树林，山峰，
一切从这绿色大地能见到的东西，
一切凭眼和耳所能感觉到的，

这个神奇的世界，既有感觉到的，
也像想像创造的。
——华兹华斯《丁登寺旁》(王佐良译)

从文学的"生态位"考察中可以看出，人类与自然万物之间的关系在文学中一直在场。变化的是对文学再现中人与自然关系的理解，尤其是在生态学背景下文学如何再现人类与自然万物之间的关系，以及生态学背景下文学再现对人与自然关系发挥了什么样的作用。为什么强调生态学背景？因为生态学揭示了人与有机世界、无机世界的整体联系。而文学再现中的"世界"一词从中国古代的《文心雕龙》到西方18世纪学科分野之后，在对文学原理研究的诗学里一步一步演变成以人类社会或者人类为中心的世界的代名词。

古今中外的诗学研究从内容到形式往往论述的都是人，而不是人与自然的关系。中国最早的文学理论研究著作《文心雕龙》提出"文之为德也大矣，与天地并生者何哉?"从字面上看，"并生"似有与天地合一之意，然"大"与"何哉"却暗含人觊觎天地之位置的潜台词。接下来，我们看到论述的出发点"唯人参之，性灵所钟，是谓三才，为五行之秀，是天地之心，心生而立言，言立而文明，自然之道也"，也就是说人虽与天地同为三才，但人是"天地之心"，"心"是主宰。所以，在刘勰的诗学中，人的地位高于万物，人是天地的主宰，人主宰天地的工具是语言，语言表达确立了文明之道。但文学表达文明之道的自然过程并非理解人与自然之间整体关系的过程，而只是实现抽象的"原道""征圣""宗经""正纬"，确立一整套由人来统治和维护的秩序、规律和方法的过程，归根结底处理的是人与人之间的关系，至于人类与自然之间究竟是否是整体关系就不得而知了。因为当自然之道被以"道""圣""经""纬"来命名时，就要不断地以"一生二，二生三，三生万物"的法则增加命名之道，自然整体便被人类语言命名的世界所取代。中国文学研究崇尚道统，于是以道统为中心旋转，在如何做"天地之心"上循环增生，而自然却在不断变化。西方的诗学从术语缔造者亚里士多德开始，专注的就是语言艺术创作的理论，把人与自然之间的整体关系当作不可知的某种神秘的东西搁置起来，进而一步一步地摈弃了。诗学研究变成了对人投射的形而上学的方法论研究，如万花筒般不断地翻新花样。19世纪俄罗斯诗学家雅各布森(1896—1982年)曾经就什么是文学提出了一个本体论的问题，他说："诗学首先要回答这样一个问题：'是什么使包含信息的字句变成了一件艺术品?'"在过去的一个世纪里，虽然人们谈论文学、对作品进行文学评论和文学鉴赏，并从历史学、政治学、社会学、精神分析学等领域借用了概念和方法，但是把文学作为能够表达人类与整体世界关系的生态场来进行的诗学生态系统考察与建构，却一直未出现。生态批评家克鲁贝尔把生态学术语引入浪漫主义文学批评研究中，让诗学重新面对本体论的问题。本章将借助克鲁贝尔的研究，透视人与自然整体的关系，从整体视角论述文学的生态诗学。

一、“为人与万物相连而艺术”是诗学生态系统的基础

本部分将聚焦诗学的生态学基础，探究文学与自然在整体关系层面的本体论渊源与基础。从词根上来看，整体性(holism)的词根 holo 有“全”的意思。“全”也是神性(holiness)的词根，“全”即一切，表达某种广阔无垠的时空内涵，是哲学本体论的概念。现代生物学与生态学论述的系统与整体意义的第一原则是万事万物紧密相连。自然界是不可分割的整体。对这个整体的理解取决于对整体内部万事万物之间相互依赖的理解。生态学揭示了植物与动物之间相互关联以及与自然环境之间相互依赖的各种复杂形式。生态自然史学家吉尔伯特·怀特在对塞尔伯恩自然史进行研究时注意到，有一个更大的人与自然的共同体。他指出一切都是一个有机整体的组成成员。任何一个乡村只不过是宇宙的一部分。生态历史学家沃斯特在《自然的经济体系：生态思想史》中则指出自然是一个整体的存在，“人类作为其中的一个组成部分，控制自然极不容易也不明智，一旦我们轻率地干预了我们几乎不了解的事物，那么，我们等于是在拿我们的性命和别的有机体的生命冒险。”生态学揭示世界是一个完整的整体，强调有机体之间以及有机体与无机环境之间相互关联、相互作用、相互依存的关系。这与还原主义自然观不同，世界不是可以随意还原成一个一个最小单位就能理解的世界。世界不是如机器一样由僵死的零件构成的世界。生态学揭示的世界是彼此之间无法分割的不断变化的有机体，是一个生命共同体。

首先，在生态学中，不可分割的有机体与生命共同体由食物链和小生境界定。“食物链”概念的提出者查尔斯·爱顿指出：食物链揭示生物之间存在着以营养物链接的依赖关系。这种依赖关系始于对太阳的依赖，进而通过植物传递给以植物为食的动物，然后传递给食肉动物，人类也在这个食物链中。查尔斯·爱顿用金字塔来比喻这个食物链的结构以及万事万物的重要性。在金字塔的基础部分，数量最多的是最简单的有机体，但因为是基础，所以对维护金字塔的稳定尤为重要。消除食物金字塔顶层的存在物——如鹰或人——生物系统不会被打乱。但是，去除食物金字塔的基层(如植物或土壤等)，食物金字塔就会崩溃。食物链原理从根本上证明了人类对系统内其他成员的依赖。人类的处境并非人类自我感觉的那样良好。相对来说，人类很脆弱，最需要生物系统的稳定性。人类无法独立于自然万物而存在。小生境则向我们揭示了一个物种在生物群落中所占据的空间。小生境表明，不同的生命形式在进化过程中形成了各自的适应环境的特殊生存方式与生存关系。同时，小生境也证明每一种有机体在整体系统中都扮演着由他们的生物学特征和环境特征所决定的角色。这个角色不对任何其他有机体负责，但是对于整体系统的稳定、完整来说却至关重要。有机体与有机体之间是共生的关系，例如在草原生态系统中，狼有狼的小生境，羊有羊的小生境，人类有人类的小生境。整体的安全、稳定与持续在于各个小生

境之间的稳定与平衡。用约翰·缪尔的话说就是："当我们试图把任何一件事情单独抽取出来时，我们却发现它与宇宙中的其他事物都纠缠在一起。"整体内部的小生境之间是牵一发而动全身的关系。

其次，不可分割的有机体和生命共同体的整体性也表现为万物之间生命意义上的相互联系。英国大气学家拉夫洛克提出了著名的"盖亚假说"，把地球比作一个能自我调节的有机生命共同体。自然环境如一个生命体一样，互相影响，互相作用，互相联系。大气、海洋、极地冰盖以及我们脚下的岩石之间存在着与生命体自身各部分之间一样的相互牵连的关系。在这个基础上，英国生态科学家彼德·拉塞尔进一步指出："地球的大气层受地球上的诸多生命过程的影响，日复一日地变成了这个样子。地球上生命物质的整体分布，从病毒到鲸鱼，从海藻到橡树，与空气、海洋和地表一样，都表现为一个巨大系统的一部分。这个系统可以控制温度以及海洋、土壤的组成，使之保持最有利于生命延续的状态。"这一段话暗含着生命是一个系统，既依赖于各个组成部分正常运作，也调控各个组成部分的平衡，使之得以维系。就人类自身的身体而言，头脑、四肢、躯干以及五脏六腑共同维系着我们的生命状态。五脏六腑各自发挥着不同的作用——呼吸、代谢、排毒、消化、吸收。头脑、四肢维系着生命与外部世界的接触与联系，人体生命是一个整体系统。同时，人体生命也不是一个孤立的整体系统，而是与自然界的万事万物紧密相连的系统。它离不开大自然的空气、水以及土地上生长出来的食物。空气的调节离不开植物，水的涵养也离不开植物，土壤的肥沃离不开微生物甚至细菌和病毒的协同合作。纳什在《大自然的权利》中叙述了这样一个故事：在 20 世纪 50 年代，科学家勒内·杜博斯对生态系统的完整性有了独特的发现。他早年的职业生涯都贡献给了如何灭除细菌这一独特生命形式的研究。他的研究为抗生素的发现及其应用做出了重要贡献。在人类中心主义的控制视野中，青霉素和 DDT 这类杀虫剂一样，以接近伊甸园式的幻想诱惑着人类。但是随着生态学研究的深入，杜博斯对这种控制论的目标表示了怀疑。他发现细菌不应该被灭除，或者人类也无法灭除细菌。健康的身体应该应用自然方法来抵抗感染菌，而人与细菌只能共存。抗生素只能用来救命，而不能用来灭除细菌。纳什借用这个故事来说明即使是致病细菌也有其独特的生态位，也不是可以任由人的意志随意灭除的。人类要灭除一切不利于自己生命的事物的思维本身就具有破坏性，其破坏性最终将殃及人类自身的生存。雷彻尔·卡森在《寂静的春天》中指出：在自然界中，没有任何事物可以独立存在，所有的生命形式之间都存在关联，它们在相互关联中组成一个整体。

在生态学背景下，以万物紧密相连为核心的整体主义思想为诗学提供了本体基础。最早的文学理论论述可以追踪到对西方 19 世纪浪漫主义思潮的研究。艾布拉姆斯在《浪漫主义文论及批评传统》中曾这样论述 19 世纪的自然哲学和艺术哲学有关宇宙生命论与体验之间的联系："主体与客体分离的概念暗含着撕裂的创伤。而个人体验到的有生命力、有目的、充满价值的世界冲击着人们假定的具有广延、质量和运动特性的死的世界。个人体验克服人对世界的异化感，树立人与自然共存的观念。这将意味着让物质主义死的宇宙复活，同时也能最有效地使人与其生存环境重新结合在一起。”华兹华斯的诗歌常被用来说明文学创造中人与自然整体关系联系的想象。浪漫主义诗人以及自然写作作家试图在他们的想象与写作中再现个人与自然同属于一个整体的意象。华兹华斯在《丁登寺旁》中写道：“所以我热爱草原、树木和山峰。/一切从这绿色大地能见到的东西，/一切凭眼和耳所能感觉到的，/这个神奇的世界，既有感觉到的，/又像想象创造的，我高兴地发现，/在大自然和感觉的语言里，我找到了最纯洁的思想的支撑。”诗人感受个体与周围环境的共在，这种感受带来的愉悦是一种整体感受，首先是自身各个感觉器官带来的整体感受，其次是感觉器官感受到的不同存在物带来的整体思考的愉快。“一切有思想的东西，一切思想的对象，穿过一切东西而运行。”诗人的意象把情感与想象带入自然的有机生命整体中，在时间与空间上使人感受到了一种不可分割的整体状态。个体在整体之中的体验“取消了有生命的与无生命的、主体与客体之间的界限与分离”。

以万事万物紧密相连为核心的整体主义在文学中的再现并非始自 19 世纪的浪漫主义。古往今来，文学作品中田园主义、浪漫主义创作并不缺乏对生态整体主义这一主题的表现，但缺少的是从生态整体主义角度进行诗学理论建构。生态整体主义的诗学建构首先要冲破的是理性认知对感性认知的排挤与忽视。回归自然是回归经验感觉的审美境界。在这个审美境界中，人作为审美个体，需要调动所有感知能力，而不是仅仅依靠大脑的认知能力。换句话说，与自然同属于一个整体是以身体为代表的生命联系。文学的生态诗学张扬有机体与环境相互依赖、互为生命整体的艺术体验。从某种意义上说，文学的生态诗学起到了自然生态系统镜像的作用，也就是生态学在文学中的审美再现和自我表达。这个诗学生态系统连接着个体意象、人类文明/文化与生态整体的关系，表现为生态整体中人类存在的基本文化途径和文化空间。作为关注生命的文化和行为样式，诗学生态系统渲染来自自然的生命特征，即喜剧的生存模式，是为自然而艺术的生态系统。

诗学生态系统是生态批评的产物。生态批评将批评的视野投向自然整体，从某种意义上说，这是继卢梭的“返归自然”口号之后的第二次回归自然浪潮。时隔两百年，情结依旧，时势却日渐沧桑。如果说，浪漫主义初期，卢梭倡导回归自然的社会学理论是社会科学对一种社会理想的思想实验，那么，在生态时代重新关注自然的文学思潮可能不仅仅意味着谋求进行某种思想实验的可能性。因为，从生态学的观念来看，文学文本中的自然向度回归将意味着借助诗人或者作家个体的想象或审美意象，在阅读中传达某种广义的相互关联、相互依赖、相互融合的生命体验，从而确立人在自然之中的生境的整体信念。文学生态诗学的位置介于文艺理论和文化批判两个层面之间，其所作的努力更多的是力求传达与自然相通的生态体验，并不断扩展、延宕、重构阅读体验中天人合一的审美意象，以期测试在阅读中体验到的理想化的生存的可能性。思想实验意味着关于“怎么样”的明晰化构想，但从文本阅读到文化批判，再到文化建构的文学生态诗学，将不再是也不可能仅仅是一种对生命体验的概念化捕捉。从法国大革命的浪漫主义时代到今天全体人类不得不面对环境危机的生态时代，回归自然已经历史性地从社会层面的制度探讨转向了生存层面的生命本体体验探讨。这既是文学生态诗学面临的一个挑战，也是诗学生态系统呈现的活力。而文学的生态诗学在阅读中重构的恰恰就是把某种生命体验在文本中呈现的意象转化成现实的文化价值和行为模式，乃至某种现实的总的生态存在的选择。

测试这种可能性的第一步就是走出专断孤立的二元对立与分离，以及工具理性思维定式。卡尔·克鲁贝尔借助女权主义理论对有悖于生态整体生命观念的男权理性主义进行了批判，吁求平等地、联系地看待个体生命的独特性。他也延续杰斯卡·本杰明对现代社会中表现的男性形象的理性原则的批判，指出女权主义理论对西方现代理性秩序中的男性化特征的批判与生态科学研究在理念基础上不谋而合。现代男权理性主义文化霸权将生命工具化，造成生命的某种异化。这种异化不仅存在于性别层面，也存在于更广泛而深远的社会关系、认知层面以及生态关系层面。生态学发现，当有机体不处于与环境的互动和相互依赖关系中时，如果其个性发生异化，就会造成与环境之间不协调并发生分裂，最后导致有机体存在危机。正常的有机体的独特性恰好体现在生态整体中主体间性的联系。华兹华斯在《写于早春》中曾就体验自然本质的相互关联语境发问："人怎样对待人?"这里不仅仅质问人与人之间的争斗、倾轧、残杀，更是对人脱离自然整体的世界后，遗忘了相互依赖与生命一体的喜剧生存本质的哀悼。卡尔·克鲁贝尔指出，诗人在内心深处深信人与人之间和人与自然之间关联相通，人与同类、人与生态伙伴、人与生态环境之间关联相通。对这种内在的通连的认识与感悟，是人能够融入大自然并与自然中的万物共同属于一个自为整体的存在的前提。在华兹华斯眼里，自然万物是人在这个整体中存在的镜子。"大自然带来的学问何等甜美？/我们的理智只会干预/歪曲了事物的美丽形态、解剖成了杀手。"诗人警告我们，现代理性的干涉会破坏自然原始真实的美丽。分析、割裂乃至物质主义功利地利用自然，与一次草率的解剖、一次任意的手术、随意造成的事故与蓄意谋杀无异。杀手不仅杀死了美，杀死了回归生命的审美体验，最终必然会引火上身，杀死人本身。诗人虽然没有直接指斥18世纪起飞的资产阶级理性必然带来大举进犯自然的物质主义与功利主义，虽然没有直陈理性支撑的科学技术将自然当作解剖对象可能带来的灾难性后果，但却让我们看到了诗人整体主义自然观批判精神的前瞻性。

理性至上的科技发展预设了一个无生命的自然，无视大自然的生命特征。在以物质化的方式对待自然的同时也物质化了一切，其中包括人类、文化和人性自身。诗人并非在否定人类理性，而是前瞻性地直觉到了工具理性的物质主义破坏倾向：对自然美、对人性、对生命所构成的巨大的威胁。浪漫主义诗人传达给我们这样一个生态学语境意象：自然生态整体是万事万物紧密相连的、充满生机的生命共同体，我们是这个生命共同体的一部分。

二、“以生命整体为美”的诗学生态系统

将个体与自然视作一个生命整体的诗学生态系统有着深厚的哲学传统。艾布拉姆斯在《镜与灯》中有这样一段论述：

置整体于部分之前，置有生命的生长的东西于固定不变的和无生命的东西之前，并以前者来解释后者，这种理性的研究方法有着悠久而复杂的历史。柏拉图和亚里士多德的思辨方法中的一些成分，在有机主义哲学逐渐形成的过程中起到了作用。柏拉图笔下的蒂迈欧提出了这样一条原则：在创始者创造出的世界机体中，贯穿着一个灵魂；因此，借助盖然性的语言，我们不妨说明世界成了一个生物。

在西方哲学传统中，本体揭示存在的本质。在生态学出现之前，西方的本体曾经是形而上学的分支，用上帝或者神的创世寓意表达。随着生态学的万事万物紧密相连原理的出现，世界的生命性超越了形而上学的规定，与物质世界发生了迭代的关联。这种关联为个体考虑实现自我的可能性提供了预设条件。可以说，世界的本体就是生命整体，贯穿人类对存在的认识的始终。

亚里士多德说：

一般来说，万物所由生者为自然，万物所依以生成之范型亦为自然。其所生成者如一草一木，或一动物皆具有自然本性。故万物所凭以创造之自然本性同于通式，自然个体前后生成，虽物质各别，而所凭自然形式相同：人递传为人。

在文化的开端，人类在思考存在的本体时也在力图突破自身的局限，以万事万物的生命状态为观照，从而使人类个体的生存在观照中脱颖而出，如刘勰的“是天地心”。万物皆出于自然，并处于不断变化与运动的生命状态中，万事万物都在一个生命整体中以相同的范式延续。亚里士多德的这段论述中虽然缺少人是自然整体中的一部分的内涵，但却隐含着人类生命与自然生命形式共享生成延续存在的范式的寓意。在斯多葛派哲学中，普罗提诺、布鲁诺、莎士比亚和意大利文艺复兴时期的其他思想家的著述中，以及在17世纪英国柏拉图主义神学家的笔下，都曾有以各种变式反复表现人类得以实现自我存在的整体生命的表达。牛顿也曾假设有个无所不在的上帝在以他的意志力使一切物体都“在他那无边无际的永恒不变的感觉中枢中”运动。夏夫兹博里的新柏拉图式的概念，进一步地论述生命本源，认为它是万物的灵魂之源且四处扩散，使万物充满活力，并使整体充满生机。世界生机勃勃的整体生命性在18世纪的散文和韵文中被普遍视作认识的本体，即“宇宙在某种意义上是一个有生命的东西，而不是一架无形的机械操纵的机器”。综上所述，自然的生命性虽然有形而上学的特征，但是也清楚地表明机械主义世界图景无视宇宙生命性的存在，对世界的理解也是片面、孤立的。在不完全的世界图景中走远了，势必会触及物质主义的极限。极限的困境证明人类无法无视自然/宇宙生命整体性的存在。

在M. H. 艾布拉姆斯看来，对自然生命特征的追踪是浪漫主义诗人在哲学观念上最大的诉求。他引录柯尔律治写给华兹华斯的信说："我们在哲学上所需要的，是用生命和智力替代机械主义哲学……在世界上，整体的迹象到处可见。这是还原主义远远不能解释的。它们之所以能作为那些部分而存在，甚至他们之所以能存在，都必然以整体作为其质因和条件。"从中我们可以看到，柯尔律治认为个体生命寓于整体生命之中，个体生命以整体生命为依托，具有很强的生态学意象，暗含着对机械主义自然观以及还原主义的反叛与批判。不过，M. H. 艾布拉姆斯终究还是把有机论的论述归于一种"理性的研究方法"，不免有躲躲闪闪之嫌，不能真正地正视有机宇宙生命与自然实体之间的关系。自然生命性如西方文化传统中对道德形而上学秩序的人性假设一样，被扔到了一个被忽视的角落里。

从哲学的根基上追寻，巴鲁赫·斯宾诺莎自然观深入到了自然生命性。深层生态学家阿恩·奈斯创立的深层生态学的哲学基础就以斯宾诺莎的自然观为基础。斯宾诺莎提出将自然与上帝合二为一，通过对上帝的自然化规定使得自然与宇宙生命而不是理性秩序合为一体。他认为："上帝在世界之中，世界也在上帝之中；它是一切实在活动的本源或源泉，是产生自然的自然。"在斯宾诺莎看来，万事万物都是上帝的灵魂所在，上帝在万事万物之中，万物即是上帝，上帝即是万物。由此，万物在自身的上帝之光中实现。万物都被赋予了灵性的实体存在的内涵。可以说，斯宾诺莎的自然观与东方和世界各地本土的泛神论或者万物有灵论相契合。从生态的视角，斯宾诺莎表达的泛神论或者万物有灵论又可以解释为一个富有生命力的按照自身规律自我生成、自我创造的世界的图景，是一个衍生生命的整体。上帝与自然整体的相互认同试图打破认识的局限以及与整体的分离，并从根本上承认自然是生命产生和进化的源泉。阿恩·奈斯认为，斯宾诺莎的哲学思想孕育了生态学的基本理念：自然是一切生命的本源。自然孕育的生命是一个相互依赖、相互关联的整体，具有多样性和自我生成与自我实现的特征。

上帝与自然合一，自然是万物的本体，自然中的生命必然地在相互依赖、相互作用与相互关联中生生不息。斯宾诺莎自然生命本体观与老庄的道家哲学传统相契合。两者都试图突破生命与自然脱离的思维局限，突破主客体分离的认识局限，脱离感觉与理性认知分离，通过想象与思辨并进的路径和语言走到一个生命整体源头。在老庄的哲学传统中，道是描述生命本体的基本概念。老子说："道大、天大、地大、人亦大。国中有四大，而人居其一焉。"在老子的宇宙观中，人与天、地、道共同构成了生息无限的广大世界，这个世界是一个相互关联、相互依赖的生命整体。在这"四大"中，道"为天地之母"，是生命的本源。老子告诫说："天下有始，以为天下母。既得其母，已知其子；既知其子，复守其母，没身不殆。"从老子的论述中可以看出，道是生命的本体，人的生命同天下万物一样是其中的组成部分，人不高于自然万物，人也离不开自然万物，人与自然万物出自同一个生命母体，共享宇宙生命。生命的延续离不开创生万物的道。

老子《道德经》中阐发的道亦如斯宾诺莎言说的上帝，无处不在。人类只有顺应生命本体的规律与特征，方能进入宇宙生生不息的生命之道。但是老子的道与斯宾诺莎的上帝的最大不同在于，老子的生命本体不是拟人化的想象，而是“万物负阴而抱阳，冲气以为和”“气”的唯物论述。气是一个中间的物质，阴阳在“气”的相互作用与互动中形成一个和谐的整体。宇宙万物以“人法地、地法天、天法道、道法自然”的秩序演进。在这个生命秩序中，人与大地上的万物在“气”的运动中直接发生联系，成为相互依赖、相互作用的组成成分，固有“聚则成形，散则为气”的生命转换特征，而非等级的构架。天、地、人、万物是相互制约、相互平衡、互为转换生成的整体。

庄子更进一步地论述了老子的生态观，主张人的一切皆取决于“气”的自然运动变化。“气”是一个整体不可分割的意象。“天地虽大，其化均也；万物虽多，其治一也。”在这个整体内，万事万物各具情态，自有其平衡协调的机制。各种变化都在“气”的运动条件下发生，没有特例，发生变化的条件以“气合”为动因。在庄子的天地观中，“合”可以用现代生态学意义的多样性共生的自我实现——各自实现自性的存在——来理解。庄子在论述宇宙的起源时说：

泰初有无，无有无名；一之所起，有一而未形。物得以生，谓之德；未形者有分，且然无间，谓之命；留动而生物，物成生理，谓之形。形体保神，各有仪则谓之性。性脩反德，德至同于初。同乃虚，虚乃大。合喙鸣，喙鸣合，与天地为合。其和缗缗，若愚若昏，是谓玄德，同乎大顺。

庄子的宇宙观蕴涵着以下原生态思想：

首先，万物在“气”中一体的生态观。庄子论述万物源自一个本体，同出一源，而道是这个万物得以生的本体，即生命的本体。万物得道而生。道生万物。道的物质表现就是“气合”。

其次，衍生的万物各具情态、千变万化，变化的动因在于“气”的阴阳互动与转化，“气”的阴阳互动规律是动中有静、静中有动、动静平衡互为一体。个体生命在“气”的阴阳互动中保持形态、神态、特征与功能的存续。整体生命是一种“气”的阴阳互动的多样性共存。

最后，千变万化的自然万物遵循“气合”与“气顺”的原则。所谓“气合”是指与天地合、风调雨顺。与天地合、风调雨顺是生命利好的高级状态。生命的本质在于“气顺”，以及与万事万物共生的自然状态。庄子的生态思想呼应深层生态学对人类中心主义的消解，也与约瑟夫·米克的喜剧生存精神不谋而合。生命之外没有值得牺牲生命的更高级的价值，以牺牲生命为代价的精神背离了“道”与“上帝”的生命本体。老子、庄子的宇宙观强调世界是个自为的生命系统。在这个系统中，背离了道就会失去生命的本体，离开了本体则生命岌岌可危。文学的生态诗学在审美、伦理层面以生命整体为价值体系与行为律令的标准。自然之本、生命之本、创生万物之道这些在现代文明发展过程中被忽视、轻视以及无视的生存根本在危机的语境中重新进入诗学的视野，具有文明转型的意义。

佘正荣用循环演化来解释老子"道"的生命本质，为文学的生态诗学的自然生命整体性提供了注解："万物以及包括人在内的所有的生命都在道德循环演化过程中产生出来。他们也必须在这种周期性的动态平衡的节律中维持其生存。在这种对自然界循环演化法则的体验中，老子、庄子以自己的独特方式阐释循环演化是生态系统的和谐之本，秩序之源。"自然生命整体性是循环演化的原因与目的，循环演化产生生命，生命推动循环演化。演化是生命的轨迹，而循环的生命轨迹进一步说明了生命的整体性特性。天与道互为一体，日月星辰的运转与生命本体是一个相互关联的整体。整体的维护在于自然——自然而然。地与天互为整体，日月星辰与地球万物息息相关，任何一个组成部分的紊乱行为都会影响整体生命的正常循环演化。整体生命规定各司其职，各得其位。庄子说："天地与我并生，而万物与我为一。"这是对人自身局限的认识，也是对人所处的演化循环系统的认识，更是对整体生命本质的认识。反过来，如果正常循环演化受到破坏，万事万物相互依赖、互为生成的整体系统就会暂时崩溃，作为自为系统的生命本体将会发生迭代反应，而迭代过程对人类自身文化文明可持续来说都将是一次重大的挑战。

环境文学从《寂静的春天》开始揭露现代文明发展过程中人类对自然环境的过度开发、滥用与消费造成的污染、物种多样性消失的现实。而物种多样性的消失直接导致生命链的断裂、沙漠化等环境失衡的恶化，同时温室气体过度排放导致气候异常变化，这一切的结果导致了"气乱"，威胁整体生命系统的安全。这一危机传达出的信息便是人类现代文明的发展和现代文明所确立的生存方式、生产方式、消费方式以及发展模式已经严重干扰了自然生命整体的稳定与完整。现代生态学揭示，生态系统的奥秘在于其整体性和复杂性，在具有整体性和复杂性的系统内部，存在着协调与保持动态平衡的机制。整体生态系统由无数个子生态系统组成，每个子生态系统又由生物与非生物成员组成，它们相互作用、相互依赖，形成一个物质与能量转换流动的循环系统。其中的生物成员包括生产者、消费者和分解者三大生物群体。非生物成分，如气候因子和各种化学因素，按照物理世界的规律运动。人类在整体生态系统中是生物成员，人类自身的社会生态系统是整体生态系统的子生态系统。子生态系统永远无法取代整体生态系统。

文学的生态诗学将在现代生态学、斯宾诺莎哲学、老庄道家哲学的生态世界图景中，通过强烈的批判与反思，重新找回回归自然生命整体的路径。

三、在整体生命价值体系内反观人的自我实现

文学以及文学再现的人从封建秩序与宗教秩序中走出时，便开始追寻自我实现的目标。现代社会从文艺复兴开始，就开启个体自由的人文主义旅行。但是人性解放、个体自由应该在怎样的世界图景中实现？这一直是个悬置的模棱两可的问题。

在西方文化传统中，人类自我总是在一种形而上学的对立关系中寻求实现的可能：先是人与神魔自然力的对立关系，接着是人在神和道德秩序框架下的等级关系。随着科学技术的出现及其突飞猛进的发展，人类逐渐陷入了自我中心主义的人与人之间关系的漩涡中。人类自我实现的世界图景似乎仅仅局限在人类社会、人类世界的范围内。人类一步一步走进了一个不断膨胀的自我意识的虚幻图景中，并从中寻找自我实现。其弊端日益明显，于人类社会内部，在不完整的世界图景中滋生了畸形的竞争模式，弱肉强食被当作竞争法则，社会不平等逐步被机构化；两极分化被当作游戏层级来处理；人世间变成了人间、天堂、地狱的综合体。日常生活如过山车般戏剧化。城市化物质狂欢一样的消费及生活方式让城市的未来越来越黯淡。于人类社会外部，人类依靠资源消耗而实现的物质生活狂欢与自由致使生态失衡、自然资源枯竭日益严重，生态环境危机正在以气候异常变化、有毒物质污染、瘟疫、物种灭绝、垃圾围城，以及火山、地震等地质与物理变化的方式威胁人类在地球上的可持续生存。人文主义的悖论是人性在背离自然与道德本性中迷失、异化、麻木、扭曲、内卷、抑郁，个体自由被工具化取代。人文主义的希望——生命与存在——越来越成为虚拟空间的创造。从深层生态学的角度看，人类中心主义狭隘的自我、羁绊于人类世界里的个人自由打破了人类与万事万物之间本来的紧密相连的关系。个体在无意识的情况下转化为不公正的机构化社会的消费者与破坏者。显然，人类在狭隘世界竞争机制刺激下的自我实现已经使人类作为一个集合体，并在自然整体生命面前成为不负责任的非道德的行为者。

文学的生态诗学必须重新审视“世界”一词，也就是说文学再现的世界是包括自然万物在内的世界，而不仅仅是人类以对立的、狭隘的“自我”与他者的竞争关系建立的世界。文学世界里的自然万物在故事中不仅仅是背景，而且也应该是故事的参与者、一个不可忽视的角色。在诗学生态系统中，自然万物作为不可忽视的角色与人有着同样不可忽视的联系。人类自由快乐的自我境界如果没有与自然万物之间的互动关联就是不完整的。人不是与自然分离的个体，而是自然整体中的一部分。人类的自我实现是在自然整体关系中对自身的认识。如阿恩·奈斯所说：“所谓人性就是这样一种东西，随着他在各方面都变得成熟起来，我们就将不可避免地使自己认同所有生命的存在物，不管它是美的还是丑的，是大的还是小的，是有感觉的还是无感觉的。”阿恩·奈斯所说的人性的自我是在与万事万物的联系中和认同中实现的自我，而且这种实现是基于个体能够超越对他者的优劣等级差别的判断。消除个体的差异感与分别感或者优越感是个体融入整体的必要条件，也是个体实现自由的必要条件。只有脱离了对立与差别的束缚，个体才有可能进入更广阔的生态关系与生态空间。

在西方的文学传统中，追求个体自由快乐的自我实现是浪漫主义文学的主题。卢梭在《一个孤独的散步者的遐想中》这样感慨道：

> 夜幕降临了。我仰望天空，繁星在闪烁，落叶在飞舞。我感到一阵快乐袭来。周围的一切仿佛都不复存在，在这一刻，我得到了重生，似乎我脆弱的存在就在我看到

的一切之中……在我的整体存在中，我感受到一种绝对的宁静，而每当我回想起这种宁静，却发现生活中任何一种我能感受的快感都无法与之比拟。

在卢梭表达的个体融入整体的意象中，宁静感是融入整体的基础。反过来说，也只有在回归自然的自我认识中才可能找到这种宁静的体验。在工业化初期，卢梭“回归自然”的呼声不仅逆向冲击理性文化和物质文化释放的欲望的洪流，呼唤日益被功利的阴霾遮蔽的朴素人性，更着重突出自然存在的不可忽视性。在人类语言世界里，不能缺少自然的声音。而只有当人类静下来，才有可能感受到自然的声音。自然在人类喧嚣的语言世界里仿佛沉默、仿佛不在场，但它并没有缺席，一直都没有缺席，只是人类对自然视而不见而已。而从某种意义上说，对自然的视而不见也是对生命的视而不见。“可以说，融入万物的体系，与整个自然融为一体，让我感到一阵阵莫可名状的喜悦和陶醉”，完整的对世界的感受是对整体生命的感受，其本质是快乐与陶醉。在诗学生态系统中，快乐在于个体生命融入整体生命的过程，在于忘掉对立的自我、回归整体中的本性，是喜剧性质的生存结局。

诗学生态系统的价值判断指向生态学意义上的个体实现——在于个体对自然整体生命存在的融入与认同。个体实现取决于个体认知。以罗伯特·彭斯的诗句为例：“我抱憾人这个霸道的东西/破坏了自然界彼此的友谊/于是得了一个恶名/连我也叫你吃惊/可是我啊，你可怜的友伴，土生土长/同是生物本一样！”可见，在浪漫主义诗人笔下，个体对整体存在的融入与认同的困难在于对自我存在的认知。对自我存在的认知决定人与自然万物之间的关系。这也是文学生态学的诗学生态系统生发的关键点。也就是说，人对自身存在的认识决定了人对整体世界与生命的理解，决定了人的语言、行为、创造力、生存状态、生活方式以及各种关系，尤其是人与周围环境的关系。

从神本论到进化论，人对自身存在状态的认识建立在人高于周围环境的前提之下。无论是自上而下还是自下而上，人类都有意无意地将自身置于优越于其他自然物的位置。这种对自身存在状态的充满优越感与等级的认识，无疑为人类前仆后继为获取功名利禄而巧取豪夺背书。巧取豪夺的世界编织人与人、人与社会之间的复杂的关系，唯独没有人与自然万物的关系。最终，人类认识的世界就日益缩小成用自身优越感编织的世界、日益脱离了整体生命存在的世界。南怀瑾说：

众生世界，因为不能证到自性本体的究竟，便舍本逐末，而各个执着自己的所见、所知处，认为那就是究竟。于是，各依主观，形成世间的差别知见。其实，主观、客观同属于思想意识的分别作用，思维意识的所知所见，自身本来就凭借身、物世界的因缘而起作用，它的本身便是虚妄不实，不足以定真理的有无、存在与否，只要人能从自心寂静思维意识上去下功夫，渐渐就可了知身心的作用，也如现象世界一样，变迁无常、虚妄不实，从此节节求进，层层剖析，尽人之性，尽物之性，达到身心宇宙、寂然不动的如如一体。不住于有，不落在空，便可证出宇宙人生的最初究竟。

南怀瑾认为人类生命的终极意义是与宇宙身心合一，这是禅宗表达的一种超越自我的自由境界，是禅宗宇宙生命本体观。中国禅宗文化暗示宇宙万物的生命现象都是因缘和合而生，其中并无主宰，证见自性本体或者宇宙人生的最初究竟，关键在于空无之际的心物同体。在这个生命本体中，存在本身成为融入的观照体验，是生命体验过程。这也就是为什么六祖慧能的“本来无一物，何处惹尘埃”要比神秀的“时时勤拂拭，莫使惹尘埃”更得真传。同理，在生态体验中，主体性或某种被卷入其中的关于自我的意象根本就是多余的，个人的一切都在其与宇宙的同一之中。克鲁贝尔认为预见与体验不是作为想象力的功能，而是作为生命活动本身。奥尔多·利奥波德提出的“大地生命共同体”则具象地或者物质化地道明了大地甚至宇宙万物是个互相联系的整体。大地/宇宙生态系统是有机界与无机界相互关联与作用的不同存在形式的整体存在。其中的相互关联与作用映现出生态的多样性共生的整体特征。人类个体的自我认识离不开多样性共生的整体。把人放在联系的整体关系里认识，是对神本论与进化论把人从整体中孤立出来认识所导致的偏执与偏差的矫正。

无论是在神本论、进化论还是整体论中，自由都是人类自我实现的最高目标。在神本论、进化论中，由于人类是从自然整体中脱离出来的，因此人类最后获得的是控制与创造自然的权力，而不是自由。因为常识告诉我们，权力是由等级架构起来的，当你处在控制与创造的至高无上的权利地位时，也是最不自由的时候。因为你将被为维系这个权力位置所必须面对的错综复杂的关系所主宰，也就是说，权力本身就是一种束缚。例如，工业化文明力图通过科技力量使人类拥有主宰自然万物的绝对权力，把湿地变成良田，把原野变成高速路、停车场，把森林变成养殖场、农场和楼群，致使野生动物物种锐减；把高山变成采石场，把地下的矿产资源、石油资源挖掘出来变成能源；拦截江河流水建发电厂，为一个又一个人口密集的城市输送能源和资源。当人类利用科技力量实现了人类工业化、城市化物质生活的方便、舒适、快捷时，人类相对自然而言，似乎拥有了可以创造物质世界的权力。但是，与此同时，人类为了维系工业化、城市化的生活也失去了作为自然人的安全、稳定与自由。人类社会系统脱离自然多样性共生的完整性，进入由人类独自来维系的系统。自然生态整体系统的复杂性远远超出人类的认知。人类社会系统在无知与傲慢的再创造中开启了充满不确定性的运行，就像在生态崩溃与科技乌有乡两极之间形成的张力上惊险地舞动。在这种情况下，人类在物质层面的自我实现表现为对至高无上的创世权力的觊觎，人类对权力的追求割裂、异化了人类与自然万物之间不断转换生成的完整、稳定与美丽关系，将人类自身置于生态、能源、资源重重危机的不确定状态之中。而当失去了确定的安全、稳定的生存条件时，何来自由？

这不得不令我们回望浪漫主义诗人与田园诗人所表达的回归简单和谐自然整体性与多样性的情感诉求。“经过多年的流浪，多年的离别/这些高大的树木，耸立的山峰/这绿色的田园景色，对我更加亲切。”浪漫主义诗人笔下个体的“我”在情感上涌动着复归自然后感受到的生命的喜悦。在浪漫主义诗人表达的生命喜悦中，个体生命是通过自然物的生命和与自然物生命之间的关联得到快乐与欣喜。自我实现不是获得高于一切的创造权力，而是实现快乐的自我，找到生命的亲切感。无独有偶，处于18、19世纪的华兹华斯所写的诗歌《丁登寺旁》回荡着4、5世纪时东方的陶渊明描写的“羁鸟恋旧林，池鱼思故渊”情愫。陶渊明用“久在樊笼里，复得返自然”表达出在自然中获得自由自在的快乐的生命感受。华兹华斯在自然中感受到了和谐的力量，这令人喜悦而深沉的力量让他看到了万物的内在生命。从华兹华斯与陶渊明的共情表达上看，回归自然生命本体是一种超越千年的诗歌主题。它表达了人对于自身真实存在的超时空的认同。在浪漫主义诗人与田园诗人返归自然的诗歌表达中，确证了生态观念：人是自然生态整体中的组成部分。诗歌中表达的人与自然万物之间的关系仿佛是一面镜子，映照着人类在自然整体之中的存在。

人在自然整体生命之中的存在是一个情感体验过程，经历了自我认知、自我意识、自我实现的过程，也是与自然的分离、异化与回归并融入的过程。青原惟信禅师的参禅三境界的表述给我们理解这个体验过程提供了形象的文本。他说：“老僧三十年前未参禅时，见山是山，见水是水。及至后来，亲见知识，有个入处，见山不是山，见水不是水。而今得个休歇处，依前见山只是山，见水只是水。”第一阶段：自我认知是眼睛看到的物质形式上的分别。在不刻意认知的混沌状态中，自然万物在形体与物质的构成上存在着差异，人与自然万物分离地存在着。第二阶段：人类在对自身有了初步的认知之后，开始有高于自然的意识。通过主客关系的参照，主体对客体有了掌控支配的欲望。人类的中心意识确立，自然变成了可以开发、利用、为人类存在服务的资源、能源，是可以任由人类技术征服与改造的物质。到第三阶段，人类超越自我中心主义的局限，开始认识到人类与整体之间存在着不可分割的关系。人与自然同属于一个整体，一个生命的整体。自然万物只不过是一个生命整体中的不同存在形式而已。第三阶段与第一阶段的不同在于对自我与整体生命存在的关系从潜意识到无意识，这也是对自我存在本质的认知差异。当达到自我实现阶段时，意识被消解，只有当意识回归生命本体时，才能体验到自我与整体生命的合一。第三阶段是第一阶段的存在性升级，是自我实现的关系状态。青原惟信禅师参禅的三境界与深层生态学中的本我、社会自我和生态自我三个层次有相同之处。

自我必定是在与人类共同体、与大地共同体的关系中实现。自我实现的过程是人不断扩大自我认同对象范围的过程。随着自我认同范围的扩大与加深，我们与自然界中其他存在物之间的疏离感便会减弱。当达到生态自我阶段时，我们便能在所有存在物中看到自我，并在自我中看到所有存在物。

深层生态学的自我实现的三个层次与青原惟信禅师的禅悟三境界都体现着回归、适应、包容和知足的喜剧生存方式。人的存在意味着不仅自在地在自然之中，而且以体验和预见的姿态，以情感和对情感认知的重视，自为地认同生态环境，融入生态整体生命共同体。

那么，自我实现究竟意味着什么呢？自我实现意味着实现两种生命体验。

其一是自由的审美体验。老子说，大道至简。可以说，自由的核心意境是简单，是超脱物质的羁绊。华兹华斯对“人类满足于自身的存在”的生命体验也表达了对自然、简单与平实的信念。陶渊明的“户庭无尘杂，虚室有余闲”更具象地表达了简单、平实的境界。梭罗在《瓦尔登湖》中也指出，被物质羁绊着的人生是没有自由的人生，没有自由的人生，住在监狱里与住在农场里没有什么区别。他呼吁人们简单！简单！再简单！浪漫主义与田园主义文学作品呼吁人们警惕物质主义价值观和功利主义价值观对自由的侵犯。在浪漫主义作者的笔下，充满了简单地体验自然、体悟自然生命存在的喜悦。自由在简单的自然生命之中。

其二是对快乐生命的审美体验。快乐是自然界生命的特征，地上的花草随风舞动，空中的飞鸟展翅翱翔，水中的鱼儿摇动尾巴，花中的蝴蝶来往穿梭，树木向着阳光生长，高山俯瞰山中万物，春夏秋冬，寒来暑往，自然而然。人在自然之中，体验美好自然带来的快乐是体验人与自然和谐关系的基础。约翰·缪尔在《暴风雨中》为我们展现了与大自然共乐的壮丽图景。松树、鸟儿、雷电、暴雨共同奏响了交响乐，约翰·缪尔在暴风雨中感受到了大生命的创造力量和自身小生命与大生命共在的快乐。温德尔·拜瑞在《归乡》中描述了士兵从战场上归来，选择步行而非乘车回家。在步行中，他体验自然人而非战争人自己掌控自己行走节奏的快乐；享受步行带来的闲适的心情；享受步行中所能享受到的边走边观察大地景观的快乐；享受步行时身心合一的快乐；享受步行时本身成为景观的一部分的快乐；享受步行时内心的平静与周边的平静合二为一的快乐。

自我实现是融入自然生命共同体后所体验到的不受物质羁绊的自由和人与自然交融的身心和谐的快乐。英国生态哲学家拉塞尔认为：“纯粹的自我，是一个人的真正的、本质的自我。这种自我与宇宙、与天地万物、与世界的一体性相联系，是一种深奥的同一性的体验。这就是说，在存在的深层次上，人与宇宙间的一切事物、一切生物，具有同一的本质、同一种能力，是同一种东西。”这个同一种东西就是生命。在有机整体的理念中，感知自然、感知人与自然的接触与交融，更能唤醒人类的生命意识，保持人类与自然之间的完整生命联结。

综上所述，文学的生态诗学是在相互依赖、相互作用、相互联系的自然生态整体的背景下，认识自然大生命与人类小生命在“气合”的条件下实现的合一，最终可令人体验到快乐自由的自我实现。需要说明的是，文学的生态诗学论述的人是一个集合名词，当人类作为一个集合概念成为自然生态整体中的一个组成部分时，不是在消弭个体的差异、自由、独立，而是强调共享的生命性。在整体生命的价值体系里，人类相对自然万物的存在共情地体验生命的自我实现。

四、对文学的生态诗学中文学概念的再考察

把人放在自然整体生命共同体的世界里来发现、认识和自我实现，文学的生态诗

学提出了新的价值标准体系。这个价值标准体系把个体实现放在“维护自然整体生命共同体的完整、稳定、美丽”的视域里考察，而不是在人类中心主义等级建构的竞争中考察。这将意味着把人放在审美、伦理、哲学、历史、科学乃至经济、政治、文化、生态等整体图景中重新加以综合认识与考量，而不是部分地分门别类地进行思辨与论述。从这个意义上说，文学的生态诗学具有跨越旧的学科分野的革命性意义。文学的生态诗学必须回答两个问题：(1) 什么是文学？(2) 如何阅读文本？

(一) 什么是文学？

什么是文学？这个问题是一个穿越性的问题。当今，提到文学，人们往往会认为主要指想象性的、感性的、用美丽的语言创造出来的作品，再现人与人、人与社会关系中的人，用以区别用科学的理性语言的写作。文学与科学似乎有了明确的分工，界限分明。文学的世界就是人创造出来的拟人化的世界，科学视域里的自然界是可以还原成最小粒子的世界。随着科学与技术改造世界的能力的增强，工具理性与实用主义在社会中占统治地位，文学感性与想象力的文字创造也逐渐因此被贴上了娱乐、无用的标签并因而日益被边缘化：要么变成琐碎的家长里短的日常现实主义叙事，是大众茶余饭后的消遣；要么是悲观的、批判的、碎片化的现代主义叙事，是大学文学研究者通过写论文晋升职务的阶梯。自然与人类的世界分属于不同的学科领域。自然在文学的世界里是人类活动的背景。人类在科学的世界里是绝对的主宰。人类与自然的关系被简化为人类中心主义的控制与开发、掠夺与占有。

20 世纪 60 年代以降，随着《寂静的春天》等揭露环境污染与资源枯竭的非虚构作品出现，被忽略的自然界开始重新进入人们的视野。非虚构作品冲击着以虚构作品为主的文学领域，因此也就有必要重新提起什么是文学这个问题。

从历史上看，文学本来就是一个包罗万象的概念，所有的学科都包含在文学的大伞之下。最有趣的例子就是在学科分化之前，伟大的物理学家、数学家牛顿获得的是文学学位。在英语中，文学一词的词根是 letter，也就是说所有写出来的作品都是文学。欧洲在 18 世纪以前，中国或许更晚一些，直到 20 世纪初，所有的文字创作无论是想象的还是现实描述的，无论是虚构的还是事实的书面记录，无论是抒情的还是思辨的作品，都是文学。例如，中国的先秦文学不仅包括依托想象与情感创作的作品，如歌谣、神话、《诗经》，也包括展现诸子百家思想的作品，儒道墨名纵横，农兵法杂阴阳各家的学说著述都属于先秦文学。文学概念犹如一把张开的大伞，包罗万象。

文学概念大伞的收缩发生在 19 世纪，其促成因素包括欧洲大学里科学学科的出现、印刷业的发展、大学机构化的确立、书籍数量的增加，等等。书写、出版的著作开始按照学科分类。文学渐渐缩小成一个学科领域。这个领域的作品局限于依托想象与情感创作的作品，也就是以美丽的语言、美丽的叙事方法创作出富有想象力、打动人心的作品。因此，文学与其他学科的著作之间就有了一个界限。在文学的界限内，作品有了自己的分类，包括诗歌、小说、散文、戏剧。于是，文学从涵盖一切的写作称谓变成了一个以想象与情感创作为体，以诗歌、小说、戏剧、散文文类为形式的独立学科。

追溯文学学科的历史绕不开文学经典的确立。哪些作品能够把文学学科的大旗扛起来的确是文学作为学科立足的根本。确立经典的传统源自英国。阿瑟·克莱斯特在《什么是文学?》一文中指出，剑桥大学教师1595年曾提出确立经典而不是阅读所有诗人的作品。后来，笛福和约瑟夫·斯宾塞都提出有必要给众多的文学作品分出等级来。斯宾塞在1730年提出了四个划分标准:"大天才好作家""好作家""平庸诗人""从来不会有人读其作品的诗人"，确立了以斯宾塞、莎士比亚、约翰·弥尔顿为文学霸主的经典传统。经典确立的同时也确立了欧洲中心主义的文学传统。

塞缪尔·约翰逊在《英国诗人的生活》中遴选出50位诗人，确定了经典的构成要素。此时，经典仅仅局限于对诗歌与诗人的确认。1774年2月22日，特莱弗·罗斯在《英国文学经典的构成》(*The Making of English Literary Canon*)中提出:"莎士比亚、约瑟夫·艾迪生、蒲柏、斯威夫特以及当前许多优秀作家的作品应该是任何人的财产，经典是文学而不仅仅是诗歌。"于是，经典建构超越了诗歌的局限。

确立经典实际上是为文学学科解决读什么的问题，但是经典的确立并非一蹴而就。它随着时代的变化而变化，随着文学学科的进展而不断发生变化。文艺复兴、古典主义、浪漫主义、现实主义、现代主义、后现代主义创造出了不同的经典以及对于非经典的解构。英国文艺理论家特里·伊格尔顿在其2012年出版的《文学事件》一书中质疑文学是否真正存在过。他曾经提议把文学系改为语篇系。他在大家耳熟能详的《文学理论》出版30年后，拒绝单独给文学一个客观的定义。从某种意义上说，文学终究无法由特定文类局限在特定学科领域里。

从文学写作的主题看，文学创作也经历了神话、故事、想象、现实、虚构、非虚构的变化过程。19世纪，在文学作为学科刚刚被分离出来时，其探究主题包括真理、世界、人性，以及人与真理、人与世界、人与人之间的关系。以莎士比亚为代表的作家创作的经典作品展现了宏大的叙事主题，包罗万象。从不朽的人物如哈姆雷特、麦克白、李尔王、罗密欧和朱丽叶身上，读者获得了对真理、对世界、对人性、对欲望以及对各种关系的认识与理解。19世纪末20世纪初，文学表达的主题更多地涉及现实社会的权利、财富、自由、独立、平等、人性、欲望，以及人与权利、人与自由和人与人的关系。如从易卜生戏剧中的诺拉、大建筑师、培尔金特等不朽的人物身上，读者获得了对权利与财富、自由与平等、存在与荒诞(虚无)的建构与解构的意义的理解，欣赏其中的反讽与悖论。两次世界大战之后，随着道德与文化传统的碎片化，文学主题也进入碎片化状态，以塞缪尔·贝克特的《等待戈多》为代表的作品表现了人的追求的虚无化。随着"上帝死了"的宣判，文学进入荒原废都的阶段。意识流、碎片化、混杂、拼贴、魔幻、超现实把文学的解读变成魔幻现实主义的认同。文学变成了纯粹的个人游戏。文学理论也成了自说自话的沙滩城堡，迷失了方向，失去了根基。

第二次世界大战之后，全球化把文学推向了意识形态的阵地。西方对世界的殖民化过程，随着第二次世界大战后殖民地国家的相继独立而宣告结束。同时陷入风雨飘摇之中的是以欧洲为中心的文学和文化传播与研究。而随着第二次世界大战后联合国、世界银行、国际货币基金组织、洛克菲勒基金等以美国为主导的世界跨国组织以及公司的成立，美国取代欧洲成为中心。此时的文学表面上聚焦的是种族、性别和阶级的问题，但是第二次世界大战后冷战时期的意识形态对立一直是文学研究的先见背景，并持续至今。文学与政治搅在一起，使文学与文学研究或多或少地浸染了意识形态的色彩。但是在文学的学科视野里，自然一直是缺席的在场，是被忽视与无视的存在。

20 世纪中期以后，一种新的意识——环境意识觉醒，自然被言说。非虚构的自然与环境书写进入创作领域。带有科普性质的作品，如《寂静的春天》《与星球求和平》《沙乡年鉴》《增长的极限》《小农很美》《我们共同的未来》等著作，成为自然与环境写作的经典。作品的主题超出了人类中心主义的世界，打破了人文与科学写作的割据状态，涉及探究人在自然世界的存在、认知与知识；揭示人的行为给环境造成的后果、人与自然世界之间的关系，包括人类与自然万物的生命关系，人与自然万物之间的伦理关系以及审美关系；探究科学技术造成的污染以及其对人类赖以生存的环境的破坏等。总之，对人类与自然环境的关系的认识成为自然环境作品的主题，反思人类是谁、从哪儿来、到哪儿去。这些作品挑战 19 世纪以来被边缘为一个学科的文学概念，挑战文学的边界，挑战学科视野里文学概念的局限。自然环境文学促使文学的大伞重新打开，又回到包括所有书写的著作的大范畴。文学与其他学科的界限也在模糊。生态批评、环境哲学、人类学、环境伦理学、生态学、环境历史学、人文地理学、大气化学等学科共同聚焦环境问题，以及人类与自然万物关系的过去、现在、未来的主题，它们互相借鉴方法，共享文本。各个学科之间原本泾渭分明的界限开始被跨越。跨学科研究使得阅读和写作在人与世界的关系的语境中回归一体。文学又回到词根所隐含的意义，即所有的书写都是文学。那么，同时被打破的还有人文主义学科的疆界，学科整合势在必行。一种新的人文——环境人文——将成为文科在未来的发展方向。环境人文是在人与万事万物紧密相连的关系中理解人与人性，在生命共同体中理解人类生命的意义。

毋庸置疑，进入 21 世纪，文学边界的开放已成定局。如克莱斯托尔所述，2009 年随着格列尔·马克思和沃纳·索罗斯的一部《新美国文学史》的出版……文学"不仅指所书写的，甚至还指无论何种形式所歌唱的、所表达的、所发明出来的东西"——于是地图、布道、戏剧连环画、卡通动画、演讲、照片、电影、战争回忆录以及音乐都聚集在文学这个大伞的下面。时下最热门的文艺表现形式应该是微信与微博的文学创作了。2016 年诺贝尔文学奖没有授给小说家、诗人或者剧作家，而是授给了流行歌手鲍勃· 迪伦。这也说明文学文本的界限正在模糊。

随着文学的大伞重新打开，文学阅读与研究也将重新进行学科整合——环境人文建构势在必行。文学的生态诗学是环境人文的先行官，它所面对的文学文本是所有学科的文本作品。那么,在文学研究过程中,该如何阅读跨学科文本呢?

(二) 如何阅读文本?

生态批评家斯科特·斯洛维克曾经通过从文学的视角阅读其他学科的著作,或者用其他学科的理论方法解读文学作品,来界定跨学科的生态批评。这展示了文学与其他学科的研究相整合的趋势。文学的生态诗学是生态批评的具体建构。情感和想象与理性和知识的融合是文学的生态诗学体现的跨学科性。那么,当文本本身超越学科的界限,而阅读者具有学科分别——也就是我们以文学学科研究者的身份面对超越学科界限的文本时,应该怎么研究文本呢?

文学的生态诗学研究的前提是文学学者不是为文学而阅读(既然文学文本已经超越学科本身的界限了)。人文学者的阅读目的是重建自然在场的自然生命共同体,重建人类生命与自然大生命的联系,以及探索在自然生命体中人类如何实现快乐、自由地存在。实际上,这个前提并不新鲜,不过是在文学作为学科的发展过程中被遗忘、抛弃了而已。在危机的话语中,随着世界概念中缺席的自然角色再度出场,这个前提的重要性又凸显出来。尤其是用人类纪来命名我们这个时代,环境人文主义需要建构一种新的在自然整体世界中而不仅仅是在人类世界中认识人类自身的阅读标准。

面对所有的书写文本,文学的生态诗学如何确定经典文本呢?在跨学科的文本平台上,文本的知识性、叙事性与在地意识的张力与弹力是重要的考察要素。

首先,文学的生态诗学的经典阅读考察文本知识的张力与弹力。知识性是跨学科与学科整合的推动力,是建构的基础,是链接人文与科学学科沟壑的桥梁。知识性包括科学知识/理性知识与感觉知识。科学知识,尤其是生态学、生命科学、地理学、人类学以及与气候变化相关的大气物理化学相关知识,是人文学科在自然生态共同体语境中研究人自身的可持续生存的重要知识构成。人文学科在知识和信息大爆炸的时代忽视科学知识的在场,沉浸在情感与想象的话语中,在科学技术的时代,犹如贫血的身体,缺少安身立命的力量。《寂静的春天》之所以成为 20 世纪最有影响力的经典著作之一,就在于它立足于科学知识本身。雷彻尔·卡森揭露杀虫剂对环境的巨大破坏力就是建立在对杀虫剂基本知识的阐释之上。书中第三章作者以“死神的特效药”为题,详细地描述了杀虫剂的构成、种类、机理与作用。有了第三章中对于杀虫剂知识的清楚介绍,后面描述的杀虫剂的污染与危害才会产生跨世纪的警示作用。近年来,科幻作品从文学的边缘异军突起,成为学术界瞩目的重要文本,其吸引力主要来自科学知识与想象的结合。科学知识在文本阅读中发挥着支柱的作用。文学学者或者人文学者要重建自然在场的整体的生命共同体,就必须重视知识结构及其给人带来的对世界的认识。

除了科学知识,感觉知识也是重要的指标。感觉知识是通过感官(眼、耳、鼻、舌、身)认识获得的人与自然关系的知识,包括通过直接与自然互动获得的体验知识,也包括通过身体训练获得的审美、伦理以及对世界的理解与价值判断等知识。感觉知识的根意包括爱、关心、同情、慈悲、宽容、敬畏、尊敬。在文学的生态诗学中，感觉知识与科学知识同等重要。感觉知识呼唤并启蒙人与自然关系的意识觉醒，强调从感知上意识到人类是自然生命共同体的一部分，最终实现人类在整体生命健康的语境中成为自在、自为、快乐、自由的个体，而不是被运作、被操纵、被竞争的消费体。

科学知识给我们提供了认识物质自然与人类之间的相互联系的基础，而自然的超物质性是被科学认知无视与忽视的一面。正如人的存在不仅仅是物质的存在，还包括思想、情感与精神的存在一样，人与自然之间的超物质联系同样无法无视。这就需要我们去感知。温德尔·拜瑞在演讲中提到：

到目前为止，巨大的破坏表明某些事情的真正价值超出了人类计算与度量的能力。因此，必须被看作是绝对价值。无论以什么理由都不应该破坏这些事情。只有当人们一无所有的时候，他们才会认识到绝对价值的重要性。绝对价值是一种感觉认知。土地的绝对价值只有当人们没有任何生活来源时才会被感知到。生态健康的绝对价值只有在土地被滥用了后才会被感知到。而被滥用的土地无论它的市场价值是多少，都无情地在现任或者后来的所有者那里失去了价值……对于这种损失，感觉知识会告知我们，很快我们就要给予感觉知识以恰当的地位。

温德尔·拜瑞提到的"生态健康"是无法完全用物质层面的科学知识解释的人与自然之间的关系。它是物质与精神、情感的综合指标，需要有整体的联系的知识，也就是科学知识与感性知识共同建构的知识，才能够认识"生态健康"的弹力与张力。

世界在不断变化。要认知变化，就需要感觉认知的参与。如对于气候变化，物理学家无视感觉知识，忽略汽车尾气、工业温室气体排放、城市热岛效应带来的感觉现实，简单地用通过科学研究得出的数据就把它定性为地球冷暖变化的规律，这是极不负责任的。科学知识离不开感性知识，感性知识也离不开科学知识。这是知识的两个方面，两个方面形成一种弹力和张力。知识的弹力与张力制衡人类在认知上的偏差与局限。因此，文学的生态诗学经典阅读的首要任务是分析文本知识性的弹力与张力，也就是科学知识与感觉知识的互动与结合形成的完整性。这在科幻作品研究、气候小说研究、生态学生态批评、深层生态学生态批评以及物质主义生态批评中已经得到体现。

其次，文学的生态诗学经典阅读考察文本叙事的张力与弹力。在传统意义上，叙事昭显文学的最大魅力，也是表现文学研究具有学科性的重要因素。叙事性在文学的生态诗学中退居其次，其中的直接原因在于非虚构文类作品在人与自然关系的人文研究中发挥了领军作用。雷彻尔·卡森、奥尔多·利奥波德、巴里·康芒纳、安妮·迪拉德、罗德里克·纳什、E. O. 威尔逊、迈克尔·波伦、比尔·麦基本等作家的作品都依靠强劲的知识弹力成为了经典，知识弹力带动了其叙事弹力的魅力。那么，如何理解叙事弹力呢？叙事弹力表现在两个方面。

其一是叙事的结构性。叙事架构起作品本身，决定作品的形态，也就决定作品的可读性。可读性取决于叙事的弹力。任何书写都是在叙事。虚构作品叙事重在讲故事，通过故事打动读者，使读者产生共鸣，把读者带入人与自然关系的主题之中，如温德尔·拜瑞的《归家》讲述从战场上归来的战士坚持步行回到位于乡村的家园的故事。士兵步行回家的全过程把读者带进了人与自然之间形成的令人能感受到的轻松自由的生活方式和节奏中。诗歌作品的叙事重在意象，读者通过意象进入诗歌的意境之中，在意境中体悟人与自然生态整体的不可分割的关系。非虚构作品叙事重在对真实场景的知识性描述。读者在真实场景中认知人对自然环境造成的破坏，以及给人类自身生存带来的危机。叙事的弹力于作品而言如一座建筑的整体设计结构，其大小决定了作品的可读性。《四千年的农夫》是一本农业方面的著作，作者使用了游记的叙事技巧，平易直白、粗中有细，一个一个的场面文化色彩都很浓，可读性强，具有超越时空的魅力。

其二是叙事的开放性，如果说叙事的结构性是文学作品的普遍特性，那么叙事的开放性则是文学的生态诗学的最大特点。所谓叙事的开放性是指作品的叙事具有文本内与文本外的双重可读性。也就是说，作品不仅具有文字的效应，而且具有行动的效应。读者从文本的叙事中走向文本外的现实中，并通过其亲身体验与实践延续文本的叙事，从而实现叙事的可实现性。也就是说，文学的生态诗学的叙事在可读性的基础上实现可实践性。叙事的影响力不仅体现在情感与认识层面，还体现在日常行为与生活方式的改变层面。如《寂静的春天》的叙事不仅表现在它改变了人们对自然的态度，认识到人类不是自然的控制者和主宰者，而是自然的一部分，而且表现在它吸引了越来越多的人参与到环境保护中，提升了环境保护意识。越来越多的人，尤其是与土地直接发生关系的人们，意识到了人对自然造成了污染这一现实，受《寂静的春天》中关于杀虫剂对土地的污染的叙事影响，改变在农业生产中滥用杀虫剂的行为，以有机农业的方式代替化学农业的方式，在农业生产中少用或者不用化学农药。叙事的开放性唤醒了人们的环境意识，使人们意识到人是自然整体生命共同体中的一部分，意识到把个体的生命与自然整体生命联系在一起，并在与自然共存的平台上实现人类快乐、自由、可持续的生活，在人与自然共享生命价值的标准体系中建设一种与自然共存的可持续的生活方式、经济模式、政治模式、文化模式以及社会模式。

最后，文学的生态诗学经典阅读考察文本在地性/地方性的张力与弹力。在地性/地方性表现在两个方面：

一方面，指地方的多样性共生的弹力与张力。在人与自然的关系中，在地性/地方性是突出的具体表现。宏观上说，地球是人类的家园，人类整体与自然的关系发生在地球上。人与自然的关系具体就是人与地球的关系，人与地球上万事万物的关系，与地球的大气层、高山、流水、大海、有机物与无机物的相互影响、相互依赖关系。所以说，保护环境就是保护我们的地球家园，归根结底是保护我们人类自己在地球上的可持续生存环境。人类是大地生命共同体中的一员。人类整体是由一个个民族组成。任何一个民族的行为、个性、信仰、风俗、习惯、文化都与其所处的地方相关，并以一种缓慢的速度改变着环境。不同的地方具有不同的地形、地貌、气候、动植物种群，人类在不同的地方与万事万物互动，进而形成了不同的文化。在殖民主义出现之前，人与地方之间相互塑造。人是具体地方的人，创造这个地方的文化，形成这个地方特有的生产、消费、生活方式，正所谓“一方水土养一方人，一方山水有一方风情”。

大多数关于环境方面的经典都是以非虚构的叙事方式揭示人类改造自然环境、消耗自然资源、挥霍地球财富的现实。今天，大规模消耗、挥霍自然资源的现实伴随着殖民运动以来在全球范围内发生的城市化与工业化快速发展而出现。快速生产与消费给现代人带来了方便、舒适、快捷，但是同时也造成了资源危机、能源危机以及气候变化危机。生态学知识表明，修复生态危机的希望在于恢复生物多样性的弹性。同样，解决人类面临的危机也取决于人类文化多样性的弹性。人类文化多样性与在地性/地方性及地方多样性紧密相连。因此在地性/地方性及文化多样性是文学的生态诗学经典阅读的重要因素。

另一方面，在地性/地方性引发对人类行为及生活方式与地方的关系的反思，也就是说地方成为人类认识自身的重要参考。危机的现实重新把人与在地性/地方性紧密地联系在一起。然而，地方已经不再是殖民运动之前的那种传统的缓慢变化的地方，而是全球化的飞速变化的一体化的地方。由于人类对自然的改变，大气化学家、地理学家相继宣称我们已经进入人类世。地方是人类世的地方，人类世也具有地方性。在人类世的时代，无论什么书写都不仅认识人性，认识人与人之间、人与世界之间的关系，而且要从多样性文化层面认识人类与世界之间的物我观照的故事，理解物质与超物质、自然与超自然的故事。人类世的阅读尤其要追问我们是谁、我们从哪儿来、我们到哪儿去的问题。后殖民生态批评、环境正义生态批评、跨物种生态批评、跨身体生态批评以及怪异生态学批评都将反思人类在场的在地性/地方性问题，反思文化多样性在生命共同体建设中的弹性。

文学的生态诗学是一个跨学科的主题理论建构。它与环境哲学、环境历史、人类学、文化地理学以及生态学一道建构环境人文。也就是说，在综合的跨学科平台上，生态诗学架构人是自然整体生命体系中的一部分的认知体系，叙述人与自然之间相关联的故事以及人类在生命共同体价值体系内实现自我的故事。文学的生态诗学的文本阅读将不是理解与阐释的单向度的阅读，而是读者与文本和谋的双向度阅读。

第四章　生态批评与文本合谋的叙事策略

就我们的学术始于我们在物理自然世界的体验和忧患而言，我们必须寻求一种有恰当立场和态度的语言。充满情感与觉知的讲故事的语言，也许是我们的最佳选择。

——斯科特·斯洛维克（《走出去思考：入世、出世及生态批评的职责》）

文学的生态诗学对人与万事万物之间的相互联系、整体生命的价值以及在生命共同体内实现自我的自由与快乐的审美目的进行了论述，在此基础上，也论述了文学文本回归到跨越学科界限的文字书写的范畴。这也是生态批评与其他学科共建环境人文的基础。

生态批评自20世纪70年代肇始至今，在言说文学与自然万物、文学与生态系统的关系时，一直处于动态的发展与演变过程中。其发展与演变的特点可以概括为三个方面：其一，文本对象在不断延展与拓宽；其二，批评理论呈现多元性；其三，走向审美、伦理与信念的宏大叙事。这三个方面表明生态批评研究具有生态文明与环境人文建构的视域，表明其与不同学科的研究、批评与实践云集在一起，形成了“文学研究的环境人文转向”趋势。

生态批评与关注人类和生态环境关系的其他学科及理论，如生态学、生态神学、生态美学、环境伦理学、人类学、文化地理学、生态哲学、生态女性主义等，探索共同的问题——如何实现人是自然整体生命的一部分在文本内外的交通？如何在文本内外共同实践人与自然万物在相互关联中共生共在？如何利用文本把生态的理念渗透到经济、文化、生活方式、可持续生存以及自由快乐审美生存层面？对这些问题的探究并非某种铁板一块似的理论与方法所能实现的，也不是从文本到文本的封闭的文本循环阐释所能实现的。生态批评的叙事策略实践提出一条合谋之路，也就是与文本合谋的叙事：在文本阅读的基础上，研究者与研究对象在生态学基础上、在整体生命的意识层面以介入式叙事再现人文与生态环境的关系，再现生态与环境理念，从而建立研究者从文本走向自然再回归写作的结构策略。这是研究者带着文字的旅行，是理性认知与感性认知结合的旅行，是个体生命与整体生命结合的旅行，也是研究者与研究对象实现合一的文化之旅。斯科特·斯洛维克在《走出去思考：入世、出世及生态批评的职责》中说："文学研究和文学本身在最基本的层面上是与人的价值和态度密切联系的。作为文学的批评者和讲授者，我们必须考虑文学表达是如何对读者进行挑战和指引的，使读者确定对他们而言到底什么是有意义的、重要的。……生态批评家不仅要去接触文学，不仅要相互接触，还要接触大自然。"从文本内自然走向文本外自然的叙事策略，重构各学科文学文本面对社会和文化现实的张力，使得文本既是文字的也可以是能行动的，既是学术的也是叙事的，既是文本阅读也是文本生成，既是对科学知识的认知也是审美选择与价值判断。它以生态学价值取向的多样性理论为前提，在环境意识、环境人文关怀的驱动下，进入文本的阅读与重构，建构人与自然万物相互关联的环境人文主义精神，即人类在自然整体生命存在中的自由与快乐的审美体验和可持续生存的文化与生活方式。

生态批评的叙事策略的缘起可以追溯到 1994 年美国西部文学研讨会的一次圆桌会议。在讨论跨学科的生态批评未来的发展方向时，斯洛维克敦促同行们应该实践叙事策略。他说生态批评家应该讲故事，让叙事成为文学分析的常量和变量，从而建立起一种连接以及相互交叉的模式，以区别于主流文学学术越来越自说自话的、"理智化"的、枯燥的、自鸣得意的游戏风气。他提出"让世界和文学直接面对对方"。他的提议得到了约翰·艾尔德、伊安·马歇尔、格兰·拉夫、约翰·塔梅奇的响应，并且逐渐将叙事策略发展成了传记式的生态批评实践。崔末在《叙事策略：生态批评的新策略》一文中把叙事策略定义为"将学者个人的现实生活经验与其对文学文本的研究性阅读经验相混合的写作方法，是在学术论述中有机地融入具有叙述性、形象性和感受性描述的写作策略"。笔者认为叙事策略不仅仅是一种写作方法和策略，更是一种合谋的创造性的环境人文学术实践。其创造性主要表现在将相互联系的生态观念贯穿在生态批评学术实践中。学者以介入式和带入式的叙事让文本表达的人与自然万物之间的整体关联不仅仅停留在文字上，而是走出文本在实践层面实现关联。

下面从三个方面论述与文本合谋实现关联的叙事策略实践。

一、绿色阅读的生态环境意识与带入式叙事

绿色是大自然的主颜色。人与自然的关系发生在整体生命存在中，绿色阅读用来形容论述人与自然生命联系的文本。绿色作用于人的意识，激发生态环境审美以及保护生态环境完整美丽的环保意识。英国最初就将生态批评研究称为绿色研究。绿色研究初期的研究对象是非虚构的环境写作。环境写作揭露污染、沙漠化、全球变暖引发气候异常变化等现实，警示人类危机中的存在与选择。这也是生态时代的普遍主题和关于未来的想象的基础结构。作为生态观念以及在危机面前重新选择的传播者，文学和它的理论伙伴无论是基于职业的需求，还是出于现实的话语功能，都不可避免地要参与负载文化和人文形态的建构。

美国生态批评家中的领军人物，如劳伦斯·布伊尔、斯科特·斯洛维克，都是从对环境写作的研究开始阐发生态批评的实践与理论向度。代表作品如劳伦斯·布伊尔的《环境想象：梭罗、自然写作与美国的文化构成》《为濒危的世界写作》，斯科特·斯洛维克的《在自然写作中寻求觉醒》《走出去思考：人世、出世及生态批评的职责》等，都以第一人称的叙事介入文本阐释中，把读者带入绿色阅读的自然生命世界。从他们的叙事写作中，读者能近距离地感受到一大批环境写作经典的作者，如亨利·梭罗、雷彻尔·卡森、安妮·迪拉德、玛丽·奥斯丁、加里·斯奈德、爱德华·艾比、温德尔·拜瑞、巴利·洛佩兹、奥尔多·利奥波德等笔下流露出的人与自然之间相互关联、相互作用、互为整体的生态意识与观念。用第一人称进行学术写作的手法突破了学术金字塔与现实脱节的现状，让学术直面危机现实，让话语融入环境人文建构洪流。

生态批评家的第一人称叙事策略把阅读与反思乃至忧思特别密切地关联在一起——反思人与自然之间的生命联系以及人类的可持续生存。绿色阅读的首要特征就是具有反思与忧思取向。劳伦斯·布伊尔说："我觉得不把它同绿色思考和绿色阅读联系起来，便无法讨论绿色写作。"可以说，绿色思考和绿色阅读是以各种文学文本为思维和想象空间，生发生态环境保护意识以及人与自然之间生命联系的理念。其中，"绿色"象征着生命，是生态时代基本的、泛文化的、与各种社会差异共存的人文意识形态。当人类社会和人类个体被历史抛入现代化或现代性发展之后的悖论纷呈的文明、文化状况中时，反思以一种极强的思考反作用力释放出来，这意味着对每一个先在前提的有计划的消解。在这种反思中，批评意识的持续存在使写作与阅读能够成为某种超验的共谋。从写作到阅读，思考或反思有计划地消解被置入文本空间中的现实映像，直到这种反思本身成为消解的对象。当文本空间重新澄清为简单、直观的存在本身，阅读也就重新进入了人的生活。所有指向环境生态的文本、文学和文学批评都聚焦人类在自然之中的位置。在当代文化中，生态观念正在浮现和生长，并逐

渐形成一股自救的潮流。在生态观念的潮流中，人类应该处于什么样的位置？应该采取什么样的行为模式？以什么样的生活方式生存？这些超时空的问题不可避免地在生态批评的视域中聚合。

首先，生态批评的学术写作以第一人称叙事把读者带入反思与忧思的语境中，文学与世界之间的联系由此产生。在劳伦斯·布伊尔的《环境想象：梭罗、自然写作与美国的文化构成》中，第一章的第一句话这样写道："我从田园主题开始，因为'田园'几乎成为返回不那么城市化、更加自然的存在状态的同义词了。的确，整本书聚焦艺术地想象自然环境并使之再神秘化，这本身就是田园项目。"作者用第一人称"我"毫不掩饰地表明他在整本书中以一种介入的态度进行叙述。"我"所承载的态度就是城市化与工业化导致人们脱离自然生存状态。作者要逆流而上，寻找合乎自然的存在状态，在现实危机面前反思另一种可能的选择路径。潜台词是文学要面对世界的现实问题进行解读。世界面临的现实问题是城市化导致的污染和资源、能源消耗。我们需要反思和忧思。劳伦斯·布伊尔在接下来的《梭罗式的朝圣》一章中又一次明确地表示"我也承认被吸引到经典研究上来主要是由于文学学术兴趣，但是也带有更广阔的含义，那就是如何进一步审视作者在文本中再现的相关问题所能产生的影响和文化意义"。他用第一人称的方式叙事，拉近了与读者的距离，同时也让读者与作家之间建立了联系。他与文本合谋叙事，仿佛打开了文本的大门，让读者也参与到文本叙事之中。不难理解，当读者不再是局外人的时候，文本的影响力和文化效应就有了直接发挥作用的可能与潜力。

主流科学学术会诟病第一人称叙事的非客观性和学术规范性。因此，有必要反问：学术客观性与学术规范性的目的是什么？是建构束之高阁的学术圈里的阐释与阅读吗？是建构一套与普通读者拉开距离的概念套娃语言游戏吗？是建构让极少数精英们用文字来获取社会地位和经济利益的阶梯吗？文本的影响力如何实现？生态批评学者的第一人称叙事方式通过把研究者与读者、读者与文本、文本与世界相互连接起来，最大限度地释放文本的影响力。叙事把读者和现实世界联系起来的效果与作品图像化的影片效果有相似之处。在印度洋海啸发生的时候，敏感的读者会联想到电影《后天》。科学家杰克试图以大量的数据说服官方采取必要的措施，以减少即将发生的生态灾难可能带来的生命财产损失，因为他的模拟数据表明人类行为所造成的温室效应正导致自然酝酿气候转冷的巨大变化。也许你会辩驳说造成地震、海啸和飓风等灾难的力量可能更多的是地球板块的运动，而不是汽车尾气的排放，但影片作为生态文本却向我们揭示了这样的主题：大气物理科学反讽地发现地球是个统一体，任何局部的变化都不是孤立的。不仅如此，如盖亚假说所示，生态圈是一个自为的生命体，任何过度的行为都会导致整体生命功能的紊乱。人类社会作为一个庞大又充满冲突的理性机构，在生态危机面前却显得渺小而无助，就像容纳全部文明的图书馆却不足以充当一小群避难者的临时住所，所有的图书都不足以供他们抵御严寒。这并非制造末日灾难预演的效果，而是警示人类应该做出什么样的行为选择。

如杰克所说："关键的是人类该如何从灾难中汲取教训。"也就是说该如何思考我们在整体生态关系中的位置。文本要实现引发读者思考人类在整体生态关系中的位置，需要像影片、图片一样有带入机制。第一人称叙事的反思与忧思就能把读者带入生态环境意识之中，并使之与文本的意图发生连接，使文本释放的生态能量直接作用于读者。

作为哈佛大学资深学者，劳伦斯·布伊尔虽然对第一人称叙事的学术合法性迟疑不定，但其作品中零星出现的"我"却起到了带入的叙事效果。斯科特·斯洛维克在《叙事策略：美国对全球生态批评的贡献》一文中指出："《环境想象：梭罗、自然写作与美国的文化构成》总体上看是一部超然的非个人化的学术作品，代词'我'和第一人称叙事在整体话语中不很明显，但是在著作开篇，学者很巧妙地明确表明自己的在场……劳伦斯·布伊尔著作中的这个叙事姿态表明生态批评要突破'模糊但却高度符号化'倾向，做文学批评与理论该做的事。"

其次，叙事或者讲故事更能发挥唤醒环境意识的作用。环境意识事关对人与整体世界和自然万物之间的关系的再认识。而认识整体的切入方式离不开想象和体验，通过超出物质的表面现象的想象和体验才能进入与环境保护和人类命运息息相关的自然深层结构之思。文学是源于人类想象和体验的创造物。它通过想象和体验的创作，反映人类与自然深层结构的某种联系。浪漫主义文学在人类形而上学之思与自然万物的存在之间建立了想象与体验的联系，将个体存在的现实性与自然万物的生命性想象为一个相互关联、互为影射的整体生命。如华兹华斯的《写于早春》，以及梭罗的《瓦尔登湖》，都潜含着环境意识的能量。文本需要一种启动读者体验人与自然的关系的态度、情感、意象的机制，将人带进深层生态学提示的反观人类中心主义预设、维护生态整体结构平衡的观念与价值体系中。劳伦斯·布伊尔说："环境主义者的努力最终并不取决于某种高度发达的科技，或者某种神秘的新科学，而取决于'精神状态'，取决于态度、情感、意象、叙述。"人类不可能脱离与自然万物之间的生态关系而存在。虽然在理性时代，科技作为时代主流意象，展现了对自然的可操控性认识以及工具理性的、技术主义的认识，并占据了生态关系的核心位置，把人置于先在的、作为科学技术命题中暗含的超越性主体而存在的位置，但是在科技这个"中心"的广泛的边缘，人与自然（万物）之间更直接的、依附性的、超物质的想象关系依然存在，而危机的话语似乎提醒人类这种关系无法忽视与无视。生态批评叙事不仅要重新发现这种关系、阐发这种关系，还要在现实中续接并平衡科技造成的存在意义上的人与自然关系的鸿沟，使之成为科技语境下也可看、可感、可共鸣的生存真实。斯科特·斯洛维克在《走出去思考：入世、出世及生态批评的职责》中提出"品味与拯救"的叙事倾向："我想让自己在'品味'与'拯救'这两种愿望间寻求一种平衡，即在享受生活的需要和积德行善的义务之间寻求一种平衡。"

"品味"与"拯救"的叙事从身份上拉近了研究者与读者、读者与文本、文本与自然、自然与读者、读者与研究者之间的距离，并构成一个相互联系的阅读共同体。学者、作者与读者在同样的身份平台，共同面对有关人在自然中的可持续生存的思考。这使得用阅读与阐释去开发文本内部的情感、想象与意象的能量并将其传递出去流畅直接了许多。

最后，叙事具有发挥文学模拟生态世界的场效应，也蕴藏着能够启动并复活人与自然万物之间生态关系的能量。文学一直被认为可集中表现人类的精神文化，表现人类态度和情感与想象在叙述中的意象性在场。在这个态度、情感、意象和叙述构成的文本空间中，世界、作家和作品之间的精神流动在阅读过程中传递，并释放巨大的精神能量，可以用来启动整体生态思维的运转。威廉·鲁克特提出文学负熵作用的概念，认为文学储存的能量可以促进物质能量的良性循环。“大多数生态学家已达成共识，目前的问题是找到可以阻止人类群体破坏自然群体以及与自然群体密切相连的人类群体自身的途径。这里的关键问题是找到自然与人类两大群体可以在生物圈内共存、合作、共同繁荣的根基。”以英美文学为例，梭罗在康考德的田园生活体验至今不乏直接意义上的后继者，虽然它只是一种试验的模式，但把田园视为生活的场反过来也意味着或蕴含着把世界预设在田园理念下，试图回答“我们在哪儿生存？我们为什么而活？”等带有环境意识的生存问题。华兹华斯质问：“人应该怎样对待人？”这也是以自然为镜，反思社会文化中人的生存。可以说，西方文学从浪漫主义时代就已经开始审视长期以来处于哲学、伦理学二元认识论统治之下的人类生态观念。之后的自然环境文学家，如约翰·缪尔，把自然看作大教堂，视自然万物为神圣的存在，表达了人与自然共在的神学信念；奥尔多·利奥波德的大地伦理试图建构具有生物中心主义伦理倾向的大地生命共同体；雷切尔·卡森的《寂静的春天》揭示以杀虫剂为代表的科技力量正以肆无忌惮的速度破坏生命网络，并发出了生命网络被破坏终将导致人类自身的毁灭的警示等。其中都蕴含着文学的负熵的能量。鲁枢元指出，文学在阅读的深层意识活动中发挥着平衡世界总体能量转化的恢宏的弱效应。以讲故事的方式阅读与阐释的生态批评叙事策略介入式地发挥着这种弱效应。

叙事写作的新模式强调学者不是脱离现实的象牙塔里的人，而是处在物质自然世界里的与人、与社会、与自然发生关系的人。在现实中，人与地球上更广大的现实之间存在付出与获取的能量交换。在环境意识的平台上，研究者以讲故事的带入方式使得能量交换成为可能。读者被学者带入文本之中，成为生态阅读共同体中的一员。因此，环境文学经典阅读不局限在学者方法论意义上的文字再创造，而是要与文本合谋，在研究者、读者、作者、文本和自然构成的阅读与生态关系共同体中，挖掘文学的生态能量，使得文学产生负熵的效应。生态批评叙事策略试图走出学术象牙塔，以讲故事的方式，与文本合谋，编织一个相互联系的生态阅读网。用斯科特·斯洛维克的话说就是“生态批评具有某种卓越的越界性质。该领域的学者投身于多重跨越之中”，跨越读者、学者、作家的界限，与文本合谋，开启绿色阅读之旅，以介入式与带人式的叙事反复考察以地球为家园，与自然万物共享生命整体的环境人文议题。

二、跨越文本与学科界限的叙事策略

叙事策略是一种跨界的实践，跨越文本与学科的界限，建构生态阅读共同体。研究者讲故事可以重构关于自我实现与生态整体关系的意象。叙事首先要追问的是人类生存方式的问题——如何在生态整体关系中、在适当的位置上以利于生态的方式生存。从某种意义上说，这是一个挑战人类中心主义人文的问题，或者说是一个开创性地在环境关系中认识人的问题。它既需要从文化视角来回答，也需要从哲学视角、从历史视角、从地理学视角、从人类学视角、从美学视角等综合视角来回答。拓宽或者跨越学科边界进行整合叙事实际上是问题意识使然。

首先，与文本合谋的叙事要跨越文本的边界。在2001年出版的《超越自然写作：生态批评延伸的边界》的前言中，阿姆布拉斯特和瓦雷斯明确表示生态批评投身于更广泛的环境思想。更广泛的环境思想需要“生态批评家必须团结一心、众志成城地展现这个领域具有能让各个学科的不计其数的文本得以阐释的范围与能力……并相信生态批评能够提供一种批评视角，让各学科的研究理论都有环境文学研究的活力。”本书展现的广泛性表现在其研究范围不仅仅包含文本中的自然与荒野的主题，也包括实际生活中的景观——人为改造的自然景观，以及原生自然要素——探求文化与自然的相互作用。

劳伦斯·布伊尔的第二部环境批评著作《为濒危的世界写作》展示他在环境文学研究领域的文本突破：从非虚构的自然写作与环境写作走向虚构的文学经典作品。他在引言中说：“环境既指‘自然的’，也指可以感知到的世界里‘人为建构的’。”环境文学文本从有毒物质污染话语论述开始，但是有毒物质污染不是一个孤立的、突兀的事件。它让我们透过有毒物质污染的表象看到人与自然之间不可分割的联系。人类整体作为消费者，无论正义与否，都必须承认自己是这个文化范式中的一员。在《为濒危的世界写作》中，劳伦斯·布伊尔跨越非虚构文本文类，进入诗歌、小说的文本中；在艾米莉·狄更森、惠特曼、W. C. 威廉姆斯等诗人的作品里，探求了对具体地方的若即若离的想象与联系；在福克纳、德莱赛、布鲁克斯、温德尔·拜瑞的作品中，讨论了现代主义与宿命论对人与自然关系的深远影响。在他看来，更广泛的“环境”思想和与文本合谋的经典重读不妨尝试三条路线：“第一，解剖病灶，确定病灶的形式和大小；第二，审视西方思想传统中可能用来治愈病症的资源；第三，考虑另一条可选择的模式，不论其古老、奇异或者是乌托邦与否。”他提出的三条路线反映了环境主义者对环境人文的设想，反映了与文本合谋的跨界路径与目的。他用“病灶”一词来隐喻人与自然之间紧张关系的严重性与不可回避性。然而，如同他在第一人称叙事上迟疑不定一样，在用某种开放的态度去探求可以治疗病症的资源和方法方面，他的开放态度也明显存在着狭隘的一面。他认为"在历史的这一刻"，西方以外的资源"不太可能成为范式，而更有可能发挥辅助作用，成为西方思想向着这种折中主义发展的要素"。这种以西方思想为本，以西方以外的精神资源为用的西方中心论的本位思想，无论如何都与生态批评更包容的视野不相兼容。

其次，批评叙事的跨越性表现在学科方法论的跨越上。在20世纪90年代，第一代生态批评家迈克尔·布朗齐、罗塞尔·约翰逊、丹尼尔·派特森、斯科特·斯洛维克编写的《阅读地球：文学与环境研究的新方向》中就提出了连接的观念，指出"学科内、学科外的读者越来越需要密切连接：词语与世界的连接、艺术与自然的连接、图书与地球的连接"。其中的批评叙事跨越了生态学、生态伦理学、生态美学、语言学、政治学、心理学等学科，展示了环境文学研究与生态批评的开放特性，以及与各学科携手共建环境人文的趋势。人与自然环境的关系是一种不可忽视的现实，其涉及的问题是每一个学科都不得不面对的系统问题。如《接触：生态批评理论与实践的探索》一文中说："如自然万物一样，我们都处在其中。"这就需要进行更加广泛的跨学科拓展。《浪漫主义与城市：走向绿色的建筑》一文把文学研究与城市建筑有机联系起来，提出通过浪漫主义想象改变我们与城市空间的关系，使之成为更广阔的自然秩序的一部分，而不是孤立、割裂的岌岌可危的人造现象。"接触"既指人与自然的接触，也包含了人文与科学的学科整合接触。《寻求共同点：整合科学与人文》一文中提到：如果在21世纪，科学与人文依旧是分裂地作为"两种文化"各自而为，那么在目前的环境危机语境下，只会让人文与科学彼此疏离，从而越来越危险。所以，不能继续分裂地认为科学是事实的，文学是感觉的。文学与科学必须携起手来。文学不仅仅表达感情，它本身也是一种知识形式。知识应该成为评判文学的一个标准，知识的标准迫使文学与科学相互渗透，如此才有可能摆脱两种文化相互分离的局面。事实上，无论自觉不自觉，劳伦斯·布伊尔的写作本身就有学科跨越的特色。《环境想象：梭罗、自然写作与美国文化的构成》是以美国环境文学为中心的生态批评经典，在其中劳伦斯·布伊尔就用了历史的方法建构梭罗的经典性，以梭罗的自然环境观念为历史起点，梳理美国文化构成中田园理念的潜在生态人文力量。他认为美国"对环境的理解和我们的环境文化是梭罗以降的自然写作传统形成的。""对环境的理解，对自然在西方思想史中的地位的广泛研究，为文学学术研究从人类中心主义走向生态中心主义提供了想像空间与可能性。"

最后，生态批评叙事的拓宽表现为对美国或者欧洲文学与文化中心的突破与跨越，甚至突破与跨越现代文化文明中心的局限，与全球各本土文学与文化以及少数族裔文学与传统文化建立连接。与比较文学所提倡的超越所有中心主义的姿态相似，生态批评本着多样性共生的原则，从各民族的文学、文化思想中寻求可持续生存生态智慧资源。

生态批评家乌苏拉·海瑟在《地方感与全球感：全球环境想象》中提出生态批评叙事首先要超越美国文学的局限，不应局限于美国文学的研究。自然在其他文化背景中的文学再现同样是生态批评研究的重要课题。另外，乌苏拉·海瑟主张超越自然写作文本的局限。她指出，一些长篇小说同样反映了环境问题和文化与自然的互动关系。她还特别提到了科幻小说对环境问题的大胆介入、对未来的大胆想象，以及其对生态批评的启示和超越学科文本局限的意义。帕特里克·墨菲在《文学与环境的跨学科研究读本：生态批评，1993—2003》的前言中指出：这“并不是一时头脑发热，而是一种根本的态度，要面向世界，面向世界人民创造的文学。生态批评必须被当作一种可持续的、可更新的批评方法来认识和实践。”一种持续不断地自我更新的生态批评，或者说以持续不断地自我更新为主要特征的批评视阈，显然承继了后现代解构主义的思想特色。从某种意义上说，生态批评是在后现代解构主义解构了西方形而上学的逻各斯之后进行的本体回归的追寻，暗含着对人类中心主义政治的或文化的意识形态的颠覆性变革。生态关系是人类活动的基础，生态观念也就相应地包容全部的社会意识存在。斯科特·斯洛维克在现代语言协会的一次圆桌会议上指出：“生态批评大而广泛。它接受各族人民的文化实践，不应该有一种主宰的世界观统治生态批评的实践。生态批评没有中心，没有主宰一切的教条或铁板一块的理论机制。”以生态为中心，意味着回归直接的生命存在及其体验。

毋庸置疑，生态问题绝不是局部的问题，而是全球化过程中各民族都必须共同面对的问题。因此，各民族的生态文化都平等地享有参与生态中心主义生存模式建构的机会。生态批评的文本阅读是在一个超越种族、超越文化局限的平台上进行。各种文化在同一个平台上，不再是一方压倒另一方的碰撞关系或一方优越于另一方的竞争关系，而是因建构融入至大无外的整体而发生的互相渗透的关系。事实上，所有的种族在生态系统中都以同一个物种在不同生物区的存在为形式，在各自的生境内发挥着同一个功能，即保持各自生物区的平衡。因此，不同地区的同一个物种有必要在同一个平台上互相借鉴保持生态平衡的生物行为范式。

格兰·拉夫在生态批评里程碑著作《生态批评读本》中指出：“美国西部文学的生态视角并非独一无二，我们应该认识到我们与其他国家和地区，如新西兰、加拿大、欧洲、中南美洲、非洲、澳大利亚以及世界各地的自然倾向作家的亲缘关系。生态问题既是地方的问题，更是全球的问题。它超越政治界限，需要就共同的问题进行跨学科和跨地区的学术讨论。”由此可见，生态批评的批评视域意在超越任何民族主义视角的全球生态保护的新人文主义建构。因此，既不能武断地在批判西方工业文明的发展对环境的破坏时，将西方的思想传统完全归结为二元对立的结果进而彻底抛弃，也不应该像米克、劳伦斯·布伊尔等西方生态批评家那样，偏执地认为西方文明带来的后果只能从西方自身内部寻找解决办法。当然，也不能认为中国的道家文化或其他地区的本土文化中关于人与自然关系的传统智慧，可以作为灵丹妙药来医治西方文化在发展中形成的病症。生态批评是一个平台，一个可以共享资源的平台，但是其目标却是明确的，那就是共同建构全球生态文明，建构开放的、绿色的环境人文，建构可持续生存的以生态安全与和谐为中心的意识形态。这必然对文学学术提出挑战。那么，如何让文学学术发挥跨越边界、参与对话、连接词语与世界以及促进多样性的文学与文化之间的互动的作用？叙事策略不失为生态平台上实践跨越性连接的学术尝试。

乔妮·亚当森所著的《美国印第安文学、环境正义与生态批评：折中方案》用叙事策略进行跨越的连接与对话，堪称生态批评在文化、方法论以及环境文学学术研究上的范例。这是一本研究印第安文学的著作。书中分析了谢尔曼·阿莱克斯、路易斯·厄德里克、乔伊·哈赫、西蒙·奥迪兹、莱斯利·马蒙·希尔科等印第安裔作家的文学作品。在这本书里，作者实现了三种联系和跨越：一是作者与研究对象的联系和跨越；二是研究方法与文学批评写作的联系和跨越；三是文化的联系和跨越。第一种联系在“三位一体”的层面实现，所谓“三位一体”是指教学、阅读与写作在学者个人体验中实现连接。乔妮·亚当森对印第安文学的研究基于自己在亚利桑那州大学和塔赫努·欧德汉姆(Tohono O'odham)中学给印第安裔学生讲授的印第安文学课程。在课堂上，她遇见了上百名印第安裔学生。她与印第安裔学生的直接接触与讨论，让文本的研读产生了流动的效果。乔妮·亚当森与研读对象在流动中跨越边界，实现连接。这也使第二种联系和跨越——研究方法与文学批评写作的联系成为可能。乔妮·亚当森与学生们在讨论作品的过程中产生了分歧。例如在与学生们一起研读希尔科的作品时，她试图引导学生讨论主人公与自然之间的神秘的联系，进入整体的旅行以及“地球平衡”的审美，然而学生却指出当代对印第安文学理解的误区——以为古老的印第安智慧可以拯救地球，却忽视了印第安人的居住地正在遭受毁灭性放射污染，忽视了印第安人中的高自杀率、酗酒以及与酗酒相关的车祸造成的死亡。而这一切都是美国政府实行的保护区制度导致的种族边缘化和贫穷造成的。换句话说，学生们在对文本进行理解时更注重不平衡与不公正的根源。这也就是乔妮·亚当森从文学跨越到政治学，运用环境正义的方法论进行生态文学批评、用叙事策略的方法进行写作的原因。环境正义的视角突破了文学与政治的边界，使得印第安文化抑或有色人种文化与盎格鲁美国文化之间、历史与政治之间、艺术与生态之间形成了有机联系。这种有机联系让美国本土的印第安文学抑或少数族裔文学以其文化智慧和挑战出现在生态批评平台上。乔妮·亚当森响应了斯科特·斯洛维克的叙事策略提议，通过讲故事的方式将自身的人生经历贯穿于文学与世界之间，从而形成不可分割的整体关系。

叙事策略的基本观念是生活经历塑造并界定批评家其人。当批评家进入到写作中时，不可以把生活经历抛弃。在开始写第一章时，我试着保持大多数文学批评的那种标准的超然声音写作。但是我的学生和他们的家人、朋友们、老师们进出保护区的经历对我理解所分析的文本产生了如此至关重要的塑造作用，以至于我发现我会不停地要把他们写进去，最后决定把他们包含进去。从某种意义上说，在学术与经历之间有一个中间地带，叙事策略让我进入中间地带并叙述其中的连接。

乔妮·亚当森把叙事写作看作进入中间地带的手段，通过讲故事，或者叙述教学、研究与写作之间不可分割的经历，找到了“足够深刻理解文化与历史异同的中间地带，共同面对社会与环境问题的根源，共同为转型的变革努力”。

绿色阅读的叙事策略跨越了国别文学、文化资源以及学科分野的壁垒，同时在文本文类上也从以非小说的环境写作阅读研究向其他文类延展，如小说、诗歌、戏剧等。也就是说，它不仅要超越自然写作和非小说文本的局限，还要超越任何整齐划一的文类区分。斯科特·斯洛维克指出：“生态批评囊括的范围不仅包括对文学中直接处理人与非人类关系的研究，也包括对任何文学作品（各种文类）的阅读，甄别环境内涵……任何文学作品都可以从绿色视角加以阅读，而且任何非文学学科内发展出来的语言的、概念的、分析的框架都可以成为生态批评阅读的一部分。”对文本范围的划定往往要遭遇悖论的结局。帕特里克·墨菲曾经提出用环境文学来总称生态批评的文本视域，认为环境文学更具有包容性，因为它不仅包容专注于自然的写作，而且更体现一种“时代精神，设想更高层次的生态关系和关爱环境的自我意识”。墨菲提出：“环境文学的视域将覆盖任何时代表现特定文化、历史、宗教、哲学中的环境意识的作品，比如，古代政论、诗歌、戏剧以及其他评价人与非人类存在之间关系和环境变化的文学形式。它们的自然概念将不同于由科学方法主宰的自然写作中体现的自然概念。”帕特里克·墨菲用环境文学来总括生态批评的文本视域，表现了一种纵贯历史的开放态度，使得在时间上持续出现的广泛的生态文本可以共时性地进入生态批评中，成为文学与环境关系主题的文本资源。不过，绿色阅读不是用某种新的术语来重新理顺文本顺序，而是借文本创作潜含的自然联系追踪整体主义自然观念下的人与自然的共在关系。如是，“生态批评家应该讲故事，应该把叙事当作文学分析的定量与变量”。

三、化阅读为行动的叙事策略

从有机生命的视角看人与自然的关系，我们需要重新认识人在自然中的身份、位置以及生活方式。从生态批评研究来看，自然在文本中经历了从背景或缺席的在场以及人类事件发生的地点到逐渐被当作一个重要角色来阅读阐释的过程。把自然当作一个行为角色来解读，有助于认识自然中的人类。自然环境从无生命的、沉默的边缘陪衬转化为有生命的言说主体，给不自觉地走向危机的人类以返本皈真的洗礼。生态时代再一次呼唤回归自然，从整体生命存在的意义上回归人类与万物共享的生命共同体。在西方文学与文化历史上，出现了几次回归自然的呼声。18 世纪，以卢梭为代表的浪漫主义的回归自然的呼声是为了认知真理、认知造物本体，是一种超验的宗教意义上的反叛，张扬人类认知理性与知识，回应第一次启蒙运动。19 世纪，梭罗发出的“简单！简单！再简单！”呼声是再一次的回归自然的呼声，涌动着对超验主义的反驳，直面物质自然本身，创立了反叛物质主义工业化与城市化的传统，探求人类本真的生存方式。20世纪的生态运动从《增长的极限》开始——再一次发出回归自然的呼声。这一次是对发展的可持续性与环境污染、气候变化等生态危机现实的回应。面对危机现实，生态运动的回归自然，更多的是对行为与行动的呼唤，而不仅仅停留在思潮的表面。以《寂静的春天》为代表的环境文学作品提出了对人类依靠科技力量征服自然的质疑：在征服自然、控制自然理念的驱动下，人类是否在消灭害虫的同时也在消灭自己？人类能否以二元对立的态度认识自然、对待自然？人类是否认识自身与自然之间的关系？人类果真能够脱离第一自然，在再造的第二自然中生存吗？科学在自然面前是万能的吗？这些都是简单而基本的问题，但是对于这些简单而基本的问题，我们能回答到什么程度？这就需要我们重新认识人在自然界中的身份、地位以及应该有的生活方式。

自斯科特·斯洛维克在1994年现代语言学会圆桌会议上提出"生态批评家应该讲故事，应该把叙事作为文学分析的定量与变量策略"之后，生态批评家，如约翰·塔梅奇、约翰·艾尔德、迈克尔·布朗齐、伊恩·马歇尔等，自觉开始把叙事融入自己的生活、学术研究与写作之中，使得文学、生活、学术在叙事中成为一个相互联系的整体，使得对身份、位置以及生活方式的理解与阐释成为叙事的能量，让叙事释放出可持续生存的审美力量。于是，生态批评叙事策略也可以称为自传式的生态实践写作。

约翰·塔梅奇在1994年现代语言学会圆桌会议上说："我要把叙事策略界定为把个人的经历带入到那些人物与地方意象的作品阐释中的学术写作。"他在1997年出版的《遇见生命之树》中通过叙事写作策略展现了把阅读转化为行动的生态批评特性。其中有一段叙述了他自己在自然之中感受爱默生和约翰·缪尔的故事，表达了人与自然的整体生命关系不能仅仅停留在语言层面而应该表现在行动上的观点。爱默生的《自然》一书在美国文学史上影响深远。书中充满激情地论证了人与自然之间在共同体、景观、语言等层面所蕴含的超验审美色彩的理念、道德与价值。我们通过语言认识了爱默生笔下的自然。在爱默生看来，词语是自然事实的符号。自然事实是精神真理的符号。自然是一个密码，是上帝存在的象征。从爱默生的《自然》一书中，读者读到了迷人、神圣、生动且丰满的自然美。约翰·缪尔因为阅读了爱默生的《自然》而对爱默生崇拜有加。约翰·缪尔的作品讲述自己在自然之中亲身体验自然整体生命的故事，让塞拉山成为实实在在的存在。他把他从山中的经历中得到的喜乐之感通过文字传达给读者。他也认为，仅仅用语言不足以把自然对于一个人的灵魂与精神的再造意义传达出来。于是，他诚挚地向爱默生发出邀请，提出要给爱默生当导游，希望与爱默生一起全身心地沉浸在自然之中，体验、认知自然。然而，爱默生以公务繁忙为由拒绝了。这不能不说是爱默生的一种遗憾啊——停留在语言表面的头脑中想象的自然，不无虚妄的分离的夸夸其谈的自然美。约翰·塔梅奇决定将两者连接起来。作为与爱默生更接近的学者，他希望通过对亲身经历的描写将从文字中读到的自然与从荒野中体验到的自然连接起来。他追随约翰·缪尔的足迹走进山中去面对物质的大山，体验与大山共在的自我的存在，体悟与大山的整体生命关系，再返回来思考我们究竟应该以什么样的方式进行教学、生活、研究才能突破那一层与自然之间的虚饰的悖论。于是，在《遇见生命之树》中，塔梅奇不仅阅读梭罗、约翰·缪尔、艾比等人的作品，也用脚步和身体去读他们著作中描写的山、沙漠、湖泊、树木、石头。作品在对塔梅奇亲身体验的叙事中成为可循环的有生命的活水。塔梅奇也在作品、体验、教学、写作中“睁眼看到了精神层面的生命，看到了支撑我们冲破悲观绝望的爱网，也让我们有能力把苦难变成智慧”。

学者把文本当作地图，用脚步去为文本作注，并在文本与个人的旅程中重建文学地理与文学地理历史，这是生态批评家伊恩·马歇尔叙事策略的独特贡献。他的著作《故事线索：探索文学的阿帕拉齐亚路线》与《高峰体验——文学、自然与漫步沉思》自觉地应用了叙事策略。书中每一章都按照北上的方向行进。文本地图册包括梭罗的《卡塔丁》、威廉·巴特拉姆的《旅行》、安妮·迪拉德的《汀克溪朝圣》、查尔斯·布朗的《艾德嘉·杭特利或者梦游者回忆录》等。马歇尔通过从各自的地理与生态语境的视角重读文本，同时也记录下他在这些作家描述的地方的经历。马歇尔发现了以往的文学评论家在分析文本过程中忽视了的或者没有注意到的历史、文化、生态、地理等环境人文价值。可以说，在写作中运用叙事策略不是为了某种特定目的，而是一个知行合一的实践过程。把个人体验、经历融入学术写作之中也是把个体生命与文本世界和现实世界连接起来的过程，是对整体生命观念认知的实践过程，是对生态第一原则万事万物紧密相连的实践过程。马歇尔在叙事写作中自觉地以整体主义视角将对文学与历史、地理、个体实现的哲学思考连接成为一个整体系统。马歇尔认为自然作家如同我们大多数人一样思考自我实现，而且他们发现介入到自然世界是实现这一崇高状态的最好方式。在《高峰体验：文学、自然与漫步沉思》的最后一章，作者采用了日记体形式回顾惠特曼的《自我之歌》，观照并反思了非人类世界中的秃鹰以及个人在危机中的身份与生存方式。作者在记录自己探求自我实现的过程中，带入式地建构了一个读者、作者、作品、自然地理、文化历史在生命层面的共同体。

化阅读为行动，以文学为地图亲历探索身份、生活方式、自我实现也是约翰·埃尔德的生态批评叙事策略实践。在《阅读家乡的山》一书中，约翰·埃尔德声称他的目的就是要用一本书的长度来对罗伯特·弗罗斯特的诗歌《指示》进行生态批评解读。这本书既不是一般意义上的文学批评之作，也不是自然写作，而是以一种中间的个人叙事方式把文学阅读与特定地方的土地生态系统联系起来的叙事策略。文学作品——罗伯特·弗罗斯特的《指示》——既是生态批评分析的对象，也是用来探索约翰·埃尔德的家乡的地图。不仅如此，这首诗还在个人探索过程中起到了精神支柱的参考作用，因为作者在远足中经历了家庭的变故与个人情感的迷失。而罗伯特·弗罗斯特的诗歌给他提供了地理层面和精神层面的两种地图，使他获得了迷失后的重生。因此，罗伯特·弗罗斯特的《指示》变成了约翰·埃尔德生态批评中批评与生态传记叙事的主要原则。在约翰·埃尔德的生态批评叙事中，文学、生命、地方、文化、身份、历史、阅读、远足、写作、个人生活故事形成了一个复杂的网络，或者说具有了相互依赖的生态系统的意义。

内华达大学的文学与环境学教授迈克尔·布朗齐在其著作《野养》中把叙事策略应用得更深入。他把生活地点与环境文学中人与自然的关系融合为一体，努力还原自然整体中的生命存在感。迈克尔·布朗齐的家建在遥远的内华达西北大盆地沙漠中的小山上。极目远望，这里堪称荒野。他和他的家人，包括两个充满好奇心的女儿，生活在这个地方。可以说，迈克尔·布朗齐把环境文学的阐释演变成了他对荒野主题的生活的书写、对荒野理解的检验。在回归荒野的生态批评家的笔下，荒野并非如想象中那样友好。荒野中的狮子、松鼠会给家庭生活带来威胁。迈克尔·布朗齐曾说过："如果我们不把我们自己与土地相遇的故事包含进去，我们会被认为是不合格的歌颂土地的文学倡导者。"半回忆录式的写作把生态批评学家与荒野自然相遇的故事点点滴滴地展现出来，体验把阅读变为现实，阅读也起到了为自然荒野生活方式查缺补漏的作用。阅读与体验之间实现了双向往返的交通。

与文本合谋，生态批评的叙事策略播撒绿色阅读的生态环境意识，跨越学科与文本的边界，化阅读为行动，把个人故事融入环境文学批评写作中。人在自然之中的身份、位置以及自我实现，在相互关联的维度在叙事中展开。如劳伦斯·布伊尔所述"创造艺术的文字与生态系统共生，也就是说环境再现和抒情阐释通过叙事的方式联系起来，文本与对文本的批评阐释共同成为让读者更爱护环境的媒介"。文学既是再现艺术又是具有某种目的性的中介。叙事策略在联系人与自然、自然与文化、自然与社会的过程中潜含着变革的力量。

总而言之，与文本合谋是从环境写作的反思与忧思开始，重新审视人类位置、人类文化与自然，或人文主义与自然的关系。叙事策略把环境意识的先见和预期视域与对人类个体存在和世界整体或自然万物之间关系的想象与体验联结在一起，在读、写共谋中赋予沉默的自然以言说的力量。与文本合谋既是为了读出自然的存在，也是为了读出人在自然之中的存在；既为了读出自然的利益，也为了读出人类适应自然的利益的必然性，表达了人类对自然环境的责任意识；既为了读出自然与万物的多元存在的合理性，也为了读出人类与自然多样性共存的整体联系；既为了读出自然丰富多彩的变化特征，也为了读出人类与自然之间朴素的非功利的审美关系、永恒的生存信念以及互为整体的伦理理念，用文学再现中的绿色清洗现代文化功利主义与物质主义结盟造成的污染。

第五章　合一、适应、离散：中国文学环境想象的历时性扫描

天地与我并生，而万物与我为一。

——庄子（《齐物论》）

久在樊笼里，复得返自然。

——陶渊明（《归田园居·其一》）

人类，我们需要忏悔。

——徐刚（《沉沦的国土》）

自20世纪后半叶以降，研究文学与自然环境关系的生态批评呈现出越来越广阔的研究视域和更强的兼容性。肇始之初，其主要聚焦于对美国的非虚构自然与环境写作作品的研究，很快文本文类的壁垒就被打破了。追踪劳伦斯·布伊尔的研究就不难看出，从1995年出版的《环境想象：梭罗、自然写作与美国的文化构成》到2005年出版的《环境批评的未来》，其研究的文学文本在不断拓宽，覆盖面也在不断扩大。在《环境想象：梭罗、自然写作与美国的文化构成》一书中，劳伦斯·布伊尔聚焦环境写作或者自然写作，并确立了以梭罗为里程碑的环境文学经典。在《环境批评的未来》中，劳伦斯·布伊尔则开始关注其他文类和经典作品，如德莱赛和福克纳的作品等。劳伦斯·布伊尔在扩展文本文类的同时，研究目的也发生了相应变化。在《环境想象：梭罗、自然写作与美国的文化构成》中，他提出了确立环境文本的四个要素：

“(1) 非人环境在文本中不仅以场景框架出现，而且作为一种表明人类历史隐含在自然历史之中的在场。(2) 人类利益不被理解为唯一合法利益。(3) 人类对环境的责任与义务是文本伦理取向的一部分。(4) 某种环境作为过程而不是常量或者定量的意识至少隐含在文本中。”从以上四点可以看出，自然环境想象以及确定环境在文本中的地位是研究的焦点。在《环境批评的未来》中，人在环境中的位置的想象成为研究焦点。此外，生态批评在文本上表现出包容性的同时，也打开了跨文化与跨学科边界。成立于美国的文学与环境研究协会在世界各地，例如，日本、韩国、英国、澳大利亚、新西兰、德国等，成立了众多分支机构，成为世界众多地方生态批评研究的中心。斯科特·斯洛维克在《ISLE 读本：1993—2003 的生态批评》中指出：“生态批评的范围不仅包括明确处理人与非人关系的文学研究，也包括对任何文学著作的阅读(任何文类)、努力辨析其中的环境内涵。我们相信任何文学著作都能够从绿色的视角阅读，而其他非文学学科的著作、概念及其分析框架可以被纳入生态批评阅读之中。”生态批评的初衷就是把文学研究职业与环境危机现实问题联系起来。这种把面对现实问题作为职业伦理的学术从一开始就打开了象牙塔的大门，以包容的姿态迎接任何地方、任何文学的加入。生态批评不是以理论方法建构身份，而是建构共同参与解决人与自然环境危机的开放平台。生态批评的兼容性与开放性使得世界各地的文学研究有了从边缘走向中心的可能，都能够参与到反思人类与自然环境之间的关系与想象中，并从各自的文化立场出发，寻找可持续的出路与可能的选择。

在美国文学研究中，人类对自身在自然中的位置的反思可以追溯到梭罗在《瓦尔登湖》的第二章中的提问：“我们在哪儿生存？我们为什么而活？”梭罗在文中特别强调了“简单”与“现实”这两个关键词。康德在论述崇高美的时候也曾说：崇高必须是宏大的，但同时也必须是简单的。简单是关系和谐与平衡的基础，和谐与平衡在于对各自位置与身份的清醒认识。在以人为言说主体的人与自然关系中，对位置和身份的理解与认识是解决危机现实的关键。格罗特菲尔迪在界定生态批评术语时，也是从位置思考开始的。她说：“生态一词——胜于环境——因为与生态科学相类似，生态批评研究物与物之间的关系，指的是人类文化与物理世界的关系。言外之意就是说：环境是人类中心的、二元对立的，暗含着我们人类处在中心，环境是围绕着人类生活的一切。相反，生态暗含着相互依赖的群落、相互关联的整体，在构成部分之间存在着强大的联系。”当研究人类文化与物理世界之间的关系时，人类的位置和从哪个位置表达态度就决定了研究的方向。这不仅仅是用什么术语的问题，更是表明批评话语的标准问题。实际上，这与其说是生态——或者环境——不同的词汇选择，不如说是人类在哪儿、以什么身份来决定如何看待人类与自然之间的关系的判断标准的选择。约瑟夫·米克在他的《生存的喜剧：文学生态学研究》中这样论及人类位置感：“人类的价值不再基于只有人类是造物的中心……生态学质疑人类主动的复杂性而不是被动的简单性。”生态学是关于复杂的有机与无机之间的相互关系。生态学家向我们揭示了我们面对的生态危机以及我们人类给自然世界造成的破坏。但是，生态学的研究数据无法给出关于人类身份与位置的答案。文学作为审美表达以及对人类行为和人类与其他存在物之间关系的再现，历史地起到了镜像的作用。透过文学这面镜子寻找关于人类身份与位置的答案是文学研究对人文主义发展的贡献。那么，如果文学研究历时地考察，也就是在文学历史线索内考察文学作品展现的人与自然关系的演变过程，是否可以发现人类在自然之中的位置、身份变化的轨迹呢？历时地历史地聚焦人与自然关系的变化有助于超越人类中心主义思维定式，在地球生态系统中反观人在与自然的关系中的位置与身份的变化。

历史地探究文学再现中人类过去、现在、未来在物理环境中的身份、位置问题，如同在自然生态的绿色中检索与扫描，具有创造性的意义。在《绿色化美国》一书中，雷奇指出："绿色化的创造将是一种全新的、持久的、整体性的、美的发现——是更新了的人与自身、与他者、与社会、与自然、与土地的关系。"把人置于与自然万物的关系中去考察必然涉及三个维度的思考，即信仰、伦理与审美。这三个维度在时空上既各自延伸也相互交织。时空上的延伸性与交织凸现了文化的差异对于认识人的位置的完整图景的重要性。劳伦斯·布伊尔也指出人与自然之间的互动想象有文化差异。"放弃的美学"在不同的社会文化文本中会有不同的关于人与自然之间互动关系演变的发现。环境想象历史扫描有必要进行从全球到地方、从过去到现在的时空旅行，从而能够获得更完整的对人与自然关系以及人在自然界中的位置的认知与觉醒。本章就是在生态批评和环境想象旅行的语境下，进行一次中国文学再现人与自然关系的历时扫描。

在中国文学传统中，文学与自然的关系既是一个古老的话题，也是一个新话题。说它古老，是因为直到 20 世纪初，在中国文学中，人与自然关系的再现一直在"三才者，天地人"的人与自然关系的信仰体系框架里。古老的话题最早可以追踪到庄子优美散文的自然想象。如梭罗是美国自然环境文学经典不可逾越的里程碑一样，庄子对人与自然关系的想象与描述奠定了一直延续到 20 世纪初的人与自然关系主题的中国文学传统。说它是一个新话题，是因为环境危机现实成为作品的主题开始于 20 世纪 80 年代。报告文学是最早再现自然环境恶化现实以及揭露人类对自然环境破坏行为的文学形式。1991 年，中国环境与文化协会成立，主要由关注环境的作家组成，他们致力于推广环境意识，至少希望作家们可以推动环境文学与文化的发展。一批关注环境的作家，如报告文学作家徐刚、蒙古族作家郭雪波、生态小说家哲夫等，投身于中国环境保护的写作之中，深刻地揭露并再现了当代中国的环境现状。生态文学、环境文学如雨后春笋般蓬勃发展。此外，《鄱阳湖学刊》以及《绿叶》等杂志成为环境文学创作与学术研究的平台。在中国学术领域，尽管学术术语不同，如生态美学、生态文学、生态批评等，但越来越多的中国文学研究者加入中国环境文学与生态批评理论研究中，并取得了可观的成果。鲁枢元先生对陶渊明的田园诗歌美学进行了全面的研究，研究成果以中文和英文两种语言出版；曾凡仁先生对道家的自然观进行生态美学与生态存在论的审视；蒙培元先生对中国文化的天人合一思想作了系统的阐述；曾永成先生应用文艺学与美学的理论研究人与自然的关系，提出了人与自然之间"节律感应"的概念。纵览众多学者对中国文学文本进行的生态批评相关研究发现，研究对象主要集中在三个节点上：第一个节点表达天人合一的原生态主题，文本对象聚焦中国文学历史上最早的自然作家、哲学家庄子的写作；第二个节点表达回归自然、归隐田园的主题，文本对象聚焦中国田园诗歌缔造者陶渊明的作品；第三个节点是当代揭示环境危机主题的环境文学作品，代表性作家包括徐刚、郭雪波、哲夫等。把这三个节点连接起来，审视中国文学中人在自然之中位置的变化，对整体地理解中国文化中人与自然的关系会有建设性的启发意义。

研究文学与自然物理环境的关系可发现，中国文化体系与文学想象具有生态学意义上的优势。这种优势集中表现在三个方面：其一，中国文化传统中没有拟人的形而上学思维模式先见，而是在唯物主义层面展开。人与自然之间相互关联、相互制约的关系被老子概括为"人法地，地法天，天法道，道法自然"的原则。自然不是固化的形而上学的实体，而是自然而然的变化。其二，在中国文化传统中，人与自然之间的关系没有等级的预设。人居天地之间，"天大，地大，人亦大。域中有四大，而人居其一焉"。人天然地被理解为宇宙世界的一部分。其三，"生生不息之为易"的宇宙观奠定了中国人的整体生命信念。人是不断变化的自然整体生命中的一员的观念一直根植于中国文化的传统之中。中国传统文化话语体系里的人与万物之间以合一的方式理解和架构自然整体生命的存在。"天地与我并生，而万物与我为一。"人与自然万物在"气"的流动中形成整体。这三点优势使得生态批评在中国文化的旅行更具有建构意义。在本体论意义上，人与自然的关系会有不同的发现。

生态批评的出发点是从对文学与自然世界的关系的理解中寻找人类自我认知以及行为价值的判断，把脉文学中环境想象所揭示的生态与环境意识自觉。不同历史时期的文学环境想象，揭示不同的人对自身的认知与价值判断。追踪三个不同历史阶段的文学环境想象将会发现一个什么样的人与自然关系图景呢？接下来，我们将走进战国时期的庄子、南北朝时期的陶渊明以及20世纪末的徐刚的作品，进行一次生态批评历时环境想象扫描。

一、庄子的天人合一观

在中国话语体系中论述人与自然的关系时，"天人合一"是被公认的中国生态文化观。天人合一观的源头，自然是《庄子》33篇。这是最具有代表性的里程碑式的文本。在中国文学语境中研究人与自然关系的想象的过程中，庄子早已是众多生态批评家聚焦的对象。无论是论述文化生态（张浩），精神生态（鲁枢元），天人合一生态哲学（蒙培元、佘谋昌），生态存在论美学（曾凡仁），文学的环境伦理（王宁），还是中国文学中的绿色观念（王先霈），中国深绿色生态主义（高旭东）等都引述了庄子的论述。

那么，庄子具体是如何论述天人合一的呢？

庄子是战国时期的思想家、哲学家、文学家，《庄子》是以其名字命名的文集，共集有33篇文章，充满了对人在宇宙中位置的原生态思考。《庄子》与《易经》、《老子》并称三玄，在中国文学史上具有始祖般重要的地位。《庄子》的核心观点承继并发扬了老子提出的“人是自然的一部分”的观点。老子说：“域中有四大，而人居其一焉。人法地，地法天，天法道，道法自然。”《庄子》则用充满想象的文字创造进一步阐发了老子的自然观。《庄子》被人引用来说明天人合一的频率最高的一句话莫过于《齐物论》中的“天地与我并生，而万物与我为一”。那么，我们就从这句话开始，逐步走进庄子的天人合一观。在这句话中有三个关键词，即“我”“万物”“一”。“我”在这句话中表明人物“谁”，自然泛指“人”或者表明庄子所思考的人的存在。背景是天地，“天地”是一个范围，表明“在哪儿”。在思考人的位置时，语境的大小很重要，它决定人的位置何在。天地是个极为广阔、无边无际的概念，实际上它不只是个空间概念，而且也具有时间的内涵。它是宇宙、世界等具象词的原型。实际上，庄子以“奚旁日月，挟宇宙”的字句最先使用了宇宙一词，给空间注入了时间的思考。宇宙是具象化的时空概念，而庄子思考的人在天地间的位置必须在超具象化的时空范围内。所以“超越一切的大，或者辩证的大”是庄子论述人与自然之间的关系的第一个条件。只有当自然是一个无限大的环境语境，人才有可能与天地合一。“万物”则是一个多的概念，指的是数不清的自然界的存在物。那么，人与万物合一是一种什么状态呢？

让我们回到《齐物论》开篇时南郭子綦与其弟子颜成子游关于“人籁、地籁、天籁”的一段对话：

子綦曰：“夫大块噫气，其名为风。是唯无作，作则万窍怒呺。而独不闻之翏翏乎？山林之畏佳，大木百围之窍穴，似鼻，似口，似耳，似枅，似圈，似臼，似洼者，似污者。激者、謞者、叱者、吸者、叫者、譹者、宎者，咬者，前者唱于而随者唱喁。泠风则小和，飘风则大和，厉风济则众窍为虚。而独不见之调调，之刁刁乎？”

子游曰：“地籁则众窍是已，人籁则比竹是已，敢问天籁。”子綦曰：“夫天籁者，吹万不同，而使其自已也。咸其自取，怒者其谁邪？”

这段对话非常形象地表达了万物合一观。对话中，风是一个重要的意象，这个意象把自然界中生命的动感表达出来了。风带来的自然界动感是万千变化、各具形态的动感。风连接起一个自然整体性的意象。大地存在物单独发出的声音不成其为风，人类吹竹弄箫的声音也表达不了自然界整体生命的动感。人或者自然界中的万事万物都要服从整体生命动感的节律，这样各动其动才能形成一种自然生命动感。庄子笔下的天籁表达的不仅是声音，而且是一种存在。天籁指的是各种事物自在自为地形成的整体样态、整体的各不相同却共在的节律。不可否认，与自然合一的冥想建立在玄学的万事万物和谐的信念之上。万事万物合一的和谐的前提是万事万物自在，也就是处在自己应该在的位置。“天人合一”或者“万物与我为一”是个体保持各自差异性的合一，也就是万物之间的关系都建立在万物作为独立个体的相互关联之上。“合一”意味着由每一种存在保持其特定的存在而形成的整体存在。“合一”的最高级状态就是任何事物都不操控其他事物，它们彼此之间互不干预，一旦有了操控，“合一”便不复存在。一旦有操控的权力出现，“合一”的完整性就会被动摇甚至破碎，和谐的声音就会慢慢消失，取而代之的则是噪声或者杂音。所以，天籁是庄子思考人在原生态系统中保持自己的独立性与万事万物共在的意象。它对应现代生态学的多样性共生概念，人类存在于多样性共生的自然世界中。庄子的天籁形象地表达了现代生态学的多样性共生观念，只不过庄子更注重表达人的独立、自在与自由的精神，未免具有超物质的特性。毕竟人还是作为物质能量转换与消耗的一种存在。那么，其自在与自由是一种什么状态呢？可以说，现代生态学中的食物链概念补充了庄子的原生态系统的超物质性。但是食物链概念对于人的位置的表述是不确定的，甚至预设了人类高于万物的前提，对于人类出位具有诱惑性——诱惑人类的操控与占有欲望。庄子的合一观的超物质性很难被现代人接受，困境在于现代人空虚的精神世界忍受不了最低限度的物质生活。反讽的是，享受方便、舒适、快捷生活的现代人未必能够享受到庄子的合一观所描述的自在、自为的独立人生。这也就是为什么在物质极为丰富的年代，又一次发出回归简单生存的口号。当代美国环境作家安妮·迪拉德在观察鼬鼠时产生了与庄子类似的有关人类位置的思考。“但是我也须从中学到某种无忧无虑，某种纯粹的物质意义上的生活和不带任何偏见或者动机的有尊严的生活……我很想以我应该的样子生活，正如鼬鼠以它应该的样子生活一样。”从安妮·迪拉德的笔下，读者感受到强烈的认知自我的愿望：一种强烈的回归与自然最初发生的关系的愿望，一种要找到人在哪儿、什么时候丢失了自己本来位置的答案的愿望。从某种意义上说，现代的安妮·迪拉德在寻觅远古的庄子的精神原生态系统，那种自在、自由地与自然万物合一的存在状态，一种精神上纯粹又充实的状态。

在“我”与自然万物“合一”的位置之思中，庄子展现了四种理想的人格，以表达“静”的快感以及超脱了占有与控制的“和谐”之美感。这四种人格分别是神人、至人、真人与圣人。神人“之人也，之德也，将磅礴万物以为一”，具有完全与天地万物合一的德行，是彻底超脱功利的理想人格。神人在物质上甚至可以“肌肤若冰雪，绰约如处子，不食五谷，吸风饮露。乘云气，御飞龙，而游呼四海之外”。这是庄子想象中的最理想的人生天地间的人格，为道教的修炼提供了范本。神人的自我自由出入于天人合一的生命，“我”的自然存在被赋予了无所不能的自在空间，是“与天地并生”的所在，如风、云、露一样来去无拘无束，自由自在。神人以及在最后一章《天下》中出现的天人，拟人化地表达了老子《道德经》中道与德的存在样态：超脱功利的、与自然精神同在的、不受任何羁绊的想象的天人合一的理想人格。

“至人”比神人或者天人与现实接近了许多，但依旧是难以企及的想象中的理想人格。庄子对“至人”的阐述出现在很多章节中，如《逍遥游》一章中的“至人无己”，《养生主》中的“至人先存诸己而后存诸人”，《天运》中的“古之至人，假道与仁，托宿于义，以游逍遥之虚”。对至人阐述得最明白彻底的是《田子方》一章中孔子与老聃的对话——孔子问："请问游是。"老聃说："夫得是至美至乐也。得至美而游乎至乐，谓之至人。"可见至人是快乐与美的化身。在庄子看来，为人最大的快乐是顺应自然、无为之乐。这里必须强调"无为"不是什么也不做，老子所说的无为不是道德意义上懒惰的无为，而是一种知天高识地厚、明白日月光明之无限广大的智慧。无为是能够与天地日月共逍遥的智慧。那么，如何才能做到逍遥呢？《庄子·天运》篇中给出了简明的解释："逍遥者，无为也；苟简，易养也；不贷，无出也。古者谓是采真之游。"可见，至人是通晓逍遥的智慧人，其智慧的根本在于简单生活，不陷入物质的礼尚往来的羁绊之中。至人的快乐与多样性共生的生存之道紧密相关。因为老聃在解释至乐与至美时还说："草食之兽，不疾易薮；水生之虫，不疾易水。行小变而不失其大常也，喜怒哀乐不入于胸次。夫天下也者，万物之所一也。"至人明了世间万物各自有各自的独特生存状态，各有所长，尊重世间万物的生命状态本身就是快乐与美的源泉。有了在尊重万物的基础上与万物同在的智慧，至人就摆脱了非自然的情绪与物质欲望的牵绊，就能活出自然的状态，即简单自由的快乐与美。用英国生态批评家贝特的话说就是："最重要的是向自然学习，进入自然的精神之中，终止把自以为高于万物的个人意愿强加在生活之上。"至人是在包括人类在内的自然万物中能够保持独立自主人格的人。劳伦斯·布伊尔的"放弃的美学"从某种意义上表达了把人的物质占有欲缩小到最小之后才能实现的美。至人给我们的启示是：自由与美的实现取决于人不把自然当作物质生存的媒介，而是当作生命共在的整体。

如果说至人表达了快乐逍遥的理想人格，那么真人则是纯粹而简单的自然人格。在庄子笔下，自然的真人人格"能体纯素，谓之真人"。真人如自然一样纯粹和简单。与至人相比，真人更强调存在的状态，一种自我的、不受外物所累的状态。庄子笔下的真人是达到自我实现状态的人。深层生态学强调人在自然世界的理想是实现自我，表现在能够承认万事万物的内在价值，并在此基础上融入万物的生命空间，超脱自我中心，与自然万物产生共在的联系。庄子的真人表现在行为举止完全自然而然地顺应自然。庄子论"真人"主要在《大宗师》一章。达到真人的状态就是"知天之所为，知人之所为"。因此，真人的信条是"天与人不相胜"，即人与自然之间不对立不竞争。生命在与自然合一的状态中得以自知与自在。真人的伦理智慧在于认知：为了认知世界而认知自己，为了认识自己而认知世界，人与世界之间是一种认知关系，而不是利用与掠夺的关系。真人把简单看作自然万物共在的存在本质。所以净化与简化人的意识在庄子看来是与世界合一并能够自如地存在的前提条件。庄子所谓的真人从某种意义上而言，达到了孔子论述的人到七十岁的状态："从心所欲不逾矩。"在《庄子·天下》篇中，暗指老子是真人的代表。"常宽容于物，不削于人"，老聃被称为古之博大真人哉！真人可以说是普通人修炼的目标。

在《庄子》33 篇中论述最多最具体的一种人格是圣人。圣人也是儒家文化中的一种理想人格。在人与自然的关系中，圣人与神人、至人、真人相比，想象的成分更少，现实的成分更多。圣人可以说是从玄的意义上的理想人格走向现实意义的人格，也是从个体意义的人格走向集体意义的人格。如果神人、至人、真人是个体追求自由自在的想象人格，那么圣人则是理想的众望所归的管理者的模范人格。《庄子·天下》篇中对圣人做了这样的界定："以天为宗，以德为本，以道为门，兆于变化，谓之圣人。"如果神人、至人、真人完全是天人合一、自然而然的纯朴天然的个体人格追求，那么圣人则是为社会预设的治理型的道德范式人格。这种道德人格具有这样几种递进式的特点：其一是顺应自然，能够预知变化并作出相应的调适。其二是圣人应道而生，"天下有道，圣人成焉，天下无道，圣人生焉"。圣人是自然之道的不二选择。这既表达了古代人对人与自然和谐共存的太平盛事的期盼，也表达了在危急时刻人们对顺应自然的管理者的期盼。其三是圣人必须心静。"圣人之静也，非曰静也善，故静也；万物无足以铙心者，故静也。"圣人不受物之累，不为名利所扰，以虚静恬淡、寂寞无为实现与天地同在的道德，实现顺应自然之治。其四，圣人的最高境界是无为。人受七情六欲驱使，为所欲为是其无法抵制的诱惑。在人与自然的关系中，为所欲为往往意味着永远无法满足的占有欲，最后将演变成征服欲。庄子说，圣人把摆脱占有欲的无为作为最高级的德行。也就是说，能够把物质利益与名利观念置之度外是圣人的基本素质。圣人能够以恬淡的心态与自然合一，无为而无所不为。圣人的人格魅力在于保持内心的平静、安详及与自然合一。圣人之"静"是守其位的智慧，隐含个体的幸福在于与整体的万事万物互不干扰地平等相处。一旦个体强力所为，就会出离它在整体中的位置，陷入名、利、功、禄、占有、优越、特权等剪不断理还乱的纠缠之中，也就会失去内心的平静，陷入欲壑难填的物质占有漩涡中，其行为也就会对自然整体结构造成扰动与破坏。实际上，圣人的兆于变化、顺应天道、恬淡虚静以及清静无为的人格特性，是庄子所表达的现实社会中人能够与自然共在的从上而下的道德范式。

庄子笔下的四种理想人格看起来与现代悲剧传统的英雄形象截然不同。现代悲剧传统的英雄形象以成功、伟大的成就、创造性、为了某种信仰而牺牲、为了国家和信条而英勇地战斗为标签。生态批评家米克认为，英雄的观念构成了推动历史与社会向前发展的强大力量，从而也把人类世界人类社会中心化了。在如此标签的英雄观念的激励下，胜者为王、败者为寇、弱肉强食成为社会进步的信条，角逐、竞争成为合理化的动力，世界的主宰与统治者把征服与占有作为成功的标志。自然万物成为人类登上成功殿堂的阶梯与材料。在技术力量的协助下，人与自然的关系逐渐萎缩成人与人之间的关系的媒介，自然塑造人格的重要角色与作用在人类社会视野中消失，生态系统的多样性共生原则被人类追名逐利的成功价值观所取代。米克在《生存的喜剧》中写道：

悲剧文学恰恰就是人文主义的信息来源，为人类生态破坏背书，因为悲剧通常包含文明的价值……悲剧文学是一面镜子，完美地观照出坚强的决心与高度选择性……悲剧作家就像工程师，他不断地选择、确证那些把世界看作人类独一无二的财产的价值观。

也许认为悲剧英雄观念导致了生态危机未免有些武断，但是悲剧观念把生命置于形而上价值体系之外，无视自然整体生命存在价值，把有生命的人与自然同时工具化并等级化。形而上价值体系把战胜与征服建立在人类高于自然的等级本体假设之上，使得人类有了任意使役自然的权力，也使人类破坏自然、毁灭生态系统的完整与平衡合理化，无视自然万物与人类之间的整体生命联系。无视动物、植物和土地的整体生命存在的后果也给人类的可持续生存带来了危机。面对危机，人类不得不深思本体意义上的假设是否合理。换句话，要扭转人类行为给自然整体生命系统造成的灾难性危机，就有必要从本体上重新审视人与自然之间的审美与伦理关系。从这个意义上看，庄子的伦理审美观念不失为另一种本体信念的参照，因为庄子把本体建立在合一的生命基础上，把保持自然整体生命的活力以及生命多样性共生之美作为重要的审美与伦理原则。庄子在《庄子·逍遥游》篇中论述道：

且吾尝试问乎女：民湿寝则腰疾偏死。鳝然乎哉？木处则惴恂惧，猿猴然乎哉？三者孰知正处？民食刍豢，麋鹿食荐，蝍蛆甘带，鸱鸦耆鼠，四者孰知正味？

庄子的本体论观点认为，与其在虚妄的形而上知识里面定本体，不如把个体自由与整体合一；与其形而上地定个高下优劣好坏真假的等级差异，不如尊重生命的差异性，在差异性中欣赏“各美其美”。世间万物，生命最大。生命多姿多彩，用一种价值观衡量所有生命的意义最终等于作茧自缚。庄子的生命合一观与现代生物学有一定的兼容性。生态学发现多样性是生态系统的基本特征。多样性概念暗含着物种之间需要相互尊重的伦理信息。庄子辩证地指出了人在脱离自然整体后认知必定存在局限，所以在他论述的四种人格中，都强调与自然整体不可分离的重要性。脱离对整体生命的认知，要么人类陷入把自己看作世界的唯一和中心的虚妄，自负地认为人类认识的世界就是世界的全部；要么历史也不断地显示出人类对世界其他物种存在的无视和无知。在无视整体生命存在的过程中，人类的位置也从确定性向不确定性滑动。

从庄子到陶渊明经历了六个世纪。中国历史经历了秦统一中国和汉帝国大一统中华大地的六个多世纪的发展历程。汉朝开启“罢黜百家，独尊儒术”文化传统，老庄的本体审美伦理观被背景化，成为文人们“独善其身”的选择。归隐田园成为深埋在意识深层、追寻天人合一的生命诉求。陶渊明开启的中国田园诗歌是最有代表性的返归自然与自然合一的文学形式。接下来，我们一起走进陶渊明的诗歌，看一看从老庄到陶渊明，对天人合一的位置之思经历了怎样的变化。

二、人生是过旅

从某种意义上说，环境文学是现代生态危机与环境危机语境中又一轮回归自然的文学运动。中国文学历史上回归自然文学运动可以追溯到魏晋南北朝时期的田园诗歌。回归自然本身暗含着一种对人与自然关系的追寻，更进一步说就是对天人合一本体之思的回归与追寻。如果说庄子的天人合一观是通过自然整体生命观中的理想人格来体现的，那么陶渊明的归隐田园则是用诗歌的形式表达人在自然之中的适应性审美。应该承认，“适应”是达尔文进化论的关键词，其生物学定义为：“任何遗传的结构、行为或者内在过程能够让有机体回应环境因素而生存下来并繁殖后代就被称为适应。”生物学的定义解释了身体与环境要素达到融合的过程。后来，达尔文的“繁殖与生存下来的能力”被社会达尔文主义者过分强调为“适者生存”，而成为社会残酷竞争的科学依据。在现代化进程中，社会行为的“适应”被逐渐异化为“竞争”，而非与环境的融合。弱肉强食成为社会发展进化的法则。其直接后果就是社会与环境的不公正和贫富差距日益加大的社会现实。中国田园诗歌的“适应审美”则表达了精神和情感与环境的融合过程。适应本身暗含着由外向内的返归自然的移动，表明个体与整体之间的相互观照与兼容：一方以另一方为参照，寻找合适的位置与生存条件。在适应中，其中一方被看作元存在——整体存在，另一方则从属于整体存在或者本来就是整体存在的一部分并以整体存在为准调整自己的存在位置与方式。田园诗歌的适应是一种逆物质的“竞争意识”而动的回归自然。

中国古代田园诗歌中的适应审美究竟是如何体现的呢？自战国时期之后，在中国文学作品中存在着进与退两种理想境界。孟子说：“穷则独善其身，达则兼济天下。”它表达了知识分子在两种不同关系中的位置追寻：其一是向外，在以儒家为主导思想的社会关系中追求身份与位置；其二则是向内，在广阔的自然世界的人与自然的关系中寻求心灵的归属。后者是隐藏在意识深层的“天人合一”本体信念。然而，两者并非泾渭分明，在中国古代文学作品中，常常会发现它们同时在场，如同一枚硬币的两面。一方面，文人渴望参与到维护严格的政治与家庭秩序的权力结构中，历史地实现社会生命的价值与作用。另一方面，个体对自我完善与心灵自由的追求自然地构成了一种反抗力，对抗社会结构中自然天性的退化。这正是陶渊明的田园诗歌带给我们的启发。陶渊明开启了中国的田园诗歌传统。像大多数古代知识分子一样，他也曾立志为朝廷尽职，在社会政治秩序中寻求显赫的位置，但是朝廷的腐败与专制令他失望。于是他带着对自由的渴望，辞职回乡务农，并写下了300余首诗歌，奠定了后世田园诗歌传统的基础并影响至今。

阅读陶渊明的诗歌不难发现，他在信仰、审美快乐与伦理建构上都与庄子有所不同。尽管诸多研究者(鲁枢元、冯志英、郑广志、姚蓉)认为他是庄子自然观的直接传承者，但是在他的诗歌中，自然已经不再被再现为自然而然的玄学意义的“一”，相反，在他的诗歌中，自然被具象化为一个地方，一个能够给人们带来快乐的充满了生机的地方。当自然被缩小成一个具体的地方时，它表明世界观的变化。人们看待世界时从整体生命观转向人类生存环境观。当自然与地方具象化地连接在一起时，产生了两个层面的意义：一个是空间的物质关系。这已经历史地累积成经济动力，推动社会发展到现代工业化以及后工业化时代。另一个是时间的精神关系，是温馨的家乡记忆，是一种归属感，即精神家园。陶渊明的诗歌给我们讨论具象化的人与自然之间的时间、空间关系，或者说给我们从时间上的精神家园的再现中找回空间上物质关系的适应的意象与含义提供了场域。

在陶渊明的诗歌中，自然世界的时间被表现为一种永恒的意象，也就是说，自然是常在的意象，相比之下，人的生命则是转瞬即逝的意象。如五言诗《形增影》所述：

天地长不没，
山川无改时。
草木得常理，
霜露荣悴之。
谓人最灵智，
独复不如兹。
适见在世中，
奄去靡归期。

在这首诗歌中，自然具有时间的永恒性，时间的永恒性通过空间的不断变化得以表现出来。诗人在诗歌中表达了人在天地间的谜团——那就是如何加入自然的永恒时间长流之中。在诗歌的意象中，草木随着一年四季的变换而荣枯，与山川大地同在。人是最灵智的动物，在时间面前，却还不如草木灵通。在陶渊明的笔下，人已经脱离了自然，并且失去了归属与位置。“人生如根蒂/飘如陌上尘/分散随风转/此已非常身。”在陶渊明的诗歌里，人的存在已经不再是原生的存在。在具象化的自然之中，人是一个飘零的意象，如同一片落叶。人相对自然而言，在时空意义上是个相对短暂的存在。那么，如何实现人在天地间的最大生命价值？是与自然相伴，珍视自然生命的美好瞬间，珍视与自然万物同在的瞬间，还是以有限的生命打破永恒的自然时空？陶渊明的答案很明显，自然常在，人不过是自然的过客。

作为过客，陶渊明认为人生最重要的事情莫过于在精神上与自然合二为一。在陶渊明的笔下和生活中，酒是最频繁出现并耐人寻味的意象，而在中国神话传统中没有酒神。传说“何以解忧，唯有杜康”中的杜康是酿酒的第一人。在杜康酿酒的传说中，酒的发明过程很偶然：杜康把吃剩下的饭放在桑园的树洞里，剩饭在树洞里自然发酵，散发出浓郁的芳香，杜康由此获得灵感，发明了酿酒技术。

酒是意外所获，是自然而然出现在中国人的生活之中的，且与人尤其是诗人结下了灵感之缘。在陶渊明笔下，酒被赋予了丰富的时空衔接的内涵，他展现了酒在认知本体存在中的作用。在陶渊明的 125 首传世诗作中，以饮酒为题的至少有 20 首，不以饮酒为题的诗歌大多数也会提到酒。

衰荣无定在，彼此更共之。
邵生瓜田中，宁似东陵时！
寒暑有代谢，人道每如兹。
达人解其会，逝将不复疑。
忽与一樽酒，日夕欢相持。

庄子对人在自然界中的位置的认识超越生死，在“与天地为一，万物并生”中，时间与空间合一，表达永恒的概念。陶渊明对人在自然界中的位置的认识局限在肉体生命的时间范围内，存在的空间与时间之间有缝隙，酒的意象起到了作为诗人试图突破生的短暂局限，进入自然的永恒时间的端口的作用。诗人在酒中寄托了忘掉生命之短暂的局限，摆脱了物质占有的局限，实现了短暂的与万物合一的理想。在陶渊明的田园诗歌中，“人生是过客”，时间上“无定在”。在“无定在”的短暂的人生时间内，如何超脱物质的羁绊，审美地与自然衰荣、四季更迭同在，是个令人疑惑不解的适应难题。

在时间方面有了人生如匆匆过旅的认识，空间的具象化——空间与具体的地点直接链接——就承载了回归自然永恒的意义。陶渊明最被人乐道的田园诗句就是：

结庐在人境，而无车马喧。
问君何能尔？心远地自偏。
采菊东篱下，悠然见南山。
山气日夕佳，飞鸟相与还。
此中有真意，欲辨已忘言。

这是陶渊明在归乡后写的诗歌。辞官归隐后，他归乡开始了归园田居的生活。他归隐的地方最标志性的自然特征就是有开满野菊花的南山。他把家建在南山脚下，用诗歌表达他的生命如何与南山周围的一切形成一个生命整体。诗中的“无”“远”“悠然”“还”“忘言”是诗人传达出来的方法论词汇，也就是回答如何返归自然并与自然合为一体。“无”表达了一种物质的态度。陶渊明返归自然，物质上可谓穷困潦倒，可是诗人在穷苦的物质生活面前却留下了不朽的审美诗篇，诗人笔下的“无”字表达了一种辩证的态度。事实上，中国传统文化自老庄起就以辩证的态度论述物理自然，赋予人生以辩证的力量。无也是有，有也是无，关键在于看哪一面。诗人在“无”中看到并实现了永恒。这个永恒是一个高“远”的心志。有了高远的心志才会有悠然自得的豁达人生态度。豁达的人生既恬淡虚无，又广阔无垠，岂是有限的语言文字所能表达完全的呢？所以“采菊东篱下，悠然见南山”不是鼠目寸光的物质消费者所能达到的境界。它追求的是融入永恒自然的境界。如果要融入永恒的自然，首先要有适应简单朴素物质自然生活条件的人生观。在陶渊明笔下，适应的本质就是“日夕欢相持”。这是简单生活的真谛，也是归隐田园生活方式的基本审美情感。与庄子玄学上的“天人合一”不同的是，陶渊明返归自然、融入永恒自然，实现一种生活方式的审美，也意味着从玄到真实的转变。这与出现在18、19世纪的欧洲浪漫主义回归自然更接近，可以说，是早于华兹华斯与梭罗15个世纪的反叛社会秩序价值观的生活方式的试验。同时，与华兹华斯、梭罗回归自然一样，陶渊明的诗歌也借助了浪漫主义的想象来感知人类生活与自然环境之间的关联。诗人的思考聚焦自然存在与自我之间的关系，并把人的行为与自然环境的动态特征联系起来。诗句中的“真意”暗含着人类适应地与自然万物合一的道理。这与浪漫主义诗人华兹华斯的诗有相通之处。克鲁埃伯曾经这样评价华兹华斯的诗歌：“在华兹华斯的诗歌里，我们无法回避他在自然氛围中体验到的情感迫使他抵抗他的教育、他的文化素养。正如他的诗歌使我们不得不怀疑我们习得的意识让我们与物理自然分离的文化前提。”同样，在陶渊明的诗歌里，以辩证的“无”字表达了诗人对社会荣华富贵的评判，以“远”提出了人类适应自然并与自然合一的境界，以“悠然”二字表达了如何能与自然合一的审美生活方式，以“忘言”二字表达我们对与物理自然分离的抵抗与回归。

从时间与空间的适应纬度，陶渊明表达了从现实的归乡生活中所体验到的审美快感。在他的田园诗歌中，人类适应自然的生存是天性，但是自然天性很容易在不断攀升的物质欲望中迷失。迷失了与自然合一的天性也就失去了存在的自由，陷入纷繁复杂的羁绊之中。远离或者失去有益于生命的自然环境，就如离开了森林的鸟儿、脱离深水的鱼儿。回归自然是一种深深印刻在天性中或者基因里的深层记忆。

少无适俗韵，性本爱丘山。
误落尘网中，一去十三年。
羁鸟恋旧林，池鱼思故渊。

陶渊明的田园诗歌描绘了一幅归乡后的简单生活的图画：在南山脚下开辟十余亩田地，盖一座有八九间房的草房；门前屋后要有树——柳树、榆树、桃树、李树、桑树；日常生活中有狗的犬吠和鸡的鸣叫相伴；邻居间每天以袅袅炊烟遥相呼应。这幅图与梭罗在瓦尔登湖的简单生活环境相比，多了一份烟火气，也多了与其他生命共在的生活气。除此之外，陶渊明的简单生活追求的是洁净与闲适，是彻底的自我、自在、自由与自然的生活，是个体适应自然的状态，表达出了个体对适应自然的自由状态的满足感。而梭罗的简单生活却有很强的传教意味，以及给世人做样板的意识。正如他所说，他要像公鸡一样唤醒他的邻居们过一种他认为正确的生活。而陶渊明的诗歌让我们看到适应自然或者自由闲适是一种自我选择。

陶渊明诗歌中的审美快乐充满了自洽的满足感。物质的贫穷没有被打上罪恶与羞耻的标签，反而为自由提供了便利。这与梭罗所说的“富有不在于你拥有什么，而在于你放弃了什么！”形成了相与的交流。事实上，以陶渊明的才华，谋一份殷实的物质生活、一官半职的显赫完全不成问题，但那并非他所愿——“富贵非吾愿，帝乡不可期。怀良辰以孤往，或植杖而耘耔。”诗人的审美理想使他把能够适应自然并融入永恒自然自由自在地生活看得比车水马龙、达官显贵更重要。这与野心勃勃、欲壑难填的世俗追求尤其是工业化与后工业化时代的消费社会的观念截然不同。更让人深思的是，陶渊明诗歌历经千年仍然散发着审美的精神力量，其引以为满足的生活方式仍然具有诱人的力量。

在今天，我们会被迫意识到简单生活的满足感关乎可持续生存。对自然资源的过度消费与消耗迫使我们重新回到尊重自然的轨道上来。我们知道，陶渊明的生活很拮据，有的时候他甚至入不敷出。然而，他的诗歌却让我们感受到物质的缺乏相对于因适应自然而获得的自由而言不算什么。有自由才有自我，有自我才有自尊。陶渊明的诗歌表明人的尊严与自由的关系高于与物质的关系，而自由与自然合一相关，物质欲望却是自由与自然的束缚。自由是人天性中固有的愿望，是一种与自然合一的愿望。这种愿望深深地刻在人的记忆中，这种记忆在人受到物质社会等级压迫时，就会发生强烈的反弹，产生对抗物质社会的力量。应该说，陶渊明忠实于与自然合一的适应自然的自由记忆，并以此为信念，支撑起他对简单生活的满足感。这种满足感也就让他有足够的勇气与信心，有足够强的自由意志拒绝朝廷的召唤，拒绝重新在等级社会中谋求不自由的高官厚禄。

陶渊明的诗歌所表达的对简单物质生活的满足感不正是劳伦斯·布伊尔"放弃美学"所呼唤的吗？布伊尔认为，在环境之中认识自我，主要目的不是突出自我，也不是否定自我，而是有效地实现自我与自然万物之间的和谐。"对于读者与作家而言，是否只聚焦自我，从自我的视角看世界？设想如果我们从狼、麻雀、河流、石头的视角看世界时，世界是否会变得更加有趣。""暧暧远人村，依依墟里烟。狗吠深巷中，鸡鸣桑树颠。"陶渊明的简单生活图景虽然不是从狗或者鸡的视角来看世界，但是狗和鸡在他的生活中是一种平等的不可或缺的共在。适应自然世界是一个把自我与周围的万事万物联结成一幅完整图景的过程，而不是与环境之间的主客对立的竞争过程。

劳伦斯·布伊尔的"放弃美学"建立在对梭罗经典化及其传统的分析基础上。在19世纪前半叶，伴随着快速工业化、城市化，人类也开始大举向自然进发，梭罗发出"简单！简单！再简单！"的呼声。有趣的是，同样是讴歌和实践简单的生活方式，梭罗与陶渊明两个人却相距了1500年。对简单生活的呼唤令我们不得不重新反思我们盲目信仰的社会进步到底是什么，但是对简单生活的需求却推动我们深究简单生活的伦理内涵。这种伦理内涵不仅仅涉及人与人之间的关系，更涉及人与自然之间的关系。如黄花风铃木的花语"感谢"所示，与自然合一的简单生活如果不是建立在感谢大自然的伦理基础上，就绝对不可能产生满足感。没有满足感，也就不存在自我的自由。

陶渊明赞美简单生活，把自然看作精神家园。他深信自然的生活带给他的"余闲"与"自由"远高于在社会中获取的等级地位的攀升。"登东皋以舒啸，临清流而赋诗。聊乘化以归尽，乐夫天命复奚疑！"陶渊明适应自然与自然合一的快乐和满足感，回荡着简单与随遇而安的深层记忆以及回归自然天性的记忆。而梭罗高呼的"简单！简单！再简单！"中却暗含着焦虑与忧患。焦虑与忧患意识也是当代环境文学或者环境写作所共情的特征。处于十几个世纪以前的陶渊明实践了适应自然的田园理想。在今天快速工业化、城市化的背景下，深刻在人类天性基因里的与自然合一的记忆如何通过文学作品表达人与自然的关系呢？

三、我们是在自掘坟墓

与陶渊明的田园诗歌中"采菊东篱下，悠然见南山"的适应自然、与自然合一的意象不同，在快速工业化、城市化的今天，自然环境已经被污染，气候在人类过渡排放温室气体的影响下正在发生异常变化，人类的可持续生存受到了严重威胁，人与自然关系的写作不仅充满了从梭罗时代就开始的焦虑与忧患情感，也不乏末世危机的警告。作品再现的人与自然关系已了无“合一与适应”的想象，更多的则是离散的想象。

根据字典里的解释，“离散”一词原指犹太人在流放之后四散各地。随着全球化进程深化，“离散”已经成为与移民并行的词汇，伴随着现代性与全球性而发生，并成为文学作品、全球化文化、历史、经济特色的重要组成要素。然而，“离散”的本意是远离家园、流离失所、没有归属，但是在现代化进程中它被资本罩上了追逐成功的光环。在生态批评的语境中，离散因为脱离了与土地的紧密联系，失去了对土地的关爱，无意识地走在了破坏自然环境的路上。离散不是孤立的现象，它与现代工业化与城市化进程一道，助力对地球自然环境无节制的征服与利用，造成生态系统的极大破坏，其最终势必会让人类整体失去地球家园。

中国是在20世纪初踏上西方的现代化与工业化文明之路的，没有发生英国式的圈地运动、美国那样的全面殖民运动。然而，如威廉姆斯所言：“各个地方在工业革命之初都会有那种圈地的思想意识。这种意识让我们不再关注真正的历史，而成为现代国家中强大神奇的一分子。而国家从乡村向工业社会转型被看作一种堕落，是我们的社会动荡无序的真正根源。”20世纪初的现代化运动旨在激发中国人的民族责任感，却也真正改变了中国人的地方意识和“三才者，天地人”的基本天人合一观念。中国拥有漫长的农业文明历史。在历史悠久的文化信念中，中国人一直把生命根植于朦胧的敬天畏地的自然秩序之中。现代文明给中国人的生命注入了科学与技术的信念、民主与个体权利意识觉醒的信念。特别是在20世纪后半叶，针对传统文化、家庭秩序、专制秩序的革命与变革运动让中国文化在经济、消费和社会结构等方面发生了天翻地覆的变化，也使得工业化与城市化的进程飞速发展成为可能。

工业化与城市化把人的物质生活带到了一个前所未有的历史层面，从物质上来说，由自然秩序决定一切的信念被技术力量决定一切的信念所取代。人类对自然力的畏惧转变为对人类自身科技力量的自信。因此，人与地方的归属关系与信念随着技术力量驱动的人员流动而被逐步淡化。人员的流动改变了经济结构和经济在社会发展中的地位。以经济为中心的社会以及社会中的人撕裂了传统意义上的生命观。“人是自然界的匆匆过客”的田园自然观被人是自然的主宰、自然为人类福利而服务的现代人类中心主义观念所取代。生命的丰富性被物质主义遮蔽。物质上的方便、舒适、快捷被看作社会发展的巨大成就。情感与想象及其源泉——自然环境，都被当作成本，成为生产消费的对象。从短期来看，这堪称创造了超历史的物质狂欢，但是从长期来看却也创造了超历史的危机。超前过度消费自然资源，包括不可再生资源，必然会造成资源枯竭的后果。除此之外，污染、沙漠化、酸雨、气候异常变化带来的频繁自然灾害也给可持续生存带来了严重威胁与不确定性。所幸，这些不确定的负面后果进入了有前瞻意识的环境文学作家的视野。雷彻尔·卡森在《寂静的春天》中率先提出批判："控制自然是在傲慢中想象的词汇，出自最低级时代的生物与哲学，当时认为自然是为了人类的便利而存在，应用昆虫学的概念与应用主要源自石器时代的科学。而如此原始的科学却有最现代最可怕的武器装备，在向昆虫发动进攻时也在向地球进攻，这是多么令人恐惧的不幸啊。"

中国的环境文学始于20世纪80年代中期。最开始，它是以报告文学的文类形式出现在读者面前的。报告文学在揭露环境危机现状、唤醒人们环境意识方面起到了重要的作用，先后有徐刚的《伐木者！醒来！》，沙青的《北京失去平衡》，乔迈的《中国水危机》，李青松的《遥远的虎啸》《林区与林区人》，陈桂棣的《淮河的警告》，哲夫的《世纪之痒——中国生态报告》以及关于长江、黄河、淮河的系列生态报告，王治安的《人类生存三部曲》（包括《靠谁养活中国》《悲壮的森林》《国土的忧思》）、《三峡大移民》，何建明的《永远的红树林》，等等。之后，小说、诗歌等文类也渐渐开始聚焦环境主题，如姜戎的《狼图腾》（2004）、郭雪波的《狼孩》（2006）和《银狐》（2006）等都是以具体地方（如内蒙古）的生态环境变化为背景，再现了草原环境退化、沙漠化以及表层土壤流失等环境危机现实。作家依托敏锐的观察力揭示生态环境危机现实，让我们不得不承认人类主宰自然的观念与自然环境危机的现实同时呈现，也让我们不得不反思"人类中心主义和人类是自然的主宰"的发展与进步观。文学作品把森林乱砍滥伐、水资源危机、环境污染、沙漠化、水土流失、生态系统失衡以及物种灭绝等事实展现在读者面前，令人触目惊心。作品展现的环境现状非常清楚地表现了人类正在一步一步迈向失去美丽家园的离散之路。

徐刚可以说是中国环境文学的第一人。他的报告文学作品如《伐木者！醒来！》《沉沦的国土》揭露了工业化与现代化进程中无节制的伐木所带来的严峻生态环境危机。在他的作品中，读者可以读到因为伐木而导致的迅速蔓延的西部沙漠化，以及由于伐木而造成的从南到北水资源枯竭等问题。他在作品中急迫地发出警告：伐木者，醒来！"我们祖先的坟墓在森林里，我们孩子们未来的生命依赖森林。请放下你们的斧头吧，人类，我们需要忏悔。"徐刚认为，当人们不顾及其他自然物的存在时，也完全忽视了自身生存与他们的相互关联。当人们忽视自身生存与万事万物之间的相互关联时，人类也正在把自己逐出家园。比如树木与人的关系远不是景观装饰那么简单。当人们过度砍伐树木时，水土流失、沙漠化、水循环紊乱、微生物菌群紊乱、温室气体激增、生命共同体紊乱等也随着人们的无知而发生。

徐刚等创作的环境文学作品所产生的想象的张力最终都指向离散——失去家园的意象。比如青海沙珠玉乡：由于经济活动的改变，人们砍树破坏了草地植被，结果沙漠化迅速蔓延，最终导致整个村庄的人都不得不背井离乡。沙漠几乎吞没了整个乡，整个乡几乎要从青海地图上消失了，而在20世纪40年代，这里还是水草丰美、人们能自给自足的好地方。由于乱砍滥伐，草地植被遭到了严重破坏。七八十年代这里很快就变成了只有一堆堆黄沙的不毛之地。许多人失去了希望，不得不含泪离开家乡。因此，不想背井离乡就要保护生态环境。在徐刚的报告文学出版后的几十年里，随着环境意识的增强，人类开始修复草原生态环境，在退耕还林等一系列政策的引导下，在不想背井离乡的人们的努力下，曾经流动的沙丘开始长出植物。这个环境变迁的故事非常清楚地表明：人的行为会严重影响生存环境，人类对生存环境的所作所为可以让自己失去家园，也可以让自己重新拥有家园。但是这并不能说明人类是自然的主宰。人与自然之间不是控制与被控制的关系，不是征服与利用的关系。自然世界是人类的家园。人与自然同属于一个生命共同体。人需要把自己放在自然之中而不是自然之上，需要以去人类中心主义的方式，以家园意识来思考人类与自然之间的关系，唯有如此，人类才不会失去地球家园，才有可能维系人类在地球上的可持续生存。

中国现代环境文学作品中描述的未来离散的危机现实迫使人类在信仰、伦理、审美等本质上反思人与自然的关系。沙珠玉乡不是一个孤立的与世隔绝的地方，它是我们生存的地球的一部分。地球是一个一个地方连接起来的整体。这一个个地方之间是牵一发而动全身的关系。比如，草原的植被破坏可能会导致北京发生严重的沙尘暴，如果不从信念、伦理、审美价值上改变对人与自然的关系以及人类在自然界中的位置的思考，地球上各个地方的生态环境都将会因为人类的过度发展而变得不适合人类生存。到那时候，人类将离散到何方？用徐刚在《国土的沦落》中的话说就是：人们开始并迅速不断逃离，但是最可悲的问题是最终我们可能无处可逃。

环境文学离散主题充满寓意地揭示了人类行为与未来命运的关系。地球是我们的家园，然而环境问题却日益严重。充满危机的现实在不断地显示人类正在把自己流放出地球家园。揭露水资源枯竭、沙漠化、气候异常变化、有毒物质污染的作品警示人类，地球正在变得越来越不适合人类居住。环境文学作家饱含激情地呼唤人们的环境意识，警示人们失去家园、离散的惨淡前景。这对于沉醉在工业化、城市化带来的方便、快捷、舒适的生活中的人们而言，会有一些不可思议。但是，如果抬头看一看城市里不断蔓延的钢筋混凝土森林，感受一下生存环境中日益严重的热岛效应，注意一下雾霾天越来越多了，就不会这么觉得了。想想日常生活中从喝水到冲厕所都严重依靠电力供应，一旦停电，住在高楼大厦里的人们就会陷入不难想象的困境，也能让我们清醒一些。克莱夫·庞廷在 1991 年的著作《世界绿色史》中指出城市总是制造环境问题，这些问题在城市化不断向前过程中日益严重。从污染、有毒物质威胁、资源消耗、能源消耗、人口过度集中到城市所出现的社会财富分配不均导致的矛盾激化等，都暗含着城市化不可持续的隐患。

不仅非虚构类作品，如报告文学作品，现实地展现了未来环境不容乐观的离散生存图景，虚构类的环境文学作品，如郭雪波的小说，也充满寓意地揭示了精神上失去家园的离散问题。蒙古族作家郭雪波在他关于沙漠的小说里，试图用沦落的人性与濒危动物的自然美之间的强烈反差，向读者展示从精神家园中离散的后果。在他的《狼孩》《银狐》中，读者读到了随着人类变得越来越贪婪、恶劣，不可避免地就会发生人性的异化。随着人类无节制地、肆无忌惮地开发、破坏自然生态系统，把自然当作财富来掠夺、压榨，人性也会发生扭曲。作品中主人公精神失常、冷漠、充满进攻性或敌意的精神状态寓意地表达了人类在破坏自然的完整的同时也在逐步丧失人性与友爱精神。与人的病态的精神形成强烈反差的是大自然中的动物表现出来的关爱与温情，对于人类精神健康而言，它们更具有治愈力，更值得信任。《狼孩》中的小龙与《银狐》中的珊梅都宁愿选择与狼或者狐狸在一起，而不愿意回到人类社会中。这样的结尾寓意非常丰满，可以有多种解读，但是从人与自然关系的视角看，它既表达了离散也表达了返归。离散往往会使人因离开家园自我放逐而变得流离失所。这呼应着报告文学中表达的由于过度砍伐森林等破坏自然的行为造成的自然灾害，人类不得不背井离乡地离散。精神失常以及情感的异化本身就象征了人类被放逐进入离散境地。而返归则暗含一种回归自然的象征意义。郭雪波笔下的回归自然表达了内蒙古萨满信仰中独特的人与自然之间的联系。人的生命不是孤立存在的，在精神层面上是与自然界中的其他生命紧密相连的。回归则是重新寻找在自然界中的本真存在，恢复平和的心态。小说中珊梅患了奇怪的精神疾病，村子里很多女人都患上了精神疾病。在珊梅精神不太清醒时，她又被村长胡大伦强奸了。最后珊梅得到了濒临灭绝的狐狸的救助。珊梅与狐狸开始了彼此相依为命的生活。当珊梅的公公——曾经的猎狐能手——来到沙漠上寻找儿媳并目睹了儿媳与狐狸之间相互关爱的场景时，他感受到了巨大的震动，从此他不再猎杀狐狸。他和珊梅一起选择了不再回到村庄，而是留在沙漠里与狐狸生活在一起。怪诞的结尾意味深长。显然，作者试图表明人类患上了严重的精神疾病，正在走向自我毁灭，要出离病态就需要与自然和解。

当然，从另一方面而言，小说象征性的结尾也不乏强烈的讽刺意味：那就是人类战胜了自然，最终却失去了赖以生存的家园。选择留在沙漠里与狐狸在一起是一种非常浪漫的返归自然的表达，但是从现实层面而言，也是人类不得不接受的离散命运。人类在耗尽自然资源，致使其他物种灭绝的时候，也把自身逼到了绝境。在再现人与自然的关系以及人在自然之中的位置这一主题时，现代生态写作急迫地向人类发出了警示预言：离散是一条不归路。

四、结　语

中国文论的核心概念是文以载道。文学承载着“道”。在笔者看来，“道”具有三层含义：认识世界之道、在世界上生存之道以及生命本身的价值之道。世界有广义与狭义之分。狭义的世界就是人类社会构成的世界。广义的世界就是生态批评重新张扬的包括人类世界在内的自然世界。劳伦斯·布伊尔关于环境想象的三个要素明确表明人类社会在自然世界之中。因此，文以载道的“道”就是人类如何看待自然世界，以及如何在自然世界之中存在之道。人类如何看待自然世界取决于人类的环境想象。环境想象决定人类的伦理与审美信念。对时间跨度长达2500年之久的中国文学中人与自然关系的再现进行远景扫描，目的是要理解中国文学作品中环境想象的历史走向，为可持续生存向度的反思提供可供选择的自然观念、伦理与审美价值取向以及生活方式的参考。在庄子的笔下，我们读到了天人合一以及理想人格的想象；在陶渊明笔下，我们读到了适应自然的自由与闲适的超物质生活方式的想象；在现代环境文学中，画风大变，我们读到了岌岌可危、失去家园的离散环境想象。不同的环境想象取决于不同的自然观念、伦理与审美信念。合一的环境想象根植于世界是一个统一的生命体的自然想象。人类是与自然万物共在的生命形式，其最高的成就与快乐在于在不干扰其他生命存在的情况下保持自身的独立自在。适应自然的环境想象认为自然世界永恒存在，人类只是这个世界的过客，作为过客，人类以适应自然为美，在适应自然的过程中寻求归属感、快乐和满足感，在回归自然之中把“无尘杂，有余闲”的简单生活视为最高理想。人与自然之间离散的想象则是科技助力的人类中心主义的结果。在人类中心主义的自然观里，自然任由人类控制与创造，是满足人类欲望需求的物质资源。人类不自觉地承担了启示录的使命。在离散的想象中，末世的不确定性与奢华消费的狂欢式生活方式暴露了人类中心主义只顾眼前利益而无视长远生存安全的悲观。在离散的环境想象中，人类正在创造前所未有的奇迹，同时也正在破坏人类赖以生存的家园，在自我放逐。

总之，从中国文学表达的环境想象——从合一、适应到离散——的演变中不难发现，人类从来没有像今天这样有能力实现个体独立，但是人类也从来没有像今天这样面临着前所未有的危机。人类从来没有像今天这样意识到自身行为与可能发生的灾难息息相关，因为生态学知识验证了古人“天人合一”中表达的多样性共生的基本原则。人类也从来没有像今天这样面临着众多的选择去解决“我们在哪儿生存？我们为什么而活？”的可持续生存问题。

第六章　生态批评的中国寻根之旅——庄子与梭罗的超时空对话

每天早晨都是一次振奋人心的邀约，让我的生活与大自然本身一样简单，而且我可以说，与大自然本身一样纯真。

——梭罗(《瓦尔登湖》)

圣人不从事于务，不就利，不违害，不喜求，不缘道；无谓有谓，有谓无谓，而游乎尘垢之外。

——庄子(《齐物论》第十九)。

庄子生活在距今 2300 多年前的战国中期，梭罗(1817—1862 年)生活在距今一个半世纪的美国全面工业化前期，时间上相差两千多年。但在生态批评的文本资源中，二者关于人与万物关系问题的论述却可以并置于相同的概念空间，在各自的文化传统中释放出相同性质的思想能量。庄子的《齐物论》否定了可能产生优越感的参照比较与等级排列；梭罗的生态中心主义则把"生态"——既不是人也不是物本身——置于思想的出发点。从这个意义上说，无论是滥觞中国智慧渊源的庄子，还是在环境-生态运动中引起共鸣的梭罗，都是站在精神生态建构的高度，既在我们之前，也在我们中间。将两位时间上相距两千多年的思想家置于同一个概念空间进行对话，具有探寻生态批评中国之旅的寻根意义。

一、导　言

进行关于庄子与梭罗的比较研究，最直接的对话缘由或者说理论背景来自生态批评。简单地说，生态批评是关于“文学与自然环境关系的研究”，肇始于20世纪70年代，与环境保护运动同时出现。环境保护运动关注的矛盾焦点包括资源耗竭、环境污染、物种灭绝、气候变化，以及核能时代的各种潜在威胁；环保宣传提升了人们对“人类处境”与日益恶化的生态环境之间的密切关联的认识。许多英美生态批评家，如约瑟夫·米克、劳伦斯·布伊尔、帕特里克·墨菲、斯科特·斯洛维克等，都亲历了环境保护运动。而“人与自然环境”主题最著名的代表作品雷彻尔·卡森的《寂静的春天》的出版，则标志着新兴的环保运动在深度和广度上的重要跃迁。从深度上说，生态文学深化了停留在表面层次的环境保护运动，将“人是自然的一部分”“人与生态世界的万物相互依存、紧密关联”“人类控制自然、统治自然的哲学观念最终会给人自身带来毁灭”等“深生态”思想渗入环保运动的观念之中，促使浅层的保护环境向深层生态学方向发展。同时，在广度上，从“环境”的概念向“生态学”的思想观念的转移，也标志着各学科的研究之间相互渗透、相互整合的趋势。

生态批评是文学批评继人权问题、妇女解放问题之后再一次面向现实问题的学术转向。在学理上，生态批评深受生态学思想的影响，关注现实的环境问题，是结合生态学、生态哲学、环境伦理学、生态审美与环境审美、人类学等理论所进行的跨学科文学研究。最早使用“生态批评”一词的威廉·鲁克特将文学与“能量流动”联系起来，提出“负熵”的概念。“能量”与“熵”既是自然科学描述能量消耗与转换的概念建构，也是当代文化批评借以分析“文本与自然”物质性关联的隐喻和想象。在理论化学关于混沌、耗散结构的研究中，“熵”意味着自然界中不可逆的能量消耗过程。与此相反，威廉·鲁克特认为，文学的“负熵”标志着能量再生循环的过程。来自想象的文学创作在被阅读的过程中释放能量，所释放的能量又在读者中产生新的能量，从而扩大了文学自身的能量。

文学的能量在文学所编织的三种关系中流动：人与人的关系、人与社会的关系、人与自然的关系。总体来说，文学是人类实践性存在的一个侧面，人与人的关系、人与社会的关系、人与自然的关系这三大关系既是文学文本的创造性写作，也是人类实践所蕴含的三个复杂性向度。人类存在的文化性、文学性与人类实践的社会性、自觉性交织在一起，赋予文本现实的力量。从这个意义上说，文学中人与自然的关系的能量流动所产生的负熵，对现实中人与自然之间的能量消耗所产生的熵有可能起到平衡作用。在现实层面上，这意味着人对自然生态的主动介入和以“生态”为出发点的重建。重新建立平衡的可能性来自对文学中人与自然关系能量的负熵的开发程度。格兰·拉夫在《重估自然》中指出，生态批评最重要的功能就是"将人们的意识重新导向对其在濒危自然界中的位置的全面考虑"。重新导向意味着文学领域存在着被遗忘和忽略的人与自然关系的生态智慧。换句话说就是，生态学的发现与生态危机的现实使古老的生态智慧与现代认识产生链接。生态智慧在生态功能上起到负熵的作用。生态危机呼唤生态智慧。生态批评的中国旅行在探求生态智慧的层面把庄子与梭罗链接在一起，同时也将对文学与自然环境关系的研究和中国本土文化的智慧本源联系在一起。

生态批评的链接性质跨越学科与文化的分界。斯科特·斯洛维克提出生态批评包含多样性并以实践为原则。多样性既指文本的多样性，又指学术方法的多样性。比较文学是体现生态批评多样性的重要方法论。约瑟夫·米克认为，"比较文学之于人文恰是生态学之于自然科学"。两者都旨在修正分离的弊端，将融合作为研究的前提。比较研究努力发现从前所忽视的被文化分割的个体之间的相互联系；生态学则是倡导万事万物相互关联的科学。联系的特点是比较文学与生态学的共性。

比较文学与生态学的共性把庄子与梭罗在一个平台上联系起来。他们分别在各自的文化背景中最早论述人与自然的生态关系。庄子丰富的生态思想已经引起国内许多学者的重视。曾繁仁认为庄子的生态思想是具有比较严密的体系的中国古代生态存在论审美理论形态。蒙培元认为，庄子"万物其一"的平等观，"天在内，人在外"的人性观，"与天地精神往来"的自由观，"同与禽兽处"的生命观，以"天地之大美"为理想追求的审美观，是今人理解人与自然关系的丰富资源。张浩指出，庄子提出与天地万物齐一的观点，崇尚"恬淡""虚静""天籁""心斋"，向往"以天合天"、游心物外的自由境界，表现出高度的生态智慧与辩证思维。在美国文学中，以生态学的视角重估自然，最具影响力的源头是梭罗。唐纳德·沃斯特称他为美国最早的生态学家。劳伦斯·布伊尔的生态批评开山之作《环境想象：梭罗、自然写作与美国文化的构成》则以梭罗为基点探索生态中心主义的形式。"梭罗是美国环境写作的鼻祖。他的《瓦尔登湖》成为美国环境文学里程碑式的经典。虽然在他身后的一代中，他不太受人瞩目，但是在当今这个时代，在文明转型之际，他关于人与自然关系的思想，以及对人在自然界生存的方式与意义的探索重新成为学术关注的焦点。"将庄子与梭罗并置的目的不是进行孰先孰后、孰优孰劣的比较，而是重新发现人类生态观念、审美、伦理理念在各自的文化背景中的思考点、理论维度，在两者的异同中思考自然与文化关系的取向。两者的对话对于建构生态批评的环境人文观念、释放文学能量的负熵、思考人类在自然世界中的位置具有寻根意义。接下来，分别从多样性共生、人的位置、回归简单三个方面对两者展开比较论述。

二、荒野意象：多样性共生

《齐物论》是《庄子》的第二篇，被认为是庄子哲学最具代表性的篇章。《齐物论》表达万物之间合一的关系。合一的基质是万物之间彼此相依但各自独立，相互不同但各自平等。这其中的智慧值得探究。例如，天籁是风与风声意象的引申，风表达了"一"的丰富内涵。正如鲁枢元所说："汉语文化圈中含有'风'的义素词语无疑构成了一个空间庞大的语义场。与此同时，风也被赋予了无比丰富的精神文化内涵。"风是大地的呼吸，也是大地上万事万物呼吸的共鸣。风使得万事万物各自的节律与大地的呼吸合而为一。风声由万物各自发出的独特的声音构成。在风之意象中，万物之间不存在任何操纵与控制的关系："夫天籁者，吹万不同，而使其自己也。咸其自取，怒者其谁邪？"其中的节律表现于"和"："泠风则小和，飘风则大和，厉风济则众窍为虚。"如同独木不成林，单独的个体构不成节律，发不出风的声音。个体只有在整体之中，在与他物的依存之中，才能够表现出独立、平等的存在，才能创造出天籁之音。从现代生态学意义上看，多样性共生才有生命的繁荣景观。"物无非彼，物无非是。自彼则不见，自知则知之。故曰，彼出于是，是亦因彼。彼是方生之说。"风中多样性共生的意象很浪漫，你中有我，我中有你。万物彼此在互相配合适应中关联、相互转化。天籁不是彼此之间竞争的声音，不是分孰优孰劣的声音，而是既自在自为，又此消彼长、此长彼消的相互联系、相互协调、相互作用与和谐。这与生态学的"万事万物彼此相互关联，任何事物都有个去处"的生态原则不谋而合。健康的生态循环系统具有自我调节、平衡的功能。在庄子眼中，万物之间的依存也是循环往复的意象，其先决条件是"枢始得其环中，以应无穷"。"环"是"道"的奥秘所在，其妙就妙在虚实相间、相辅相成，不偏执于高低的竞争，而取其循环变化的运转。因此，庄子《齐物论》中万物的平等合一与相互依存的关系遵循道的本体论制约。本体不是拟人化的存在，而是不断辩证地循环变化的生命存在。因此，庄子《齐物论》中的天籁揭示出道的本质是合一，而非对立。"彼是莫得其偶，谓之道枢。"彼与此在循环往复中合一。道的运行是自然而然的循环往复的过程，人的认识是事物变化的一个环节，所以人的认识永远是道的变化过程中的一部分，而不是全部。人类最大的智慧顺应自然变化的真理，融入整体之中，故"唯达者知通为一，为是不用而寓诸庸"。整体生命在于万物合一的不断变化生成之中。智慧与平庸辩证统一。生活的最大智慧就在平庸的生活之中，如此推论，简单生活是顺应自然的最佳生活方式。

"简单！简单！再简单！"简单的生活方式正是梭罗回归自然实践的最大发现，并呼唤人们从日益纷繁复杂的生活中醒来。在《瓦尔登湖》第二章《我们在哪儿生存？我们为什么而活？》中，梭罗写道："我走进森林，因为我希望从容地生活，仅仅面对生活的基本事实，看看我是不是能够学会生活不得不教会我的东西。"作者不断强调自己试验的初衷：要在试验中理清万物的关系、人的位置，从而找到生活的真谛，最后将其传达给世人。作者希望“像雄鸡一样”用自己的发现唤醒他的邻人。在对简单的居住环境的描述中，梭罗把“舍得、放下(let alone)”看作人类与大自然万物之间的共生关系的前提条件。他说：“人的富有与他放下的东西成正比。”人的自由取决于他能否放下。人从周围的环境中得到的最大满足不是占有，而是放下。人一旦在一片土地上“放手”，给土地以自由，土地就会生长出最可观的多样性生命。这足以证明“人不是万物的尺度”。万物的存在不以人的意志为转移，且远远超出人的意志与想象。而人类如果硬要成为万物的尺度，最终的结果也会超出人类的意志与想象。梭罗认为人要想在居住环境中得到最丰富的生命体验，“舍得、放下”是根本。他购买农场，然后让它“闲置”，因为他相信“能够让它自由发展，它就能生长出我一心想要得到的丰硕的收获”。这丰硕的收获就是荒野的自由与多样性共生的成果。梭罗的荒野观念是对西方哲学中“人是万物的尺度”的颠覆。人只是自然界中的一个物种。在梭罗看来，相对居住地周围的鸟而言，人虽然有把鸟儿关在笼子里的能力，但是人的一生无论如何比关在笼子里的鸟儿更像被关在笼子里一样。而人要想获得自由，摆脱任何的禁锢，就要“简单！简单！再简单！”简单生活是黄金解决办法。不得不说，这是对两千多年前庄子所述的“唯达者知通为一，为是不用而寓诸庸”的回应。

如果说庄子论述万物关系时如中国的山水画一样，通过大片留白来表达万物浑然一体的状态，那么梭罗论述万物的平等关系，则是在生活方式、哲学思考、伦理关系层面所做的分析试验。梭罗对人与万物关系的论述是通过镜像来对超验的信仰进行解剖分析，表达了强烈的实证意义上的反叛精神。最典型的案例就是他对人们在教堂里“赞美上帝并且永远和上帝在一起”的行为发出这样的质疑：你们赞美的那个上帝到底是上帝还是魔鬼，你如何得知呢？梭罗的超验想象并没有完全脱离信仰的拟人化等级观念，但是对自由、真理的追求却让他将目光投向大自然。与英国华兹华斯等浪漫主义诗人一样，梭罗认为自然万物是人类的老师，希望通过向大自然学习，认识“我就居住在这上面，这不过是一片干燥的土地”的真实。“自然对梭罗而言是从低级向高级发展的中介，不是他的最终目的，而只是更新之地”，所以他对自然界万物之间关系的论述带有主体介入性。在讨论万物之间的关系时，梭罗将自我边缘化，来消解自笛卡尔以来牢固树立的人类中心主义观念，消解人与自然之间的对立，从而注入生态中心主义的平等观念，表现人类的谦卑。“大自然的纯真与惠泽是无法描述的，太阳、风和雨、夏天的和冬天的——如此健康、如此令人振奋，它们用于施与我们！如此有同情心。它们一直施与我们人类，而且如果人为了正当的理由而感到悲愁，那么大自然的一切都会受到感动：太阳的光辉黯淡下去，风会像人一样叹息，云会落下泪珠，树林会在仲夏脱落叶子穿上丧服，难道我们不应该和土地心心相印吗？难道我不是部分叶子和蔬菜造就的吗？”在梭罗的试验中，我们看到他所推论的生态中心主义倾向：人在大自然中与万事万物通过食物链的方式连接在一起，人类是其中一环，而且依赖万事万物而生。人类的生命是大自然整体生命的一部分，人类与自然生命的健康紧密相连。大自然是"健康、振奋"的情感坐标。每一个物种都在顺应自然现象的变化中呈现其生命的光彩。万物在差异中建立相互依赖、互动与联系。这应该是梭罗对超验的等级观念的超越。这种超越更加接近庄子《齐物论》中的"天地与我并生，万物与我为一"的合一。人类在自然的坐标中论述与万物的关系，实质上也就是在探寻自身的位置。

三、自我的放逐："中心"的边缘化与天人合一

梭罗生态中心主义具有很强的自我边缘化的意向。梭罗笔下的"我"是一个试验对象：作者对"我"进行仔细观察，"我"在自然界中的切身体验经历了从游人到自然存在物的不断自我审视过程。"我"是个分离的存在。通过这种分离，剥离人类中心主义的固有观念。"不管我的经验多么强烈，我都能意识到我的一部分分离出来对我进行批评，在某种程度上又不是我的一部分，而是旁观者，没有与我分享经历，而是对我的经历冷眼旁观。"作者在自我边缘化过程中逐渐向自然生成，体验自然存在物的生命意义。向自然生成的过程通过做自然的邻居、与晨光一起醒来，以及认同与自然的血缘亲近来表达。"我突然感觉到大自然中竟然有这样甜美这样令人收益良多的交往。每一滴下落的雨点、我房子周围的每一种声音和景致，都是一种无穷无尽和无以数计的友好，如同一种气氛，全都同时在扶持我，使想象中的与人类为邻居的各种好处显得微不足道，以后便再也不想他们了。每根小小的松针都生出了同情之心，变长了，变粗了，和我交上了朋友。我在这样的环境中明显地意识到了某种与我有缘的东西，哪怕在我们习惯于称之为野蛮和无聊的场景都有了这种认同感：我意识到与我最亲近的血缘、最有人性的东西，并非一个人，也并非一个村民，我一点也不觉得某个地方会让我感到陌生了。"向自然生成必然要经历"放弃"的过程，放弃人类是自然界的主人的主体意识。梭罗在瓦尔登湖边筑屋，将自己视作鸟儿的新邻居、风儿的伙伴。这是他在自然写作中表达的一个意味深长的情节。劳伦斯·布伊尔认为在从社会向环境的生成过程中，"舍弃"是一个重要的情节，人与非人类之间的关系纽带通过想象的关系连接起来。这是浪漫主义与浪漫主义生态学重新连接的切入点。现代理性宣布自然死亡，而生态学发现的"万事万物相互联系"的原则又将自然与人之间的生命联系重新提出来。梭罗的人向自然生成是一个还原试验。在还原人的自然之位的过程中，还原只是一种手段，目的是要实现人的升华，回答"我们在哪儿生存？我们为什么而活？"的根本问题。

梭罗在通过自我边缘化实现生态中心主义的过程中，最深刻的体验是一种道义上的责任意识。人类对其生存其中的大地、大地上的万事万物具有保护的责任。梭罗将自我意识与古希腊朴素的世界观联系起来。大地、生命、长久的理念逐渐进入"我"的理念中，对立于基督教的末世论信念。这是一个简单的大地生态循环过程，

“土地，尤其是土壤鲜活的土地，就具有某种磁力，从而具有生命；而它又与劳动有必然联系，让我们都来保护它，让它反过来养活我们”。从人类与土地之间相互依恋的道义关系出发，梭罗的生态中心主义表现了强烈的反工业化倾向。他的万物平等观念带有强烈的政治、文化反叛性。他有意摆脱人类中心主义的社会发展观，试图用精神理想改革社会发展。梭罗对工业文明持批判态度，尤其对工业文明发展过程中人类破坏自然、肆意砍伐树木深恶痛绝。这也是梭罗被视为环保运动之父的原因。铁路的兴建、生活节奏的加快、商业贸易的发展，打破了人对土地的依存关系，也将人的位置悬空。梭罗的瓦尔登湖试验是一次人类位置复归的试验。

梭罗生态中心主义以自我边缘化为基本条件，自我边缘化从激进地“舍弃”开始，逐步走向“自然化的还原”，最后实现人类是自然一部分的责任之思。梭罗以认识论的方式研究人的位置，最终回归的却是本体论人的位置之思。

可以说，梭罗论证回归的本体吻合了庄子想象设定的本体。庄子在《齐物论》中首先设定人类与自然合一的本体论关系。《齐物论》的核心句是“天地与我并生，而万物与我为一”，庄子视之为不可置疑的真理。“一”是个完整的系统，在“一”的系统中，万物、天地、我互为整体，老子的“人法地，地法天，天法道，道法自然”是庄子关于人的位置的思辨所遵循的规则。天体的运转决定大地的存在，失去天体的万有引力，大地将被撞成碎片，天体以道为其存在之本。道的根本在于顺其自然。在庄子看来，人的位置取决于是否顺应自然的运转节律。顺应自然可以了却一切是非、竞争、名利的麻烦。这既可以不打破整体的和谐，也可以适得其所。“是以圣人和之以是非，而休乎天钧，是之谓两行。”在庄子的本体论中，“天钧”是核心。“天钧”是一个不断调整变化的过程，是“和”所要达成的目标。“和”是庄子顺其自然暗含的审美理念。人类顺应自然的根本在于融入“道枢”的审美活动。庄子强调用虚静的心态观察万物，处在虚静状态的人具有以不变应万变的定力。这与以变制变有很大的不同。以变制变的人假定的本体是造物主。人的创造过程是觊觎造物主的颠覆过程。颠覆的前提条件便是二元对立，二者以竞争的态势存在。这在庄子看来是不“明”之举。庄子认为“是亦一无穷，非亦一无穷。故曰：莫若以明”。“明”是一个认识过程，是智慧的根本。智慧不是输赢的结局表现，而是能够融入认识过程之中的能力。而要融入认识过程就要不断脱离羁绊。这些羁绊发自人的无知的自大。所以，在庄子的“一”的体系中蕴含了许多人类无知行为的禁忌。在脱离无知的羁绊方面，庄子与孔子所述的“知之为知之”“不知为不知”的论述是一致的。不过庄子的论述更具有警世意味，他说：“吾生也有涯，而知也无涯，以有涯随无涯，殆已。”人类对世界的认知局限是由人的生命的局限所限定的，这是一个不可逾越的局限，也是一个危险的局限。其危险性在于人类认知很容易陷入假设的静止世界里，但世界从来就不是静止不动的。冲破局限来认知人类自我，永远具有强烈的诱惑。人类认知的局限性以及世界的变化性也往往被人类所忽视甚至无视——因为已有的认知能力。然而，自然万物各有所适应与所不适应。禁忌对人类智慧提出不可逾越的挑战。任何一种鲁莽的越位都会受到严重的惩罚。“民湿寝则腰疾偏死，鳅然乎哉？木处则惴栗恂惧，猿猴然乎哉？三者孰知正处？”人类中心主义的标准对自然生态整体是一种强行逾越。现实生活中所出现的环境危机以及生态学揭示的生态危机警示人类：鲁莽行为可能带来巨大的生态破坏。庄子的“一”是一个整体的概念。他主张人在整体之中，人的位置在于能够维持整体之中的万物共存。“众人役役，圣人愚芚。参万岁而一成纯，万物尽然，而以是相蕴。”当然，我们必须承认庄子的“无为”之思将人类智慧乌托邦化，缺少实践的空间。

无论如何，庄子顺应自然的位置之思与梭罗的自我边缘化的位置之思表达了同一种思想：人与自然互为整体，在整体之中万物平等。在这个理想框架下，梭罗提出了“简单”的道德律令，庄子则树立了“神人、至人、真人、圣人”四种理想化人格。

四、简单、舍弃与理想化人格

环境问题面对的最根本的现实，是人类欲望的过度膨胀对自然环境造成的不可逆转的破坏。人类欲望过度膨胀直接导致人类的自然适应性丧失，以及对自然资源消耗性的依赖。自然资源有限与过度消耗自然资源之间的矛盾必然导致生态环境危机。从这个意义上说，人类欲望加速了熵值的增加。如鲁克特所述，文学中关于抑制、升华、弃绝人类欲望的思想可以起到平衡熵的增长的负熵作用。

梭罗与庄子的“负熵”分别表现在“简单”的道德指令与理想化人格的道德范式上。“简单！简单！再简单！”是梭罗在《瓦尔登湖》中大声疾呼的道德律令。梭罗提出的“简单”具有三个方面的内涵。

首先，“简单”是一种超验的体验，服务于一种纯精神的追求，是梭罗浪漫主义理想的物质化体现。换句话说，“简单”是梭罗的浪漫主义理想在现实中寻求实现的中介。他坚信大自然是简单的，大自然表达的真理也是简单的，人类追求简单实际上是追求与大自然的同步，与大自然同步才会实现生命的真实。“每天早晨都是一次振奋人心的邀约，让我的生活与大自然本身一样简单，而且可以说我与大自然本身一样纯真。”人与自然万物之间在体验中达成真实的共在关系。

其次，“简单”表达一种社会伦理理念。在梭罗看来，精神的自由与快乐需要摆脱物质的羁绊，或者说给万物以自由也就实现了人自身的自由。“简单”是实现自由理想的直接方式。梭罗认为人类“简单”有利于实现多样性共生的生命繁荣，尤其是实现社会不同阶层的人平等共存。人类简化自身的物质欲望可以减少不择手段致富的罪恶。归根结底，“简单”是实现平等的根本条件。“简单”观念教育人要能够舍弃。在梭罗看来，懂得舍弃的人才是真正富有的人。人类只有放弃占有的观念才能与大自然中的万物“建立最亲切的熟知关系”，成为大自然的一部分，真正人性地体验人类经验。

最后，“简单”表达了人类的一种目的性追求。在梭罗看来，人类生存的目的在于求取生存的真实，而不是盲目地寻求发展。没有目的的发展就像一个陀螺，速度是维持其旋转的条件，最终一切的发展就是维持速度，但速度本身并不能抵达任何真实，却需要依靠巨大的能量消耗来维持。因此，没有目的的发展实质上就是在消耗能量，没有节制的能量消耗最终将加速人类赖以生存的地球的崩溃。现代工业文明的发展仿佛让"我们罹患了圣维特斯的舞蹈病，不可能让我们的头脑保持冷静"。这种舞蹈病的最可悲之处在于舞蹈的速度会越来越快，直至人死亡为止。

人类在地球上的生存应该以速度为追求的目标吗？梭罗提出的"简单"与海德格尔提出的在大地上"诗意地栖居"表达了相似的目的性追问。"长话短说吧，我确信，出于信仰也出于经验，倘若我们今后生活得简单，生活得明智，在这个地球上养活自己并不是什么累人的事情，而是一种消遣。"简单意味着将生存目的与大地紧密相连，而不是寄托于基督教的天堂。在基督教天堂目的论中，大地只被看作进入天堂的通道，地球被破坏了，人类可以不承担任何责任。梭罗提出的"简单"的概念在信念、伦理、审美等几个层面拷问人类的智慧、人类在大地上生存的责任。

庄子的理想化人格更具体地"落实了"梭罗的"简单"生存理念。梭罗的"简单"生存理念是针对工业文明发展对自然的大规模的征服将会走向何处所产生的质疑，是发出回归自然的呼声，是向走上工业化之路的民众发出的呼吁。庄子的理想化人格在个体层面、在本体论意义上，论述如何处理个人欲望与万物之间的关系。在庄子的论述中，有四种理想化人格：神人、至人、真人、圣人。四种人格集中体现追求自然韵律、弃绝物质欲望以做到顺应自然、与自然合一的生命境界。神人与至人表达了在超物质意义上与自然合为一体，"将磅礴万物以为一"，不"分分然以物为事！"真人则"能体纯素"，不让物质的欲望混杂自己的精神，以恬淡无为、依顺自然为本。圣人不追求利益、名利，视物质欲望为尘垢，以自觉地无知无为，实现与自然合一的生命理想。"圣人不从事于务，不就利，不违害，不喜求，不缘道；无谓有谓，有谓无谓，而游乎尘垢之外。"庄子崇尚有目的性的做人的精神，其目的性在于融入自然一体的运转之中。无论是从本体论意义上还是从认识论意义上，梭罗和庄子都试图论证人是自然整体的一部分，人类与自然万物之间是相互依存的关系。人需要从信念、伦理理念，以及审美活动中调节自身生命的目的性行为。人类有欲望，但人类更有智慧。梭罗的"简单"与庄子的四种理想化人格表达了将智慧置于欲望之上的环境人文基础。

五、结语：生态批评的中国寻根之旅

庄子的《齐物论》与梭罗的瓦尔登湖试验在深层生态学层面可以发生对话并产生呼应关系。阿恩·奈斯认为："描述与展现深层生态学合适的话语模式并非从根本上论述非人类世界的价值，而是要从根本上论述自然与自我的可能性，或者可以说，我们是谁的问题会构成，并且应该构成万物之结构的重要部分。"庄子的《齐物论》归根结底是关于人顺应自然并最终达到与万物合一的生态本体论述；梭罗的生态中心主义则以认识论的途径考察人在万物之间的存在之真。两者都是在自然环境的生态整体语境中论述人的生存，将人与万物之间相互依存的生态关系视为生存的基础，共同为从文学的角度审视与自然世界发生关系时“我们是谁”的问题提供了深层生态的参考点。劳伦斯·布伊尔将梭罗视作生态批评的参考点；庄子无疑是中国生态批评的参考点。从这个意义上来说，生态批评在中国的旅行，由于存在着可以对话呼应的参考点，可以顺利地与中国本土文化相结合，产生本体论意义上的理论能量。

第七章 区域叙事的生态智慧之审美-知识-伦理的文化考察：以《狼图腾》为例

草原是大命，可它的命比人的眼皮子还薄，草皮一破，草原就瞎了，黄沙刮起来可比白毛风还厉害。草原完了，牛、羊、马、狼和人的小命都得完，连长城和北京城也保不住啊。

——姜戎（《狼图腾》）

当我们论述人类与自然之间的关系时，最具体的一定是人与具体地方的关系。在地球表面，地方与地方之间存在着很大的差异。这是因为在我们生存的地球上，各处的大气、水、岩石、土壤以及植被构成不同，从而形成了不同的生物区域。不同的生物区域具有不同的能量流、物质流、信息流的联系与转化。每一个地点都是一个特定的生物区域。当我们谈论生物区域时，自然环境差异是我们思考的基础语境。罗伯特·赛耶在他的《生活地方：生物区域思想与实践》一书中是这样界定生物区域的："生物区域从字面和词源意义上是指独特的生活地方——由自然地理、气候、水文生态特征的边界来界定的地方，是能支撑人类的独特的共同体。生物区域的界定取决于分水岭，相同的植物和动物生态系统，以及相关联的明显的大地形态（特别是山脉、草原以及海边地区），也取决于人在地区自然条件下可能产生的独特文化。"从该界定中可以看出，生物区域是一个综合概念，它把人与自然的关系放在以自然特征划分的生物区域之中进行考察。

生物区域概念伴随着 20 世纪 70 年代的环保运动而出现。最早阐发这个概念的人包括皮特·伯格、雷蒙德·达曼、加里·斯奈德和斯蒂芬妮·米尔斯。他们的初衷是要通过政治策略唤醒地方意识，推动环境保护运动的发展。他们把地方当作他们作品的核心来呈现，并在文化上寻求基于生物区域的审美、知识以及伦理的日常生活实践可能性。因此，从一开始，生物区域概念本身的文化实践与环境认知内涵就非常丰富，强调人类审美、认知、伦理等历时的文化活动与联系。从文学的叙事视角看，人与生物区域内万事万物之间的故事无疑是一种区域叙事。

区域叙事是自然文学的标志性特征，叙事展现人在不断适应特定地方的环境过程中的行为，以及与区域环境存在物之间不可分割的整体联系的故事。在整体联系中，人类作为特殊的文明物种，创造了充满生态智慧的神话、历史故事、文化仪式以及伦理、审美理念。自然文学区域叙事与地方色彩叙事不尽相同。托马斯·林奇在《在生物区域想象：文学、生态与地方》一书的前言中对两者进行了辨析。他认为两者的区别主要表现在两个方面。其一是给读者带来的感受不尽相同：地方色彩叙事往往给住在城市里的读者们带来怀旧的感觉，或者满足对于某个地方的历史文化的好奇心，或者使读者读后想到这个地方来观光旅游。而区域叙事给读者带来的感受是认识特定地区的生活方式与体验，想要成为这个地区的居住者，或者了解这个地区的人与万事万物建立联系并维护这个地区的生态完整的智慧。其二是叙事的价值判断视角不同：地方色彩叙事用统一的普遍的现代文化价值视角叙述发生在特定地方的故事，而区域叙事则强调以多样性共生的价值视角讲述有关人与自然关系的故事。这里的多样性共生既指地方自然概况的多样性，也指人与自然互动过程中形成的文化信仰、生活方式、礼节仪式、伦理审美价值判断、经济活动等文化的多样性。

区域叙事源自环境保护，其最显著的特点自然直接关注环境问题，作品往往表现作者对区域生态环境恶化的批判意识、忧患意识及对田园生活与田园价值理念的倾向性。环境文学的区域叙事主要表现为对区域的思考，重在理性的思想表达，叙事的主题倾向性明显。当代环境作家徐刚、哲夫、杜光辉、李青松、郭雪波、姜戎等都将区域叙事与理性思考结合起来，在环境意识的驱动下，从对区域自然环境的忧患意识出发，表现出强烈的探寻区域环境生态智慧的倾向。他们往往在叙事中重新展现传统与现代的冲突，引导人们反思割裂传统的现代文明。区域叙事将对人类生存的思考与区域整体生态环境紧密结合起来，着重表现本土居民在长期与环境的适应过程中形成的把握和调整自身与环境协调一致的智慧，并将其置于现代化过程对区域环境改造的现实之中，引发人们反思。

区域叙事讲述人在具体的区域中的故事，也就是讲述人类在生物区域中把空间、审美、认知与人居伦理联系在一起的故事。这需要进一步理清我们对生物区域的理解、认知，以及对历时的审美与伦理等文化行为的考察与预判。约翰·查尔斯·莱恩在《人类生物区域地方：连接空间、审美与再居的伦理》一文中从理论上考察了概念的架构。他的观点主要体现在三个方面。首先，他指出生物区域是复杂的、包容的概念，以包括生态的、政治的、社会的、哲学的等多方面构想与方法把人类行为纳入环境之中，属于一个跨学科的综合的人文概念建构。生物区域的地方既强调地方的自然特征，也强调在这个地方形成的特定的文化特色。生物区域概念强调文化与自然的可持续互动机制。文化与环境的互动主要指在这个生物区域内的生存体验，以及通过对这个区域的感观体验形成的文化选择。其次，他把生物区域看作“通过与文化发生复杂关系而成为地方的过程空间”。每一个区域的特征主要是由这个地区的自然生命形式、地貌、植被特点所决定的，而不是由政治标准决定。文化主要是人在这个地方生存并在这个地方的景观的作用下形成的意识、情感、态度与思想，以及在此基础上建立的生活方式、行为模式以及规范。这也是一个从审美、认知到伦理规定的建构过程。所以，生物区域的界定取决于人类对地方自然世界的体验。最后，在承认文化、历史的影响和作用的基础上，作者论述了生态智慧的生成过程，即把生态单元看作审美环境，把审美环境看作伦理场域，把伦理场域看作生物区域的递进过程。人与自然发生关系的界点在审美欣赏。审美欣赏是多种感官同时进行的行为，也是文化产生的基础。约翰·查尔斯·莱恩认为在一个生物区域内发生的审美欣赏与对这个地方的认知同步进行。生态学知识与自然历史知识对区域的审美欣赏至关重要。约翰·查尔斯·莱恩也认为，审美欣赏和自然科学会共同支撑起生物区域地方概念，并强调自然科学把审美与智力理解结合起来；对地方的生态认知唤醒了地方叙事的意识，强化了生态责任的审美欣赏。“我们一旦欣赏环境可感知的可能性，就会努力保护它不受污染而且让它更宜居。”与生态学一致的审美欣赏开启了关注自然空间的完整、稳定与美丽的伦理场域的大门。承载生态学方面的地方知识的审美认知与审美反应对激发人们对环境的伦理情感，如爱护、保护、尊重、敬畏等，至关重要。所以，生物区域实际上是审美、生态学认知、伦理三者之间关联互动与转化的区域，也就是说“审美体验推动对空间景观与生态内容的意识，从而产生伦理规范。”

约翰·查尔斯·莱恩对于生物区域内审美、自然科学与伦理之间在空间上的相互递进关联的论述，为区域叙事提供了一个全面的理论框架。但是在《人类生物区域地方：连接空间、审美与再居的伦理》一文中，作者的视角是重新定居，也就是思考现代文化和现代人与生态区域的地方如何重新发生关系，目的是要进行生态修复。从文化意义上来说，这篇文章存在两个盲点：其一是文化多样性的盲点。如果说生物区域的标志性特征是自然特征差异性，那么生物区域文化就不应该是集合名词，即统一化的文化，而应该是具有地方差异的多样的文化。而在《人类生物区域地方：连接空间、审美与再居的伦理》一文中，文化明显指的是殖民主义之后西方中心主义的现代文化，或者说是以自然科学知识为主导的现代文化的创造性实践，而原住民的历史的积淀以及在生物区域内形成的传统文化却被无视。其二是基于地方生存体验积累的知识与智慧的盲点。生物区域知识与智慧是一个历时的形成过程，包括内部与外部两种知识生成机制。文章极力强调外部知识生成的重要性，即科学知识在审美伦理中的重要地位。作者说：“自然科学提供了潜流，因为自然科学检查并支撑审美完整性，判定审美体验——通过感知、回应和欣赏——感情价值的连贯性。”由此可以看出，作者把自然科学作为最高标准。但是我们知道生物区域是一个“生活地方”，对这个“生活地方”的认知的关键在于介入式的体验，在与地方建立的内在联系中获取对这个地方的认知。内部生成的知识的重要性不容忽视。本土居住者在这个生物区域内可持续地生存了漫长的时间，在人与环境的互动关系中建立了人与环境不可分割的整体联系。《生物区域想象：文学、生态与地方》一书中写道：“再居实践会涉及修复本土植物群落、以本土植物与动植物生存环境的眼光重新设计景观、重新建构交通设施，以便最大限度地降低造成的社会负面影响与生态负面影响，资助用副产品和废弃的原料制造新产品的再生产业，改造家庭住宅以节约能源或者最好是产生能源，把棕色地带转化为绿色地带，为社会正义和重视文化多样性而努力，甚至要重新想象生物区域方面的文学传统会包含什么。”

再居是生态危机、环境危机的一个解决策略，然而事实上，就生物区域而言，无论是沙漠地区、草原地区、高原地区、平原地区，还是沿海地区，任何地方在文化上都不是空白的。在历史的长河中，各个区域内都产生了独特的文化与认知智慧。在我们讨论可持续生存的智慧与建构时，现代文化、审美情感与自然科学知识以及伦理对策固然重要，但是传统的、原住民的文化、审美感受与知识智慧从时间层面上看，其可持续性的价值更有待于挖掘。接下来将借助《狼图腾》文本从生物区域原住民文化与知识智慧的视角，分析传统区域文化会给我们带来什么生态智慧。

在当代，一提到知识与智慧，我们往往就会像约翰·查尔斯·莱恩一样强调科技智慧。比尔·布莱森在《万物简史》中对人类的科技智慧做了一次全景式扫描，扫描的结果不仅让我们看到了科技智慧的伟大成果与创造，也启发我们反思科技智慧在多大程度上为环境危机负责，以及在多大程度上让我们在整体上接近我们生存的真实。比尔·布莱森指出，科学“定律的性质并不是真正理解”“我们对大宇宙的理解也不完整”。他担心的是对不完整认知的知识加以利用势必对整体世界造成破坏与分裂。如果将人类的不完整认识神圣化、绝对化，人类认识的局限就会变成替代或者割裂整体存在的偏执力，而偏执地发展人类的不完整认识必然要打破完整世界的平衡。“我们也许是最有智慧的。我们也许是万物之灵长，同时也是万物可怕之噩梦，想到这一点真令人沮丧。”科技智慧的悖论处境指向对另一种智慧类型的诉求：一种让我们能够可持续地生存与发展，并且能够维护我们的生存环境的智慧——生态智慧。

一、生态智慧

生态批评家约瑟夫·米克在《生存的喜剧：文学生态学研究》中指出：“人类必须培养新的、更精深的智慧，能够理解生态世界复杂的过程，而不是毁灭它的智慧。生态学挑战人类走向更加有活力的复杂性，而不是被动的简单片面化。”他强调一种对待生存的认识态度，一种将人类自身看作自然整体一部分的认识态度，而不是将自然对象化的简单认识态度。

雷彻尔·卡森在《寂静的春天》中说："我们任致死的化学药剂像下雨似的喷洒，仿佛别无他法。事实上，还是有许多办法可行，只要提供机会，我们的才智可以很快发现更多的办法。"自然界有其自己的法则，在雷彻尔·卡森看来，人类最大的才智应该是发现自然界的法则，并利用自然界自身的法则管理自然界。那么，对自然界自身法则的认识一定要通过科学技术手段获得吗？

雷彻尔·卡森在分析虫害的原因时发现："在农业的原始时期，农夫没有遇到这么严重的昆虫问题。这些问题是随着农业的现代化科技发展而产生的——在大面积土地上仅种一种谷物。这样的种植方法为某些昆虫数量的剧增提供了有利的条件。单一农作物的耕种并不符合自然发展规律，这种农业是工程师想象中的农业。大自然赋予大地景观以多样性，然而人们却热衷于简化它。这样，人们就毁掉了自然界的格局与平衡，一个重要的自然格局就是对每个种类的生物的栖息地予以适当的限制。"我们不能说农业文明时代的农夫更了解自然发展规律。但是显然，在对自然规律的把握与运用上，他们也许比受科技启蒙的现代人表现出了更多的贴近地方自然环境特征的生态智慧。

生态智慧与生态法则紧密相连，认识生态法则是认识生态智慧的基础。

生态学家巴里·康芒纳在《与星球求和平》中指出，生态学的法则有三：第一，"万事万物紧密相连。这表明生态圈是一个精细的网络。每一个组成部分都与其他部分相连接……从进化的意义上来说，网络的大部分能够确立自身的位置，就是因为它能够恰当地适合早已存在的系统。"第二，"任何事物都有个去处。""去处"即指事物的功能与事物的目的性。这表明了生态圈内的"循环"法则。每一种事物的存在都有其恰如其分的作用。无论土壤还是海洋，各种有机物一起构成了一个相互链接循环的食物链。在这样封闭循环的系统中，循环的一端产生的任何事物都"有去处"，都会在下一个环节中被利用，实现它存在的意义。第三，"自然最知情。"生态圈具有保持自我协调、自我检验、自我平衡、自我生成与自我修复的机制。数不清的组成部分在相互作用与相互适应中达成彼此兼容、互为整体。这是经历了 46 亿年的生物进化的结果。生态智慧就是能够充分利用或契合生态法则，从而形成整体生存智慧的能力与技巧。

生态智慧术语由挪威哲学家阿恩·奈斯提出。他针对现代社会自杀式的能源与资源消费与消耗方式提出了这个概念。他指出人类要自救就必须重新思考自我实现：一种脱离物质依赖的自我实现。他指出人类的最高智慧在于个体在融入自然整体存在之中后实现自我。必须承认，实现自我是高深的哲学意义上的关于人类生命意义的表述。阿恩·奈斯也强调生态智慧没有统一的标准答案。答案应该是开放的、多样的。每个人都应有自己的生态智慧。生态智慧一定与生态区域紧密相关，与生态区域的文化多样性相关。生态智慧指的是个体融入整体，进入到整体生命网络之后，根据对整体的感悟调节自身行为节律的能力。从英国生态批评家贝特对浪漫主义生态学的研究到美国劳伦斯·布伊尔对环境想象的文化梳理，乃至格兰·拉夫实践生态批评运用的人文与科学相结合的阐释，可以说都是在求解生态智慧。在揭示文学文本与自然环境隐含的联系的过程中，生态批评力图阐发人与自然成为一体时所感知到的自然节律，以及与之相协调的智慧。生态批评对生态智慧的求解最有利的文本对象是自然/环境文学创作中的区域叙事，例如华兹华斯对于湖畔的诗歌叙事、梭罗对于瓦尔登湖的散文叙事、维拉·凯瑟对于内布拉斯加大草原上拓荒者生活的叙事、埃德华·艾比对于大沙漠的随笔叙事，等等。这些区域叙事与生存的自然环境发生目的性联系。叙事者表达了对所在区域欣赏、尊重、保护和负责的情感，以及想象、审美与伦理联系。

《狼图腾》可以说是环境文学区域叙事透射生态智慧的文本。《狼图腾》出版于2004年，自出版以来连续居于热销榜至少十年之久。作者姜戎1967年从北京赴内蒙古额伦草原插队。1977年曾经去探访锡林郭勒草原，发现整个草场几乎被破坏殆尽。他1997年完成小说初稿，2002年在北京的沙尘暴中完成三稿。他根据自己在内蒙古大草原插队的经历，从草原这个生态区域被破坏过程的见证者的视角创作了这部作品。这部作品入选中国七十年七十部长篇小说典藏。和任何一部伟大的作品一样，对《狼图腾》的解读也是多元的。作者在书中将中国汉民族的民族性与狼的精神进行了比照，从而使广大读者将其视为关于狼性的书，引起了沸沸扬扬的关于狼的精神与品质的讨论，却忽略了书中草原区域叙事表达的生态智慧内涵。

笔者要把《狼图腾》定性为关于内蒙古草原生态区域叙事的作品，或者关于草原生态学的文学作品。书中的故事主线是北京知青陈阵到草原插队，向牧民学习如何在草原上生活。在插队时与牧民们共同生活的岁月里，他对草原上的狼产生了极大的好奇，也从牧民身上学到了关于狼在草原生态系统中的重要地位与作用的知识。同时，书中也讲述了随着知青与工作组的到来，自上而下地给草原带来了不可阻挡的变迁。所以，本书除了讲述人的故事——关于国民性的思考之外，作者更是在讲述草原的故事。草原的故事给读者展现了什么是草原整体——即生活在草原上的狼、羊、人、马、鼠、兔、旱獭、草等万物相互依存，彼此之间一环套一环、缺一不可、相互关联。草原是草原上万物环环相扣形成的意象。草原的故事里狼是主要角色。狼对于草原而言具有举足轻重的地位。狼因为保护草原的功能而形成了它特有的品性。没有了草原，狼的重要性便无从知晓。狼与草原相互生成与成就。此外，只有在草原上，狼与人之间才发生用道德与文化考量的关系。草原是草原人文化的根基，草原人的文化由草原的规律所制约。无视草原的规律，草原文化就面临着解体的命运。因此，在《狼图腾》一书中，草原的故事甚至大于人的故事，人的故事在草原的故事之中，生态智慧在草原叙事中体现出来。在草原叙事中，毕利格老人是主要叙事者。诸多的叙事关系都围绕毕利格老人形成：毕利格老人讲述草原人与狼的关系；知青们讲述毕利格老人关于草原的知识与智慧的故事；故事中最大的冲突是毕利格老人与外来户包顺贵对待草原的不同态度引起的冲突。在不同的叙事关系中，作品突出展现了毕利格老人与草原和草原上的万物的合一关系，以及老人在合一关系中表现出来的生态智慧。毕利格老人与草原及草原上的万物形成的合一关系，为我们理解区域的健康生态循环系统提供了生态智慧的可能选择。这种智慧不是来自对外部世界的科学认识，而是来自生存于生物区域之中的生存者的经验感知——将自身与生存所处的世界合为一体的感知。这是与区域形成一个生命整体后感知到的智慧。这是一种生命智慧。毕利格老人在谈起草原、谈起狼、谈起腾格里以及他们之间的关系时，就像在谈论自己的生命一样。下面就从书中的三个关键词"草原大命"、"圆圈"以及"居"这三个方面来讨论毕利格老人的生态智慧。

（一）草原大命

"草原是大命，可它的命比人的眼皮子还薄，草皮一破，草原就瞎了，黄沙刮起来可比白毛风还厉害。草原完了，牛、羊、马、狼和人的小命都得完，连长城和北京城也保不住啊。"熟悉生态批评与环境文学的人对这一段话应该不陌生。美国环境文学经典作品奥尔多·利奥波德的代表作《沙乡年鉴》中有一篇题为《像山一样思考》的散文，表达了同样的生态认知。奥尔多·利奥波德在文中表明，山区草原的植被一旦被破坏，我们就会遭受沙碗（dust bowl）的灾难；如果植被被破坏殆尽，我们的未来就会被冲向大海。巴里·康芒纳把生态第一原则概括为万事万物紧密相连。毕利格老人的观点要比巴里·康芒纳的生态原则更具体更现实，也就是深入到万事万物紧密相连的整体内部，用"命"来形容整体的特性。"命"的本义就是生命。草原与草原上的动物之间是生命与生命相互维系的关系。"生命"不仅仅是物质层面的相关联系那么简单，它还隐含着神秘的精神层面或者灵魂层面的相互关联，具有强大的超越性和包容性。"草原是大命"，草原养育着草原上的无数生命。大命就是生命之间相互关联形成的整体。同时，草原与草原之外的世界也彼此关联。保护草原不仅关系着草原人，也关系着草原以外的世界。也就是说，大命关乎整个世界的完整性与稳定性。这里，老人的生态智慧是地方的生存智慧，也是全球的生态智慧。大命暗含生态区域叙事里的地方不是孤立隔绝的地方，而是与外界紧密联系的地方，"草原完了……长城和北京城也保不住啊。"老人的生态智慧启示我们全球生态安全取决于地方生态安全。毕利格老人对草原大命的认识是感性的，无法被科学实验证明，而只能由时间无情地决断。小说作者在离开草原十余年后，再回到草原时，发现草原因为农耕而遭到了严重的破坏。草原上已经看不到作者作为知青刚到草原时"风吹草低见牛羊"的风貌了。而此时，北京也正在遭受严重沙尘暴的侵袭。

毕利格老人的叙事语气既坚定又饱含无奈。他坚定地相信草原自有其平衡规律。草原牧业是一环套一环的经济体系。令毕利格老人无奈的是，现代社会逻辑粗暴地重排草原规律，以大规模的农耕经济打破了草原游牧经济的完整循环。其后果就是使我们深陷种种危机——能源、资源、环境、生态以及文化与社会公正危机。农耕后的内蒙古草原以每天 3 米的速度迅速沙化，这个残酷的现实向我们证实了老人无法用科学实验证明的生态智慧，也让现代人意识到，要想免受沙尘暴的侵袭，必须退耕还草还林，尊重区域生态系统的完整性，尊重"草原是大命"的生态智慧。

作者姜戎在《狼图腾》中表达的生态智慧与地方审美、伦理密切相关，显示出文化多样性的特征对生态区域可持续生存具有重要的意义。小说中毕利格老人的智慧既是草原审美的结晶也是草原伦理的前提。在毕利格老人叙述草原人与狼的关系时，我们能够感受到一种对立统一的共生之美。读者从毕利格老人打狼这个活动中不难体会到人与狼共舞般的共生之美。毕利格老人说，草原人打狼，但是也深知狼对于草原大命的重要性。所以，草原人从来不做把狼赶尽杀绝的事情。陈阵这些知青们在毕利格老人面前就像小学生一样，一点点地学习草原的智慧。在作者姜戎的笔下，这个学习过程是一个充满了快乐与欣喜的过程，也是改变了他对狼的仇恨、敌对态度并与狼建立起越来越亲近的感情的过程。知青们围绕这个主线对毕利格老人的智慧进行演绎，他们也起到了证实毕利格老人生态智慧的可信性的作用，并且显示了文化多样性共存对可持续生存的重要性。所以，在外来户包顺贵推行打狼政策时，知青偷偷开始养小狼。作者姜戎也借陈阵之口表明了自己的看法：在草原区域推行平原的农耕经济是违背草原智慧的破坏行为。"要是蒙古民族接受了汉族农耕文化，把蒙古大草原开垦成大农田，那中原的华夏文明可能早就被荒沙吞没了。赫鲁晓夫就是想用大俄罗斯的农业文明和工业文明来征服哈萨克斯坦的游牧文明，结果怎么样？竟然把世界少有的一大片优质草原征服成了沙漠……。"任何一种文明，无论它多么先进都只是相对而言，相对某一民族、某一地区。用一种文明同化整个世界的各个区域对我们赖以生存的地球而言意味着什么？目前，人类所面临的生存危机已经在回答这个问题了。"天下从来都是大命管小命，天命管人命。天地没命了，人的小命还活个什么命！"草原人关于草原是大命的信念充分表达了老子的"人法地，地法天，天法道，道法自然"的哲学思想。自然的大命具有区域性，草原是大命，森林是大命，河流也是大命。如果人类无视自然的大命，那么无论多么强大的文明都无法保住人类的小命。

（二）圆　圈

"在草原上，太阳旁边会出圆圈，月亮旁边会出圆圈，牧民在远处打手势让人家过去，也是用手划大圈。这个圆圈真像一个神神怪怪的信号。"这个信号在草原叙事中表达古老的象征，表现出草原人的信念，其圆圈的逻辑轨迹寓示草原的生态循环。"人们对生态的所作所为取决于他们怎么看待他们自己与周围事物的关系。人类生态学完全以人类关于自然与命运的信仰为先决条件。"圆圈的信念是生生不息的、永恒的信念。永恒的条件是每一个物种都能在各自的位置上实现各自的价值。每一个物种的独立价值实现各自的目的性，即生态循环中各自的用度。如巴里·康芒纳归纳的第二个生态原则，"每一件事物都有一个去处"。"狼是腾格里派下来保护草原的，狼没了，草原也保不住。"而狼太多了就会将草原上的牛羊吃光，人也活不成，草原也保不住，"蒙古人也是腾格里派下来保护草原的，没有草原，就没有蒙古人，没有蒙古人也就没有草原”。圆圈意识维系着草原人与狼的关系。圆圈意味着草原万物同在一个空间，共同经历生命的生死循环过程。人与狼都是草原的保护者，两者之间的平衡是草原及草原万物正常循环的条件。所以毕利格老人也打狼，但不是以敌对的、斩尽杀绝的刻骨仇恨的态度打狼。他在对狼与草原、人与狼、狼与羊、羊与草的关系叙事中表达了深刻的生态学思想：狼吃羊为护草，羊吃草为养人，人打狼为维护草原的平衡。任何一个环节都不能少，任何环节都不能被破坏。草原的圆圈是一个环环相扣的圆圈。每一环都在下一个环节中起到重要的作用。平衡维持循环，而节制保持平衡。草原叙事向我们展示世世代代的草原人在节制中维系草原生态平衡的智慧。在草原的游牧经济中存在着潜在的生态智慧与原则；“野物多了就多打，野物少了就少打，野物稀少了就不打。这样打了千年万年，几乎年年都有得打。”草原的生态智慧与原则就是维持生命的生生不息。在圆圈的信念中，生命的意义与不断延续联系在一起。圆圈就是一种循环往复的生命信念。圆圈是一个美丽的意象。在这个美丽的意象中，草原人认知草原上万事万物的生命轨迹。草原人遵循圆圈这个轨迹，视圆圈为文化信念，并以圆圈的原则规范一切日常行为以及与周围的万事万物的关系。圆圈中包含着敬畏、节制、适应、谦卑、关爱、维系的智慧。

相反，现代文明是一种直线发展的文明。在直线发展过程中，前进的速度与发展的规模是其重要的信念。在现代文明中，生命的意义与速度联系在一起，而速度造成了对时间的挤压，于是生命在速度面前失去了意义。人类成为自负、欲望、占有、挥霍、控制、傲慢的符号，实现速度与规模的发展。而人类文明创造的速度要将人类带向何处呢？地球的演化经历了漫长的46亿年，在漫长的演化过程中形成了万事万物互相适应与协调的平衡状态。对速度与规模的追求无疑打破了适应与协调的平衡。失去了平衡，地球乃至人类自身的生存如何可持续呢？

（三）居的观念

“在蒙古草原搞定居真是瞎胡闹。农区来的人不明白草原，自个儿喜欢定居，就非得让别人也定居。谁不知道定居舒服啊，可是在蒙古草原，牧民世世代代都不定居，这是腾格里定下的规矩。就先说草场吧，四季草场各有各的用处。春季接羔草场的草好，可是草矮，要是一家人定居在那儿，冬天下大雪把矮草全盖没了，牲畜还能活吗？冬季草场靠的就是草长得高，不怕大雪盖住，要是一家人定居在那里，春夏秋三季都在那吃草，那到冬天，草还能有那么高吗？夏季草场非得靠水近，要不牲畜都得渴死。可是靠水近的地方都在山里面，定居在那儿，一到冬天冷得能把牲畜冻死。秋季草场靠的是草籽多，要是一家人的牲畜定居在那里，啃上一春一夏，到秋天还能打出草籽吗？每季草场，都有几个坏处，只有一个好处。游牧，就是为了躲开每季草场的坏处，只挑那一个好处。要是定居在一个地方，几个坏处一上来，连那一个好处也没了，还怎么放牧？”

在草原人的眼里，“居”不是盖房子、拥有房产定居下来，而是尊重自然规律，以四季变化、万物兴衰为条件安置生活的地方。其中包含着丰富的生态知识与生态智慧。草原人的居在于“以草原生命为中心”。居的观念包含着万物共存、和谐共生的准则。草原人恪守草原是大命的原则。草原的大命以四季的变化为其生命的节律，草原人协调自己的居以适应草原的节律，协调的目的很明确——保护草原的优势、避开草原的劣势。人的居与草原的生命形成有节律的变动，节律的变动确保草原整体生命的健康循环，整体的健康循环保证人类个体居的平安与长久。书中表达的“居”的观念是一个融入草原整体生命的过程，而草原整体生命是一个具有四季变化特征的生命整体。因此，草原上的“居”是一种逐水草而居的文化，而不是农耕的定居文化，具有生态区域层面的“诗意的栖居”的内涵，其中的诗意在于“以万物之繁荣为生存之本，乐在与水草共生”。栖居则随着四季的节律变化而流动地生活起居，流动生活本身就在为保护草原大命做出贡献。《狼图腾》中描绘的居的观念也非常具体地实现了奥尔多·利奥波德提出的大地生命共同体的伦理原则，即把维护草原大命的完整、稳定、美丽作为诗意栖居的基础，在此基础上去实现居的快乐与满足。

《狼图腾》中表达的诗意栖居是草原生物区域地方的居文化。流动本身在于保护草原大命的繁荣，与殖民运动之后移民的流动大不相同。殖民运动之后移民的流动撕裂人与地方的关系，流动的目的是资本驱动下的种种利益、野心与欲望的满足，源于掠夺，终于索取。可以说，殖民运动带来的全球化移民运动受眼前利益驱使，可以快速实现个人短期利益的满足。而草原人逐水草而居的观念则是保持草原长久生存的大计。草原人的“居”一定是在具体的生物区域内具体地方的“居”。尊重地方的生物区域特征是实现安全、稳定、美丽的居住的前提。这个前提条件犹如鱼儿必须生存在水里，万物生长需要进行光合作用一样，是人类生存的基本常识。现代人提到“居”时往往以占有多大空间为条件，把快乐寄托在占有欲望的满足之上，彻底忘记了对居住的地方的自然条件的尊重。现代的“居”的观念更多的是孤立的占有空间或者消费空间，人的行为不仅从自然整体生命系统中剥离出来，而且不断撕裂和吞噬自然生命系统，人的生活成为不断膨胀的消费体，其后果必然是把生存推向不可持续的边缘。毕利格老人的“居”的概念抛开了占有的观念，强调要知晓草原运转的规律，把居住的快乐融入草原的自然规律之中。这是一种智慧的栖居观念——表现在把知识、审美与伦理关系完美地结合在一起。快乐、美丽的生存一定有对草原大命的知识作保证。没有最起码的生物区域的合乎自然规律的生态智慧，也许能获得短暂的由物质占有带来的满足、方便、舒服与快捷，但是从长远来看，必然会面临更大的苦难。奥尔多·利奥波德说：“过度的安全舒适看起来只会带来长远的危险。”生态批评家劳伦斯·布伊尔也提出“舍弃/放弃的审美”是环境文学的目的性体现。它既包含物质层面的舍弃，也包含个体自治层面的舍弃。《狼图腾》中表达的“居”更倾向于智慧层面，其诗意是一种智慧的诗意。没有草原，哪里会有草原人以及牛羊等牲畜的生存之地？草原被破坏了，邻近区域的生态环境也会连带受到破坏。草原人的“居”以生态为中心，其大智慧在于将人类个体的生命置于生态整体生命之中来考虑。

《狼图腾》的区域叙事中充满了不安、焦虑甚至愤怒的语气。假设句“要是……那……还能……吗”含有双层忧虑。第一层表达早已形成的整体生命体验与认识受到威胁的忧虑；第二层表达对打破这种整体生命规律必然带来的后果的忧虑。这样假设也可表达出对生态区域智慧被忽视的愤怒。显然，农耕文化与游牧文化在草原区域发生了冲突。在冲突中，生态区域文化被压抑、被边缘化，甚至受到了现代文化的无视与排斥。毕利格老人的叙事饱含对一种文化压倒另一种文化的愚蠢行为的愤愤不平情绪。

与毕利格老人的“居”的观念相对立的是“离散的居”与“殖民的居”。离散意味着远离故乡。离散的人对离散地缺少对故乡的那种亲切情感，但是却将在故乡形成的定居观念渗透进离散地。离散人的“居”的观念对区域特有的“居”的观念造成一种冲击，逐渐削弱甚至破坏区域特有的“居”的观念。殖民的居是一种权力行为，直接构成一种文化对另一种文化的冲击。而殖民者对区域的生态环境没有任何的感知与认识。文化的冲击逐渐打破区域整体生命体系。面对外来农户包顺贵全然不顾草原自身生态规律以上压下的权利行为，乌力吉一连说出了草原的十几个怕：“怕踩、怕啃、怕旱、怕山羊、怕马群、怕蝗虫、怕老鼠、怕野兔、怕獭子、怕黄羊、怕农民、怕开垦、怕人多、怕人太贪心、怕草场超载，最怕的是不懂草原的人来管草原……”生态智慧一定来自懂草原、懂草原大命、懂得圆圈的生存法则的人。而“离散的居”与“殖民的居”都以权利与力量为特征，对草原缺乏起码的认知。所以，即便有先进的科学技术，但是没有草原大命的生存智慧，科学技术也未免不起到助纣为虐的破坏作用。

只有现代科学技术与草原是大命的生态智慧结合在一起时，现代科学知识才能成为生物区域智慧。小说的第十章讲到了当毕利格老人讲述打狼要有节制，因为“打狼是为了护羊护马，可是护草原比护牛羊更重要”时，他问陈阵信不信他讲的道理，陈阵连连回答说“我信，真的信”，接着又讲述了生态学中最典型的例子——澳大利亚兔子成灾的故事。这是小说叙事的第三种声音——生态学知识的声音。《狼图腾》的区域叙事凝聚三种叙事声音，构成了生态智慧。一是草原人以草原为大命的叙事声音；二是具有强烈的环境意识的作者本人的叙事声音；三是生态学的叙事声音。三种声音互相呼应，时而合为一体，时而相互证明。这与作者姜戎本人的生活与知识体验分不开：作者在草原插队时，与草原人朝夕相处，学习到了草原人与草原合一的生态智慧；在插队结束返回北京后，学习并研究政治经济学。20 世纪末的北京遭受了严重的沙尘暴，加之，作者阔别几十年后重返草原，看到草原日渐沙化的现状，这些都让作者更深刻地认识到了草原人保护草原生态系统的生态智慧，而作者学习的生态学知识又使他更加坚信草原人的生态智慧。可以说，《狼图腾》对草原人生态智慧的文学再现给现代人打开了一扇窗，让人们看到了生物区域智慧对理解人与自然的关系有着不容忽视的重要意义。“艺术与文学有助于我们倾听多种叙事声音，有助于我们想象和再想象随着变化适应地生存在我们各自的地方是什么意思。”

二、结　语

现代科技的发展极大地推动了人类文明的发展速度。伴随着文明发展速度的加快，人与自然的关系也出现了严重的失衡。不平衡的关系给人类生存带来了前所未有的危机。危机的现实令人不得不思考人类文明发展的过程中认识世界的智慧，也呼唤人类重新捡拾在地球上生存的智慧。《狼图腾》通过将几种声音聚合在一起的生态区域叙事，展现了体验而来的“草原大命”、“圆圈”以及“居”的生态智慧。体验的智慧来源于在自然环境整体之中的生活，来源于融入自然环境整体的节律，以及对与自然万物从个体到整体的生命联系的体验，是一笔宝贵的财富，但在现代化进程中它却被丢进了贴有“贫穷、落后”标签的角落。随着现代生态环境危机的加剧，生态智慧的价值重新被发现。生态哲学家阿恩·奈斯在《生态学，社区与生活方式》一书中提出，“要鼓励读者寻找各种途径，发现并叙述以他们自身背景与方法响应自然绝对价值的直觉”。环境文学的生态区域叙事蕴含并再现了“以他们自身背景与方法响应自然绝对价值的直觉”，为经济、文化的可持续发展提供可资利用的智慧资源，对生态区域经济、文化的可持续健康发展具有重要的意义。

第八章 “生存还是毁灭”是文化选择问题：探寻黄河书写的感染力

21世纪是个环保的世纪，环境需要人类的自制，生态需要人性中的崇高。

——哲夫(《黄河生态报告》)

21世纪是人类文明转型的世纪，充满希望，也充满危机，人类将重新认识自然环境的价值，并开启新的绿色文明。

——李林樱(《啊，黄河》)

存在还是灭亡，这是一个问题。万古奔流的黄河在我们这一代人手中毁灭，将是我们最大的耻辱。而让奄奄一息的黄河因我们这一代人的辛苦而再生，将是我们无上的光荣。

——马军(《中国水危机》)

感染力是修辞策略之一，但长久以来却在文学研究中缺席了。随着环境书写的兴起，文字感染力的作用重新引起关注。感染力呼唤人们关注人类经济与技术发展对物理自然世界所产生的严重冲击。中国环境书写的感染力发自森林砍伐、污染、物种灭绝导致的死亡图景。在中国所有的环境书写中，黄河书写最为引人注目。很多作家都将目光投向中国母亲河的环境，书写母亲河命运的文字产生了强烈的感染力。那么，黄河书写中的感染力具有什么样的特征呢？

一、引 言

语言建立了文学与环境之间的直接联系。作者通过语言记录、描述非人类环境存在的状态与变化。这一过程不可能没有感情的介入与参与，尤其是环境写作，它表达了对人类经济与技术发展对物理自然环境的冲击所造成的环境问题的关切。环境写作旨在唤醒读者对人与自然关系的意识觉醒。感染力在书写中显示了明显的修辞力量。大大小小的环境问题在世界各个地方几乎以同样的面目存在，然而环境写作中的感染力却因文化的不同而不同。拥有不同文化背景的作家在面对环境问题进行写作时表现出不同的感染力。文化在环境写作的感染力中发挥着不可忽视的作用。

感染力是古代修辞中的三种说服力之一。从某种意义上说，文学批评从古代修辞演化而来，但是现当代文学批评却很少论及感染力。它为什么淡出了文学批评的视野呢？原因难以一言以蔽之，但是一定与按照科学的标准避免主观情感“用作某种操纵目的”有关。亚里士多德认为感染力是言说者或者作者通过激发听众或者读者的感情以传达信息的修辞策略。感染力的作用胜过作者的人格魅力或者论说方式。被激发出来的感情是对悲剧、不幸或者艰难困苦的共情。作者利用感染力呼唤大家对他所感受到的某种潜在的危险、威胁与灾难作出回应。就环境写作而言，作者预见到了地球环境退化与被破坏的形势，感受到了作为这种现状的见证者的痛苦和悲伤，并通过展现他本人的观察结果来激发读者共情，或者通过讨论环境悲剧后果促使读者对环境现状有所觉醒与意识。所以，感染力是环境写作中作用突出的修辞策略，同时也起到了导体的作用，传导对人与环境之间生死相依关系的感知，唤醒读者保护环境的责任意识与生命觉醒。

在中国古代文论中，感染力源自自然。文学是人在受到自然的感染后被激发出情感而形成的创作。刘勰在《文心雕龙》里指出：“言之文也，天地之心哉。”文学表达自然之精神、自然之道、自然之存在本质。感染力发自自然，在人与自然万物的关系中，人是地球上独特的存在形式，具有感知与记录自然世界的神奇、美及物质之间的互动的能力。文学的感染力使得人类在天地之间脱颖而出。此所谓“惟人参之，性灵所钟，是谓三才。为五行之秀，实天地之心。心生而言立，言立而文明，自然之道也。”刘勰用“风骨”来论述具体的写作风格，更进一步强调自然是文学感染力的本原。“风”是《诗经》风、雅、颂、赋、比、兴六义中的第一义。《诗经》中的“风”指来自民间的民歌。民歌直接来自自然和在自然中的生活。刘勰认为风是一切感染力的源头，集情感之总，感人至深。骨是表达感情的言辞。“风骨”表明文学天然地承载人与自然之间的联系，是一种感情的纽带，具有本体论与认识论的意义。刘勰的“风骨”与朗吉纳斯的“论崇高”有相似之处，但也不尽相同。相似之处是文章之所以不朽，是因为其能表达出自然的壮美，是最高级的艺术审美。而且风骨和崇高的作品都能流芳千古，传递文学艺术的感染力。不同的是感染力的本体源头不同。东西方文化都认为，人是自然界中唯一能够创造文字，并且用文字来创造文化与文明的灵长类动物。但是，对于文学的感染力的来源，东西方的看法却大不相同。在西方文化中，感染力源自对形而上的存在的模仿，在西方的信仰体系中，人类是高于自然天地的造物，文字不是表达天地之心，而是表达造物主的价值与理念。如约瑟夫·米克在《生存的喜剧》中所言，对于高于人类生命与自然万物存在的价值与理念的追求成就了西方文化中的悲剧精神。西方文化中的悲剧精神成为人文主义发展的支柱，人文主义的发展集中体现在三个信念上：(1) 自然为人类的福利而存在；(2) 人类的道德超越自然的局限；(3) 个体的权利与利益具有至高无上的重要性。在文学作品中，英雄主义的价值观被着重强调，进而科技与理性成为社会的主导力量，而重视生命本身的感染力却被忽视或搁置一旁。环境文学突出地表现人与自然之间的关系，感染力作为呼唤和启发意识觉醒的修辞重新显示出了不可忽视的作用。

中国环境写作的感染力源自人们从森林砍伐、水污染、物种灭绝中所感受到的自然万物死亡的威胁。这种感受被亲身体验并见证环境恶化现实的民众编成了民谣。哲夫在淮河生态报告中，引用了流行于淮河流域的一首民谣。民谣唱道："五十年代淘米洗菜，六十年代洗衣灌溉，七十年代水质变坏，八十年代鱼虾绝代，九十年代居民身心受害。"也就是说，从 20 世纪 80 年代开始，南方河里的鱼虾，东北森林里、西北草原上的狼与虎开始灭绝。1982 年徐刚出版了《伐木者，醒来！》，书中深刻地揭露了乱砍滥伐造成的沙漠化。他把森林乱砍滥伐比作人类自掘坟墓，从中我们读到了作者深深的忧患意识与危机意识。在他之后，越来越多的有良知的记者与作家投入到环境主题写作中。报告文学就成了中国当代生态文学的首选文类。报告文学直接以真实的描述表达作者对濒危的动物、植物、河流甚至人类生存环境的深度关切，其感染力发挥了极大的作用。张浩、杨剑龙、王诺等生态批评家，在对揭示快速工业与城市化过程中造成的生态失衡以及动植物灭绝等与死亡相关的环境危机的一众报告文学作家与非报告文学作家作品的研究中，着重强调作品语言表达的忧患意识以及忧患意识的潜在影响作用。其中最有影响力的报告文学包括：沙青的《北京失去平衡》(1986)——揭露北京水资源快速萎缩的危机；陈桂棣的《淮河的警告》(1995)——揭露了淮河无节制的水污染问题；哲夫的《中华环保万里行》——记录了在中国环保考察旅程中所见所闻的环境危机现状；李林樱的《啊，黄河》——描述了她个人对黄河流域环境恶化现状的观察；李青松的《遥远的虎啸》(1997)——聚焦森林砍伐造成的虎、狼等大猎物灭绝的危机；王治安的《国土的忧思》(1991)——警告人们大坝建设与城市化带来的大规模迁移有可能导致未来的粮食危机问题等；在此不一一列举。除了报告文学之外，再现生态危机以及人类与自然世界关系危机的虚构作品也大量涌现出来。其中具有代表性的有：哲夫的《毒吻》等系列小说，以及陈应松、陈建功、郭雪波、姜戎、贾平凹、迟子建、韩少功、张伟等作家的作品。有些著名作家，虽然其作品展现了对环境问题的揭露与反思，却拒绝被冠以环境作家的头衔。但是也有另一个写作群体，他们也许没有文学家的头衔，但是他们作为环境保护行为主义者书写亲眼所见、亲身参与的有关自然环境保护的故事。就环境写作而言，这种现象很耐人寻味。一方面它表现了如格兰·拉夫提到的文学圈与环境现实问题的分离，另一方面也表现了重新考察和审视文学中感染力问题的必要性。斯科特·斯洛维克指出，关注环境安全的主题、反思解决问题的思路在生态批评的议程中比文类更重要。劳伦斯·布伊尔也指出自然现状在环境文学中往往是主体，或者是写作中呈现与再现的主要形象。那么感染力就具有了判断文学作品价值的力量，而能够让读者与作家在自然现状、环境问题以及对环境危机的反思与寻找出路的思考中产生共情，则是环境文学最突出的特征。换句话说就是，连接作者、物质世界以及读者的感染力就承载了文学性的内涵，值得深究。接下来，本章将从感染力与文化母体、感染力与民众的责任意识及行为、感染力与生态安全的联系等方面，探究黄河书写的文学影响力。

二、感染力与文化母体

阅读 20 世纪末的中国环境书写不难发现，黄河书写占据了最重要的篇幅。也可以说，黄河是环境写作中最重要的自然形象之一。黄河是中华民族的母亲河，在中国史前史、中国历史中具有重要的地位，堪称中国的文化母体。源于青藏高原的黄河从西向东贯穿九个省份，在山东省入海，全长 5464 公里。中国远古文化的历史传说，如三皇五帝的故事，大都发生在黄河两岸；承载中国文化的汉字最早出现在黄河流域；二十四节气历法最先在黄河流域被确定下来；中国百家争鸣的思想家大多数来自黄河流域，道家、儒家、墨家、中医以及阴阳学派都是在黄河流域演化发展而来。根据考古发现，中国大多数著名的世界文化遗产，诸如兵马俑、甲骨文，也都分布在黄河沿岸；对世界文化作出巨大贡献的中国的四大发明——造纸技术、印刷技术、火药与指南针——以及大多数中国文化精华，如武术、京剧、诗歌、丝绸、玉器、瓷器以及青铜器，都在黄河沿岸逐渐被挖掘、发现。

黄河是中国文化的母体，它养育了中华儿女上下五千年，滋养了中华历史。从神话传说到大禹治水之后在黄河边建立了中国第一个朝代——夏朝；从周朝在这里建立了儒家最推崇的礼乐制，到统一中国的秦朝在黄河边建立帝国的中心；从中华文化鼎盛时期的唐朝到经济总量占世界五分之一的宋朝，都建都在黄河沿岸。中华儿女与母亲河黄河在历史上形成了相互作用、相互依赖的文化整体。杜省吾在《黄河历史述实》一书中指出，在过去的数千年历史中，从一个朝代到另一个朝代，中国人与黄河之间的历史通常也是人民如何寻求治水患与泥沙的历史。黄河是气势磅礴、汹涌澎湃、不断用洪水挑战并滋养两岸农业生产与生活的母亲河。黄河作为文化的母体，以滋养生命的“福”与威胁生命的“患”两种面目同时出现。中华文化也就在“福”与“患”的平衡中发生、发展、演变。在中华上下五千年的历史中，黄河没有因为不停带来的水患而让人们忘记她带来的“福”。因此成就了中国文化中“福兮祸所伏，祸兮福所倚”的辩证福祸观。然而，今天，在中国环境文学的文字里，我们已经读不到黄河福与祸之双面性的创造活力。黄河不再是能制造水患的河流。从1972年开始，黄河每年都要经历断流威胁。黄河那波涛汹涌、滚滚向前的形象已经变成被污染或被拦截得奄奄一息的濒危形象。母亲河的危机现状牵动着千千万万中华儿女的情感。众多的环境作家、记者、环境保护主义者纷纷亲身沿黄河沿岸考察，关注母亲河的现状。母亲河成为最发人深省的环境文学书写对象。作家们的书写充满了对母亲河生死的忧患意识。黄河作为文化母体，成为环境作家笔下感染力的源泉。接下来，我们一起对三个不同作家书写黄河的文本进行感染力表现方面的细读。三个文本分别是作家哲夫的《黄河生态报告》、记者李林樱的《啊，黄河》，以及NGO环保主义者马军的《中国水危机》。

感染力与模糊悖论的文化意识

感染力源自对文化母体的关切，但是感染力的表达与接受是否与源自黄河的母体文化相一致呢？这在现代中国传统文化式微的今天非常值得注意。哲夫的《黄河生态报告》于2004年出版，是哲夫参加中华环保世纪行，从黄河源头走到黄河入海口，对沿途看到的黄河水土流失、污染以及断流的现状充满思考与警示的报告文学作品。哲夫是中国不多的认同自己的作品为环境文学的职业作家。哲夫也是被众多评论家赞为现代中国为数不多的具有很强的忧患意识与责任意识的作家。中国作家协会副主席、中国环境文学协会主席在《黄河生态报告》的序言中盛赞哲夫的社会责任意识以及作家情怀。张皓认为哲夫的写作具有黑色生态警告的特点。哲夫从1993年到2006年先后六次参加中华环保世纪行。中华环保世纪行由全国人大环境与资源保护委员会同中宣部、财政部、国土资源部、环保部、水利部、农业部、国家广电总局、国家林业局、国家海洋局、全国总工会、共青团中央、全国妇联、中国科协14个不同机构共同组织的一项大型环境资源保护宣传活动，旨在大力宣传并促进国家环境法律法规的制定与宣传，自上而下地提升环境资源意识。需要指出的是，中华环保世纪行所秉持的自然观念仍是现代资源与环境观念，也就是说，人与自然之间的关系是人类如何更好地利用自然环境的关系。这与文化母体意识并非完全吻合。当人类与黄河是文化母体关系的时候，自然与人之间不仅仅是物质层面的资源开发利用关系，更重要的还是情感与精神层面相互依赖的关系。两者最大的区别在于文化母体意识把黄河看作黄河本身——它会涨水，也会沉积，它是福祸辩证的整体。人类享受着母亲河带来的福祉，也承受着母亲河泛滥的灾害。福祸共存是人与母亲河可持续共生关系的文化基础。但是，如果仅仅是环境资源的关系，那么黄河就是人类控制与开发利用的对象，人类只想从黄河这里获取福祉，把黄河控制在为人类谋福利的物质需求之下。这一文化差异为黄河书写的感染力表达与接受埋下了模棱两可与似是而非的种子。

《黄河生态报告》全书有三条书写线索。第一条线描述中华环保世纪行团队艰苦的汽车行程路线：包括从海拔5000米的高原到东部海边的行程，以及行程中半公开地检查与揭露地方政府及追求利润的企业所造成的环境破坏行为。这条叙事线对团队人员以及团队人员的环境意识的描述具有模棱两可的特点。在作家笔下，母亲河黄河流域的环境遭受到了前所未有的破坏：污染、水土流失、断流等生态恶化现状令人触目惊心。读者能够感受到作者深切的忧患意识，但是触目惊心的破坏如果仅从物质资源层面，而不从与母亲河的文化精神联系层面加以认识，那么，作者忧患意识的感染力的被接受程度就会大打折扣。第二条线索展现了作者对黄河历史文化与地理的回顾。这条线索表明作者寻求本源的文化力量以增强文章的感染力。第三条线索是对地方官员的采访。采访揭露了面对环境问题时，一些职能管理部门既强大又无能的悖论状态。企业与地方政府一方面疯狂地追求经济效益，一方面被动地应付环境破坏的现实，缺少与母亲河的文化精神联系。三条线索围绕黄河这个文化母体展开，但是在人与自然的关系、与黄河生死攸关的自然观念上以及环境保护的伦理内涵上，都存在传统文化与现代文化的冲突和纠缠，表现为模棱两可与似是而非。

哲夫作品的语言充满寓意与深情，其感染力释放出强烈的模糊悖论的文化观念。作者在报告中数次用充满激情但不乏谴责的语气叙述黄河作为中华民族的母亲河滋养了中华文化，被河流养育的中华儿女本应该对母亲河报以应有的责任与感恩，但是作为母亲河养育的中华儿女又是如何对待她的呢？

我们往往总是无厌地不知羞耻地吮吸母亲体内的奶汁，总是厚颜无耻地无度地不知体恤地从母亲那里索取慷慨无私的爱怜，面对被我们撒娇撒痴轻狂地不自爱撕破了的儿时的摇篮，面对已经被矫情任性不知节制地索取的我们所折磨的憔悴不堪未老先衰的母亲，我们这些自命不凡的黄河儿女，还有什么颜面对她品头论足？连乌鸦这黑色的羽禽都懂得反哺母亲，难道我们这些黄河的儿女不懂得孝敬慈颜？

……

她在无声地哭泣，她在不停地流血，她在苦苦地挣扎，可是她还没有失去希望，还没有因此生气，还没有为之发怒，还没有决定是否迁怒于所有的人类。

她之所以容忍了人类对她的不恭，对她的凌辱，对她的伤害，对她的折磨，那是因为她心中有着太多的爱，有着太多的大人对孩子的溺爱有加和纵容娇惯，有着太多的母亲对忤逆不孝的儿女们有朝一日痛改前非的期盼，她不死心啊！

……

母亲河不仅是中国人幼年时的母亲，她至今还是我们的母亲。黄河并没有过时，她虽然苍老枯瘦，病痛满身，但她还在挣扎着以自己的血肉养育着我们广大地区的人民。

……

上述文字以母子情深的寓意来描述我们与黄河的关系，感染力寄托在中国传统文化中的家族伦理价值判断上，即被政治化的儒家伦理内核“孝道”上。文字中充满了道德的说教与谴责。在儒家教义中，孝道统领所有的善，是中国伦理价值观的基础。在儒家家族伦理理念中，做到孝，一个人就能不断地修身养性，维护家庭与社会的和谐，投身国家的福祉与世界和平。换句话说，如何一个人不懂孝道，也就不可能有世界和谐与和平的博大视野与胸怀。把中国传统儒家文化中家族内人与人之间的孝道关系延伸到对黄河母亲的关爱，显示了哲夫生态报告的独特感染力。这里回响着阿恩·奈斯的自我实现与奥尔多·利奥波德的大地伦理。他们享有共同的创造性思考：把人与人的伦理关系延伸到人与自然万物的关系上。其初衷是把人与万物视为一个相互关联的整体——生命共同体。由于中国历史与文化深深地植根于黄河的存在，因此黄河与中华儿女已经是不可分割的整体存在了。黄河养育了中华儿女、中国文化与文明。这种母子关系随着黄河的形势越来越糟，反而使得想象与传说变得具象化。哲夫把家庭中的孝道延伸到对黄河的保护上，也就是把黄河的生命与中国人的生死紧紧地联系在一起。这就不仅仅是物质层面的对黄河环境资源的关注，而是对中国人自我实现与伦理道德的关注了。所以，在揭露草原遭到破坏、河流被污染、沿河流域的森林被乱砍滥伐的同时，哲夫也揭露了官僚的腐败以及在保护河流环境方面的无能。可以说，篇幅为十九章的黄河生态报告承载着沉重的“生存还是毁灭”的感染力，这感染力在教化的同时也在拷问中国传统文化的伦理价值何在。关于这个问题的答案，第三条写作线索的行文展现了诸多的悖论与无奈——无论是政治上还是文化上都表现出了模棱两可与似是而非的特点。且不说“孝道”伦理连同其他传统文化价值观在20世纪上半叶随着现代化进程被批判、破除以及边缘化与遗忘，就是“孝道”本身的伦理价值内核也被诟病为与维护男权与等级秩序相关，压制、轻视并束缚个体的独立性与自由，与现代社会的发展格格不入。《黄河生态报告》通篇对个体责任的书写呈现被弱化的状态，而对政府管理决策的依赖却被过分强化。作者在对采访甘肃玛多县县长、书记等的描述中，揭示了官员强调治理环境问题的困难远远大于如何利用环境进行决策。采访中躲躲闪闪的对话使得文化与伦理价值的感染力越来越模糊。在采访中，作者询问了地方官员关于解决环境问题的方案，但不难发现作者的生态环境意识远远高于许多地方官员的生态环境意识。这其中的反讽有些令人哭笑不得。如何能指望生态环境意识缺乏的行政官员治理生态环境问题呢？另一方面，行文中如幻灯片一样的一件又一件河流污染事件的再现，也展示了地方政府面对环境问题时的无能。更为令人气愤的是，有些地方政府和污染企业与深受水污染之害并且关注黄河岌岌可危状态的地方民众玩起了猫捉老鼠的游戏。读到文本的最后，读者被带到了一个巨大的反讽悖论面前：虽然环保官员们在为确保环境法实施以保护环境安全而努力工作，但是环境恶化，尤其是黄河的环境恶化，却仍令人触目惊心。

从文化上看，哲夫的作品散发着模糊与悖论的无奈语气。一方面，他在回顾黄河的文化与地理的篇章中，重复讲述中国历朝历代植树的故事，传达中国人自古就注重人与自然世界之间的可持续关系。从五代时期开始，中国历史上就有各种注重环境可持续性的保护法则，诸如渔网不能太小，禁止捕捞小鱼，砍柴不允许折嫩枝，不允许随便拿走鸟蛋等。另一方面，他也谴责祖先缺乏生态环境意识与智慧，造成了西部的沙漠化。当代人则更是为了自己的好日子，不顾子孙后代，疯狂地攫取，过度消耗子孙后代的资源；肆无忌惮地打破自然的内在平衡机制，破坏森林与湿地，破坏鸟儿及其他动物的生境，让丰富、生动、多彩的地球逐步成为单调、缺少生机的荒原。通过对这种模棱的悖论的文化追踪，我们一边面对被破坏被污染的黄河环境，一边面对碎片化的文化现象。一个图景展现了黄河濒危的景象，黄河源头出现了乱砍滥伐和沙漠化，源头之水越来越少。随着黄河水越来越多地用于灌溉与工业生产，黄河包括其支流都出现了断流情况，更不用说黄河水污染的严峻现实了。过去年年有洪患的黄河现在却经常出现断流。由此，作者在最后一章用了《黄河还能流多久?》这样悲观的标题，并转向祈祷黄河的回归。另一个图景则是破碎的碎片化的文化与伦理系统。伴随着对经济效益的疯狂追求，传统文化与伦理系统再一次遭受重创，并被无所顾忌的自然资源掠夺、贪得无厌的欲望所取代。哲夫表示，自然生态的危机与社会生态危机紧密相连，当河流洪水泛滥时，那是自然灾难。当人的欲望泛滥时，那将意味着更大的灾难。两种图景交替出现，就凸现出“生存还是毁灭”既是物质生存环境层面的两难选择，也是文化观念上的两难选择。也就是说，文化本体根基模棱两可，人与自然的关系也就在悖论中打转。作者的感染力也就无法非常明晰地传达出来并被读者接受。即使在环境意识提升、各级政府非常注重环境建设的今天，我们看到的也只是通过巨大的资本投入治理得整整齐齐、干干净净的城市居住环境，但我们看不到的垃圾堆积、有毒物质污染、温室气体过度排放也能治理得整整齐齐、干干净净吗？健康、稳定、完整的可持续自然生态系统恐怕不是靠资本投入就能实现的，而需要根本的观念转变才能得以修复与维护。

哲夫在报告文学中指出环境退化源自某种文化流失。他认为文化流失和水土流失一样，都是造成黄河的生态退化的原因。如断流意象所寓示的，文化的流失破坏了人对自然的仁爱感、对高山大河的敬畏感，因此导致了正误混乱、真假不分的思想泥石流。由于文化的流失、道德的沦丧，贪婪与自私的人性被彻底释放出来，这给自然万物带来了万劫不复的灾难。因此，他声称挽救黄河具有双重意义：一层是挽救物质的黄河，而更重要的一层是挽救精神上的黄河文化与道德。他坚信环境保护在于中国传统的仁、义、礼、智、信的道德与伦理力量的复兴。传统的道德与伦理力量不仅仅是约束人类行为的价值标准，也是人类文明的标志。他把人类失控的欲望与黄河洪水泛滥相提并论，认为前者的灾难甚至更为深重，人类的欲望一旦泛滥，不仅会威胁到黄河的长治久安，更会威胁到人类自身的可持续生存。“生存还是毁灭”是一道文化选择题。

三、感染力与民众的责任意识及行为

可以说，哲夫最后转向传统伦理文化，寻求感染力的源泉和力量。而李林樱的《啊，黄河》则直接激励民众要立刻行动起来。

《啊，黄河》是2006年出版的万里生态灾难大调查报告文学。与哲夫参加的大部队政府考察不同，李林樱在60多岁的时候以个人的名义考察了与中华环保世纪行几乎完全相同的路线，从黄河在青藏高原的源头走到黄河在山东东部的入海口。哲夫的写作以空间为序，从一个省走向另一个省，沿途就环境保护问题采访地方官员，试图从他们那里寻求解决方案；而李林樱的写作则从一个地点到另一个地点，沿途就生活与环境采访大批当地民众并直接向民众释放感染力，唤醒他们对黄河与自身生死关系的共情与意识。全书共有4个部分30章，层层深入地叙述黄河从源头到入海口与两岸民众之间生死相依、既美丽又不乏哀愁的关系。《啊，黄河》总序的副标题就是“话语权”和“知情权”，这与雷彻尔·卡森《寂静的春天》第二章的标题“忍受的义务给了我们知情权”异曲同工。正巧，李林樱是一位勇敢的女性作家。她以女性特有的细腻情感与观察、桀骜不驯的个性及记者的责任意识展现了与哲夫不同的视角与感染力。

以定西为例，两位作家的笔触都触及了这个地方。定西在甘肃省中部，历史上沿河两岸森林茂密，现在却因为乱砍滥伐成为干旱地区，水资源缺乏。由此，当地人生活非常困苦。哲夫用非常形象地笔触批评并评判了定西这里的先民们，指责他们不道德与不负责任的掠夺以及地方官员在当地半沙漠化状态治理方面疏于职守。哲夫试图用批判性与反思性对话的方式表达其感染力。而李林樱则从历史上这个地方经常爆发种族战争出发，从更深层次上向我们揭示环境恶化的原因。李林樱指出，战争带来的是流离失所，流离失所剥离了民众与地方的联系，导致缺少一方水土养一方人那种人与土地之间息息相关的联系。战争对生态环境有着不可磨灭的影响。保护生态环境也是保护和平的生活。工业文明的发展从某种意义上说是以战争的思维对待土地和自然资源开发以及经济发展，而不是以平和的心态对待我们在地球上的可持续生存。李林樱以女性细腻的观察，把战争以及战争的思维模式与生态环境退化联系在一起，具有深刻的启发意义，其感染力也更加有的放矢。

李林樱因其《啊，黄河》及《生存与毁灭——长江上游及三江源地区生态环境考察纪实》而被国内评论家赞为环境危机的呐喊者与旗手。《啊，黄河》也是围绕三条叙事线索展开：第一条线索报道环境破坏的现实，主要揭露母亲河所面临的危机以及地方百姓饮用水危机；第二条线索报道以当地百姓的生活变迁以及环境意识为主题的采访；第三条线索讲述政府以及私人企业为修复环境所做的努力。三条线索交织在一起，向读者发出拯救母亲河的信息。作者的感染力主要源自母亲河危机文化忧患意识。

在万里跋涉中，母亲河一路风尘，挟沙裹泥，她甘甜的乳汁已经被吸干，血液已经快要流尽。上游来的水量逐年减少，而下游饮水量逐年增加，再加上可怕的污染，在人口爆炸，经济发展，城市化进程加快中，母亲河再也没有了波涛滚滚，汹涌澎湃的气势，她形销骨立，孱弱纤细，甚至多次断流，露出了龟裂的躯体。

……

伟大的母亲河是中华民族的象征，是中华文明的摇篮。有一天，当从远古时期滋润中华民族和华夏文明的黄河变成了内陆河或季节河，再也无法投入大海的怀抱时，我们面对的将是什么？是心灵的破碎，是家园的毁灭，是文明的断裂……

李林樱用直白的语言向民众发出了母亲河生死存亡的警告。与用传统价值理念说教不同，李林樱呼唤读者思考母亲河与中华文化之间在物质层面的生死相依关系。也就是说，她从中华儿女与母亲河物质上的联系这个看得见的事实出发，逐步深入到与母亲河文化精神上的联系。这样，感染力的出发点就不是自上而下的，而是源自日常生活，从日常生活的物质联系出发，更容易触动民众的环境意识，并通过环境意识连接到传统文化的理念与价值，产生一种对现代性的反思力和走向环境友好生活的转换力量。

李林樱的黄河写作不仅在一定程度上激发了读者的危机意识，更重要的是激发了读者的责任意识与行为转变意识。以下是《从沙坡头到白芨滩》这一章中作者对灵武这个地方的环境考察报告片段。灵武曾是宁夏回族自治区位于黄河边的军事重镇。作者对这个地方的报道从对一个场景的形象描写开始，那是当地人到黄河边取日用水的场景，但是却具有丰富的象征意义。

在荒凉的沙漠中，一辆孤独的毛驴车拉着水桶踽踽而行，是到黄河边上去取水的。在辽阔的苍穹间，在荒凉的大地上，毛驴车和车上弯腰驼背的赶车人身影越来越小，越来越小，慢慢地消失在地平线上……

这里描述的是一幅艰难、凄凉甚至无助的生活图景。如果黄河一切安好，那么即便生活艰难也可以维系。但是，如果黄河断流、被污染，未来将只有死路一条。这样的描述把黄河与人们最基本的生存条件联系在一起，其感染力直接作用于人们对生存还是毁灭的选择。选择毁灭就坐以待毙，选择生存就要采取行动。作者在介绍了随着沙漠化的蔓延，干旱地区缺水现象越来越严重之后，就向读者展现了一个行动起来治理沙漠，恢复生态系统，建立了白芨滩自然保护区的典型事例——王有德的故事。王有德是回族人。在治理沙漠这条路上已经走了20年，当年那个风华正茂的小伙子如今已经变成了半拉老头子。王有德治沙除了出于工作原因之外，更重要的原因是他目睹了沙漠化如何让他家乡的几万人远走他乡。他不甘心就这样失去家园。王有德的故事告诉我们，阻挡沙漠化并修复生态系统需要能吃苦，能奉献，能承受失败，需要对美好的自然整体生命有坚定的信念，需要掌握了新的生态知识与技术的人。王有德治理沙漠的亲身经历让我们看到了环境友好的希望。但是，正如王有德所表示的，艰苦与失败不是治沙最大的困难，最大的困难是主体经济环境不友好的运作模式。面对李林樱的采访，王有德非常为难并沉吟很久才说道：

我只有两个要求，一个是希望各级政府不要只重视经济发展，忽视了环境保护，要真正坚持可持续发展。现在宁夏的能源基地进入了白芨滩自然保护区，让保护区的面积减少了10来万亩(保护区共150万亩)，我们很担心能源开发对生态环境的影响。另一个要求是，希望政府更加重视保护区的管理和建设，不要挤占国家投入的资金。我们几百个职工要在沙漠里生存，而且还要生存得更好。

王有德的忧虑与对未来不确定性的担心给治沙成就带来的希望蒙上了一层迷雾。法国环保主义者导演迪翁执导的纪录片《明天》里面也表达了同样的希望，在为可持续生存而努力改变时，需要各个层面都进行改变，以求重新张扬生存的希望。王有德的忧虑与困境也是"生存还是毁灭"的选择的困境。过度强调经济发展而忽视环境保护与可持续生存背道而驰。没有足够的政府支持加上与经济开发的冲突让环境自救行为也蒙上了模糊与悖论的色彩。作者本人对模糊与悖论的现实的叙述使得唤醒民众的责任意识与行为意识的感染力也蒙上了不确定性。修复生态环境是有希望的，但是这种希望在资金调配上出现贪腐现象的现实面前有多大的空间？这种希望面对工业化、城市化的扩张与发展有多大的空间？这种希望在人口爆炸、城市化的能源、资源消费不断飙升的现实面前有多大空间？

四、感染力与生态安全的联系

充满不确定性的模糊与悖论同样也出现在了NGO环保作家的黄河书写中，最有代表性的作品是马军1999年出版的《中国水危机》。马军是NGO公众与环境研究中心的组织者。黄河书写是这本书的第一章。与前面讨论的两部作品相比，这本书相对而言比较简洁直白，但是却以独特的方式表现了书写的感染力。前面讨论的两部作品都是读者跟着作者的脚步，看作者所看，感作者所感。而马军的黄河书写却让黄河成为独立的意象，让黄河自己在地理空间里逐步显现，从一个省到另一个省，黄河的生态环境及其变迁被历史地细细描述出来。偶尔，代词"我们"会代表整个中华民族出现在叙事中，是被质疑、被要求反思的反面角色。例如："如果这样的付出，还不能让我们制止宁夏生态环境的进一步恶化，我们就是在作孽。""我们曾用白玉栏杆圈起一棵千年古柏，因为那是珍宝；我们也曾用雕漆宝匣供奉一颗佛牙舍利，因为那是珍宝；那么黄河呢？""我们善待这一真正的国宝了吗？"在作者笔下，黄河是国宝，具有至高无上的存在意义。在黄河以独立的不可替代的角色呈现的描述中，作者要唤醒的是人们对其重要性的敬畏与尊重。其感染力与寓意超越了从物质层面对我们与黄河的关系的理解。

在马军的笔下，我们看到与黄河息息相关的不仅仅有文化和历史，还有沿河的湿地、一个又一个的峡谷、黄河水冲击出的黄土地、黄河两岸的森林与植被，有高原，有平原，有三角洲，有从四面八方汇聚而来的支流，更有无数在河水里繁殖的生命——各种鱼虾、河边栖息的飞禽走兽，他们共同构筑了黄河生态系统。我们人类在这个生态系统之中只是其中一个成员，一个依赖黄河生态系统的安全、稳定、完整而存在的成员。黄河没有了我们，可能会更快地恢复其汹涌澎湃的原貌。而我们如果没有了黄河，生命将举步维艰。从生态系统的角度考量，生态系统的组成成员之间相互关联、相互依赖。每一个成员都把其他成员作为自己生命中不可或缺的一部分，这样成员之间才能建立起稳定、安全、完整的关系。任何一方无视其他成员存在的行为都会造成巨大的破坏。可以说，马军试图以生态中心主义的视角表达黄河书写的感染力。

尽管基于生态学以及对黄河自身的客观描述，马军的黄河书写在揭露人类的各种行为，如水坝、水库的建设等，给黄河生态系统造成的植被、土壤破坏，水污染以及生物多样性减少时，依旧不乏模糊与悖论的色彩。试看马军对黄河的过去、现在与未来发出的疑问：

黄河为什么不断断流？

我们为什么不能主动在黄土高原上退耕还林、退耕还草呢？

黄河有尊严吗？这又回到了那个初始的命题上：世界是否因人类才有意义？抑或万事万物皆有平等存在的权利，人类只能尊重万物，与其共存，而无权打扰其自然规律吗？

滔滔黄河在宇宙间流淌了千百万年，为什么会落到今天的窘迫境地？从源头到三角洲，黄河流经的九个省区到底做了些什么？是谁直接导致了黄河断流？

到了你我都可以凭双腿“飞黄”的时候，我们该感到骄傲还是悲哀？

在人类即将迈入又一个千年的时刻，我们是不是该放下那柄征服自然的利斧，想象怎样与自己的母亲河和睦相处呢？

这些问题没有一个能有明确的答案。问题本身既有生态中心的道德诉求，又有人类中心的自我纠结。

一方面，马军把黄河展现为一个独立的存在——在历史的进程中受到了人类控制与掠夺的破坏，尤其是沿途无序地建造水坝与水库，无疑与黄河断流有某种间接的关系。马军认为，3300座水库与水坝吸干了黄河水。他反讽地指出：当人们庆祝他们控制黄河所取得的巨大胜利时，正当人们准备享受水库与水坝发电、灌溉、水产养殖、船运、防洪带来的巨大收益时，黄河却转过身来给我们做了个“鬼脸”——断流了。黄河断流向人们显示人类中心主义肆无忌惮的物质主义发展隐藏着一个悲剧的结局。对于人对黄河的依赖关系，人类可以无视甚至拒绝承认，但是人类并没有办法脱离对黄河的依赖。事实是，没有黄河就没有灿烂的华夏文化与文明。当黄河由于现代化过程而消亡时，华夏文化与文明还能如此骄傲吗？

另一方面，作者马军绕不开自然为人类谋福利的机械主义哲学观念。人类衣食住行需要经济发展来保障和提高。经济发展必然依赖对自然资源的开发与利用。但是，如何做到不过度开发，不过度索取，保持在一个合理满足、适度平衡的水平对人类社会而言是个极大的挑战。这需要人类从本体论以及价值体系上重新树立人与自然之间在整体论意义上的伦理、文化、经济、生活方式观念。没有人与自然生命共同体的文化与伦理观念，人类就很容易成为经济发展“瘾君子”。因此，马军在本章的结尾虽然赞颂了国家实施退耕还林政策，并提出了沿黄河两岸提高水价以便提升人们爱水、节水、保护水资源的意识，但是他的行文却表达了在快速的城市化和工业化中黄河能否保全的疑虑。他在《中国水危机》的前言中提出“黄河为什么断流?”的问题，而在最后则引用了哈姆雷特犹疑的永恒问题“生存还是毁灭”作为最后一小节的标题。这个包含不确定意味的标题实际上给读者留下了参与选择的空间，同时也拷问读者的意识与良心。如马军在该书结尾所言：“万古奔流的黄河在我们这一代人手中毁灭，将是我们最大的耻辱。而让奄奄一息的黄河因我们这一代人的辛劳而再生，将是我们无上的光荣。”何去何从？感染力通过问题释放其能量。

五、结　语

综上所述，黄河书写充满了基于传统文化伦理与历史反思的感染力，但是传统文化在现代化过程中已经被碎片化，在经济快速发展中被边缘化，因此，感染力也充满了不确定性和悖论。借助感染力，作者试图向读者传达环境危机的信息，呼唤读者从危机中觉醒，要有自救的急迫感，改变目前的环境危机现状。然而，可以明显地感觉到，作者本人深陷过去、现在以及未来的文化立场的悖论与模糊之中。所以，感染力也因社会发展，特别是工业化、城市化发展带来的悖论以及文化发展方向的模糊性而减弱。从某种意义上说，这也是环境书写与环境恶化一直在肩并肩地行进着的原因。

第九章　农禅的深层生态智慧

手把青秧插满田，
低头便见水中天。
心地清静方为道，
退步原来是向前。
——契此《插秧诗》

在环境危机、可持续生存的语境中，人与自然的关系归根结底是人与土地之间能量流动的关系。这个关系一方面关涉人类生命存在本质的精神层面的体现，另一方面关涉人类生命存在的物质层面的体现——例如食物生产就是人与自然关系的物质体现。美国环境文学作家温德尔·拜瑞曾说，所有关注环境保护的人最终都会关注粮食生产问题。从某种程度上说，只有粮食生产活动才是人类在生态系统中必不可少的小生境活动，是建设生态文明的重中之重。

生态文明，顾名思义是以大地生态系统安全为核心的文明，一方面它是以维护大地生态系统完整、稳定、美丽为前提发展的文明，另一方面它是对工业文明给大地生态系统造成的破坏予以修复的文明。生态文明中的生态不是简单的生存状态，而是人与自然万物之间相互作用、共生共在、相互依存、良性循环的联系，是可持续繁荣的文明，是以生态学为依据的文明。

生态学是一个科学概念，在哲学理念上生发出了浅层生态学与深层生态学之分。

最早提出生态学概念的科学家是德国动物学家海克尔。他在1866年把生态学定义为研究动物与其有机及无机环境之间关系的科学。海克尔深受达尔文的影响，进入了反叛上帝造物的思维轨道，开始解析人自身的存在与其周围物质世界之间的关系。可以说，他开启了西方哲学把人放在自然环境关系中加以认识的先河，甚至以与认识自然存在物同样的方式——如解剖——来认识人类。1935年，英国生态学家坦斯利提出生态系统的概念，生态学发展成为自然科学的独立学科，用描述-实验-物质定量三种方法研究生物与环境之间能量交换与物质流动的关系。20世纪70年代，生态学进一步发展，出现了物质流、能量流、信息流、生态位、食物链等概念。需要指出的是生态学与其他自然科学不同，肇始至今，它一直与人文学科尤其是哲学地认识人类自身——人是谁、从哪儿来、到哪儿去的问题——具有某种联系。它不仅带来了浅层生态学的发展——既相信依靠技术的发现与应用解决环境污染与生态失衡的修复问题，也引发了深层生态学-人类自身行为对生态环境的影响的反思。最具生态学反思影响的莫过于1962年出版的《寂静的春天》。雷彻尔·卡森从杀虫剂这个微观视角入手，揭示了人类近百年来凭借科学技术的力量，破坏了人类与自然万物之间生命网络的完整。雷彻尔·卡森犀利地指出："我们在大学里培养生态学家，甚至在政府机关里雇用他们，但是我们很少听取他们的建议，我们任由可致死的化学剂像下雨似的喷洒，仿佛别无他法。事实上，我们的才智可以很快发现更多的方法。"人类中心主义的工业文明发展无视生态多样性共生的基本法则，造成了难以逆转的有毒物质污染以及气候变化等生态危机。20世纪70年代，挪威哲学家阿恩·奈斯提出了深层生态学概念。深层生态学针对浅层生态学而言，浅层生态学希望借助科学技术的力量，在维持目前的发展模式和生活方式不变的基础上，解决人类所面临的能源危机、资源危机以及生态环境危机。深层生态学则认为，如果不改变人自身的发展观念与生存方式，而仅仅依靠技术的力量，人类就只能在邪恶的怪圈里打转，其结果是陷入更大的危机之中。因此，深层生态学针对人自身的改变提出了自我实现、生态平等以及生态共生智慧等观念，主要针对人类无止境的消费欲望造成的自我迷失、自然生态环境的日渐崩溃、生活质量和幸福指数被衍生垃圾的生活方式和纸醉金迷的精神空虚所取代而言。在深层生态学的带动下，近几年出现了倡导简单朴素的生活方式的潮流：回归土地，开展有机农业种植，倡导素食和有机乐活等修复与有机自然环境及无机自然环境相互依存关系的行动。

那么，深层生态学的文化根基是什么？在中国几千年的历史文化进程中，是否有能够接通深层生态学的渠道？深层生态学与中国文化元素链接，对生态文明有什么现实意义？

检索中国文化历史进程中自我实现、生态平等、生态智慧等概念在精神与现实物质生活层面呈现的文化根基，农禅这个概念会脱颖而出。换句话说，深层生态学的自我实现、生态智慧以及共生平等的发展观念与农禅的融禅于农、以农悟道的禅修行为产生了交集，从某种意义上可以说农禅具有接通深层生态学的现实可能性。农禅与深层生态学的结合对生态文明建设可能具有精神与物质的双重意义。接下来，将从历史、文化与价值取向等方面探讨农禅与深层生态学结合对生态文明建设的意义。

首先，从历史上看，农禅是中国佛教与中国农业文明中人与自然万物关系理念相结合的产物。它实现了寺院物质生活的自给自足。不仅如此，农禅的历史演变也表现了其世俗化倾向及其与中国农业文明实践融合的生命力量，于今天而言具有深远的生态意义。农禅始于隋唐时代的四祖道信。四祖道信提倡“择地开居，营宇立象”，结束了自达摩以来居无定所、四处乞食、行无定处的游化状态。他提出“农禅并举”，在黄梅双峰山率500信徒定居下来，自食其力，立足于一方山林，开辟田地，把修道与种地生产食物结合起来，创造了一个新名词“出坡”，即“僧人种地”的意思。四祖道信开始把禅修纳入日常自然劳动之中，最现实地解决了战乱时代信众的食生大事，也开创性地把精神修行纳入物质能量流动之中。农禅可以说是具有佛教世俗化的革命性意义的创举。意义之一在于它打破了佛教修行中脱离肉身存在、鄙视劳动、依靠乞食布施的寄生观念，开启了自食其力解决物质需求的精神与物质相结合的修行观念；意义之二在于它打破了修行与现实生活的截然分离，开启了一种每一个地球人都可以参与其中的空灵、简单的生活方式。农禅世俗化对界限的跨越，使得禅成为中国文化的重要元素。禅诗也成为中国诗歌的重要组成部分，为中国诗歌在思想和语言上增添了深厚的审美价值元素，诸如王维、苏轼等的诗中的禅境让诗歌达到了难以企及的高度、源远流长。西方现代哲学家海德格尔在读到禅的意境阐释时，忍不住拍案惊叹，认为这正是诗意栖居所要表达的意思。

四祖道信的传人弘忍继续继承其农禅传统，并倡导栽种松树等风尚。他发展四祖道信“即心即佛”的禅修理念，提出“行住坐卧皆是道场，身口意咸为佛事”。禅进一步贯穿于日常的劳动生产中，不仅强化了僧人自食其力之风，而且把在自然中劳作和与自然万物互动过程中的开悟视为禅，坐作并行，心自安宁。“坐作并行”中的“坐”是打坐冥想，“作”就是农业生产、田间劳作，把两者结合在一起，旨在使修行成为某种生活方式，把生存意义冥想与在自然环境中劳作结合起来，人的生命与生活从基本的衣食住行的满足层次上升到了审美的层次。心得安宁在于融入自然，而非脱离自然而存在。至六祖慧能——他从八个月的舂米劳作中悟道，做偈“菩提本无树，明镜亦非台。本来无一物，何处惹尘埃。”获得五祖弘忍的认可。遁入山林之后，他把“见性成佛”的禅修引入担水劈柴的日常生活之中，逐渐确立修行就是一种生活方式。及至马祖道一——他把农禅进一步发展成“平常心是道”，在日常的生产劳动中，在担水、劈柴、饮茶、种地、栽松中获得禅修的顿悟，这极大地扩大了信众，也留下了片片郁郁葱葱的山林。百丈怀海堪称农禅制度的集大成者。他明确地把农禅作为粮食生产与禅修并一的制度规定下来，留下“一日不作，一日不食”的偈语，确立了丛林清规，为农禅的永续奠定了坚实的基础，使农禅文化传统延续至今。农禅把与土地及与土地上的万物互动，或者在劳作中观照自然万物参悟，作为禅修必不可少的过程。怀海从心自安宁的坐作并行发展到在垦荒与植种中见心见性，进一步推动了农禅的发展。“荷担丛林，不知寒暑，垦荒地为良田，莳松杉为美干。守一职，十年不易。”农事与禅修结合应和了深层生态学自我实现的模式与假设，体现并实践了在自然层面的深度关怀和在精神层面的深度追问。

阿恩·奈斯在生态智慧的自我实现模式论证中提出：自我实现，第一个假设是任何人越是想要达成自我实现，就越是要在更广、更深层次上认同他者。第二个假设是任何人越是要达到更高层次的自我实现，就越是依靠其他人的自我实现。第三个假设是彻底的自我实现取决于所有存在物的自我实现。在阿恩·奈斯的自我实现中，自我的生命是与世界万物发生关系的生命，这种关系是彼此成全的关系，同时也是脱离了掠夺与占有的关系。如何将精神层面的自我实现落实到物质层面的现实生活中？可以说，农禅非常现实地实践了深层生态学的自我实现。把禅修寓于自食其力的劳动，一方面反映了禅修对农业生产的认同，表现出禅修是不脱离人世间生存的修行方式；同时，禅修的“去执著，得大自在”也给俗世的人开辟了精神上获得解脱的空间，可以说是满足了阿恩·奈斯自我实现的第二、三个假设，实现了人人都具佛性，见性成佛博大与深远的世俗化意义。也正是因为有了农禅，才使得“天下名山僧占多”，或者“天下名山僧垦多”成为可能。清人潘耒在《游仙居诸山记》中写道：“山顶宽广，与台郡城等。有田可耕，有池不涸，可以避世。如桃源、仇池在半空中也。”农禅也书写了中国寺庙园林历史。时至今日，农禅成为有机农业的一个重要组成部分，如龙泉寺、云居山等都在有机农业发展中发挥了重要的作用，产生了重要的影响。

其次，从文化上看，农禅沉淀了深厚的人与自然之间关系的生存之道，其中包括非常有借鉴价值的生活态度、生活方式与对生命价值的追求。这对于陷于物欲横流与资源危机悖论现实中的现代人具有可资借鉴与调整的启蒙。其启蒙的意义主要表现在以下几点：

第一，农禅张扬的“平常心是道”的生活态度，在物欲横流的物质主义社会具有一定的解毒作用，对于生活在自然万物之间、依赖自然规律与自然万物的多样性共生而可持续生存的普通人也具有深层的启蒙意义。“平常心是道”出自宋朝无门慧开禅师的四句禅诗。“春有百花秋有月，夏有凉风冬有雪，若无闲事挂心头，便是人生好时节。”这首浅显易懂却道理深刻的禅诗表达了至少三层与生活态度相关的认知。其一是对生命本体的认知。生命是伴随自然界的四季更替、冷暖变化而存在的生命，自然变化是生命存在之本。生活必须尊重生命本体的规律。尊重自然变化是生活的基本态度。其二是对生命目的的认知。生命的最高目的是欣赏美——自然变化之美。巴里·康芒纳提出生态圈第三原则是“自然原则最大（自然最知情）”。奥尔多·利奥波德也提出，人的行为维护生命共同体的完整、稳定、美丽就是合乎伦理的、正确的。费孝通先生提出“各美其美，美人之美，美美与共，天下大同”。这虽然是社会学追求的目标，但是也道明了“美”是人类生命的最高目标。在人与自然的关系中，人的生存之美需要与自然美共在。生活美，美在与自然美的节律协调一致。其三是对生命理想的认知，最理想的生命是健康快乐的生命。美好的生活莫过于健康快乐的生活，不受忧愁、压力、烦恼困扰的生活。农禅诗说:“今日寻春不见春,芒鞋踏遍陇头云。归来笑拈梅花嗅,春在枝头已十分。”虽然田间地头的劳作很辛苦,但是以自然变化为生命之本,以自然之美为生命之目的,以自然快乐为生命理想的生活,感受到的不是痛苦与烦恼,反而是满满的幡然醒悟与快乐,自然界的勃勃生机给予了人类无限的美好与未来。

忧愁、烦恼与压力是快乐的反面,也是最主要的致病因。所谓“平常心是道”实质上是尊重自然生命的本质、生命的目的与理想的生存之道。失去平常心,生活就脱离自然生命的生存本质。人往往容易把自己置于或者不自觉地卷入设计与占有的物质网络中,生命的美、健康、自由与快乐都会被绑架,被功利心绑架,生命就成为消耗自然资源的媒介与工具,失去了自身存在的真正意义。这就是为什么在成功学盛行的时代,出现环境危机。在环境危机的语境中,人需要重新发现自我并实现自我。

农禅从某种意义上说也为深层生态学“自我实现”的生态智慧提供了平实的注解。平常心把人的生命与自然万物的存在联系在一起,道出了人类自在自为的生存状态。其中暗含着不分别、不竞争、不强求、不论高低上下之意,也就是平等地看待万事万物共在的心。所谓“青青翠竹尽是法身,郁郁黄花无非般若”,人与翠竹、黄花之间不存在主观与客观的分离,而是在整体之内各自独立存在,这恰如庄子所述的大瓠境界,从实践层面释义了自我实现。阿恩·奈斯明确指出:“我认为,最大限度的自我实现就需要最大限度的多样性和共生,多样性是一条基本原则……从系统而非个体的观点看,最大化的自我实现意味着所有生命的最大展现。”从深层次而言,任何一种生命都不对其他生命的存在造成压制和破坏。那么,对于个体而言,“平常心是道”则是实现个体尊重多样性共存的基本思维。深层生态学把生态危机归咎于西方文化传统中的人类中心主义和“对待自然的二元论、还原论与功利主义观念”。人类中心主义张扬人类的主体利益,把物质世界看成是实现人类控制自然、征服自然的对象,以还原论的方法实现控制目的。如雷彻尔·卡森在《寂静的春天》里所揭示的,人类拿起杀虫剂这一武器试图彻底消灭害虫,结果却正好相反,人类对害虫的征服必将被害虫的快速进化打败。因此,杀虫剂不仅消灭不了害虫,反而会污染土地和水源,最终伤害人类的身体健康,实质上是在打破人类赖以生存的生命链。北京龙泉寺“大地心”农场的新农禅有机农业实践则以不同的方式对待害虫。他们本着众生平等的信念,在农场里专门开辟了一小块地种作物给害虫吃,小虫蜂拥而至,其他地方的作物就可以免受严重的虫害了。

“平常心是道”与奥尔多·利奥波德的“像大山一样思考”一样,蕴含着维护生命共同体完整的伦理智慧。奥尔多·利奥波德的生命共同体指的是万事万物共生共在的完整。在奥尔多·利奥波德的笔下,在狼死的一刹那,狼眼中的绿火让作者感受到了一种自然万物与狼之间彼此依存的联系、一种互为整体的关系。狼的一声嚎叫牵动了整个山区的各种存在物。每一种存在物都在狼的嚎叫声中感受到自身的生存与狼的关系,而只有大山知道狼的存在具有维护整个生命共同体的稳定、完整与美丽的作用。狼、鹿、羊、森林中的树木和草原以及草原上的人构成一个完整的生命共同体，狼的存在保护了树木与草原的完整，树木与草原的完整是土壤、河流、空气正常循环、流动的保证。土壤、河流、空气正常稳定了，人类的生存环境才会健康、安全、稳定。“像大山一样思考”启发人们要从整体和生命共同体的完整、稳定、美丽的角度思考，而农禅的“平常心是道”的禅境同样展现了在农事中与万物同在的自在自为的美丽与完整。“牛得自由骑，春风细雨飞。青山青草里，一笛一蓑衣。日出唱歌去，月明抚掌归。何人得似尔，无是亦无非。”农禅诗中的平常心表达了人与日、月、山、草、风、雨、牛构成的一个共同体的含义：各得其所又相互联系。有春风春雨才有青山青草，有青山青草才可能有人骑牛、乘着日出月明高歌出行的欢乐。“烟暖土膏农事动，一梨新雨破春耕。郊原渺渺青无际，野草闲花次第生。”带着平常心，人在田间劳动中找到与土地的韵律同步的愉悦，在春雨中感受到欣欣向荣的循环往复，在广阔的绿色田野里舒展心怀，生命在野草野花的开放中与美合二为一。天人合一是人在自然美中感受到的生命之美。农禅诗中表现的意境不正是奥尔多·利奥波德欲达到的大山对于共同体完整、稳定、美丽的思考境界吗？禅修的人如山一样从体悟花草自在的农作中悟得自心的空灵清净。

第二，农禅中体现的安贫乐道与自由自在价值观念具有净化意义。安贫乐道与自由自在是一种辩证超然的价值观念。辩证在于农禅认为价值的内核在于道，而不在于物质财富本身。农禅认为真正的价值是无价的，为了更高的价值学会与贫穷为伴，得道后自然会实现最高价值，因此，贫穷是个相对的概念。以物质占有为标准衡量贫穷，你永远是贫穷的，因为人类的占有欲望如万丈深渊，永远无法填满。“学道先须且学贫，学贫贫后道方亲。一朝体得成贫道，道用还如贫底人。”贫穷与道辩证统一，为了获得道需要安于贫穷并在贫穷中体悟。一旦体悟到道的最高价值，就会进入与万物同在、在万物的美感中感知生命的境界。生命的充实与快乐也使得贫穷的人成为真正富有的人。梭罗曾经说过，一个人是否富有取决于他能舍弃多少。他在《瓦尔登湖》中疾呼“简单！简单！再简单！”在梭罗看来，只有简单生活才能真正认识到什么是真实。梭罗与农禅虽然用两套不同的语言系统，但是却在人与自然关系方面道出了同样的价值理念。而现代的富有奢华却无不与资源的消耗和环境的破坏相关，物质财富也正成为捆绑现代人的负累。资本与财富成为价值标准，富豪排行榜、世界一流竞争排行榜把人们的目光都吸引到了腰缠万贯的富翁与明星身上，这势必会造成攀比，而互相攀比也就代替对幸福与快乐生活本身的追求，使生活变成了财富积累的过程。更为吊诡的是，自由是现代标榜的价值诉求，然而被物质财富所累的现代人除了消费挥霍自然资源的自由之外，他们为金钱而奋斗的人生哪里还有自由可言呢！

关于自由，农禅的确立者怀海有诗云：“放出沩山水牯牛，无人坚执鼻绳头。绿杨芳草春风岸，高卧横眠得自由。”怀海从牛的坐卧行走以及在自然中无拘无束生存的状态中悟到了真正的自由：真正的自由在于摆脱一切束缚，当然包括物质财富的束缚；真正的自由在于融入大自然万事万物的美丽律动，与大自然合而为一；真正的自由在于自己有绝对的行走坐卧日常生存状态的选择。“白牛常在白云间，人自无心牛亦同。月透白云云影白，白云明月任西东。”要实现真正的自由，人需要放低自己的姿态，以谦卑的态度对待周围的万事万物，这也是深层生态学家阿恩·奈斯所倡导的生态智慧的前提。怀海的禅诗从牛的生存状态中寻找自由路径，或者师法牛的自由，启示人的自由需要摆脱物质的羁绊。在农禅诗歌中，体现着深层生态学提出的万物平等的关系理念。伦理哲学家柯倍德说：“生态学通过改变我们对世界以及我们与世界的关系的理解，改变我们的价值观念。它揭示万事万物之间的一种新型的关系，一旦揭示出来，就会搅动我们古老的道德感的核心。”在目前现代与后现代交错的语境下，如何实现改变是对人类辩证思维能力的挑战。

辩证地看待问题是农禅世俗化显示出来的深层次的优势。“手把青秧插满田，低头便见水中天。心地清静方为道，退步原来是向前。”这是五代时期契此和尚（俗称布袋和尚）的一首脍炙人口的禅诗，也是一首非常辩证的悟道禅诗。诗本身语言浅显易懂，描述了普通的插秧农事活动，但却揭示了对真实世界的理解，也表达了对人与世界之间辩证关系的辩证理解，并在理解的基础上道明了生存的价值观念以及实现价值的辩证方法。农禅表达的最大智慧寓于日常的行为之中。发现智慧需要两个条件，其一是谦卑。正如契此和尚所言，“低头便见水中天。”一个简单的插秧农事，如果没有谦卑的态度，无疑是一件非常辛苦的事情，然而，谦卑下来，它便充满了美感以及对世界真谛的领悟。其二是简单，或者说只有安于简单的物质生活才会有足够的自由获得大智慧。相反，追求奢华富有的物质生活，所有的价值都锁定在物质财富上，精神与道德会被绑缚在物质消费与资源消耗上，短时间内，人类也许会因为物质财富的增加而获得方便、舒适、快捷的物质生活条件，但是人类欲壑难填而自然物质资源有限是一对无法逾越的矛盾冲突。长远来看，在愈演愈烈的矛盾冲突中，追求财富的物质生活的可持续性会日益受到物质资源消耗与枯竭的威胁，面临着崩塌的危险。那么，精神与道德也将随着物质生活的崩塌而崩塌。现代人无法接受但是也无法拒绝的辩证性也隐含在契此和尚的禅诗中——“退步原来是向前”。这是一句真实描述插秧过程的诗句。这个简单的插秧动作所蕴含的智慧对环境危机的现实而言不无辩证的道理。巴里·康芒纳论述了生态圈与技术圈正在发生战争。要求取和平，解除战争，最好的办法难道不是“退一步海阔天空”吗？现实显示，工业化与现代化发展使能源、资源的消耗已经到了悬崖边缘，继续前行无疑相当于跳崖求生，也无异于自绝生命。可持续生存的解决方案，接受也好，不接受也罢，只有“退步原来是向前”，即文明的选择是首先要从悬崖边撤退。

第三，农禅所倡导的生活方式使其在世俗化意义上实践了深层生态学的生态自我、万物平等以及万物共生的生态智慧。农禅立足于世、经久不衰，最重要的根本是怀海创立的“一日不作，一日不食”的生活方式，这短短八个字，寓意深远。它使得禅修不再脱离日常生活，反而寓于日常生活方式之中。它不仅使僧人摆脱了乞食寄生的修行，也让在修行中所领悟的人与自然关系的大道延伸到俗世，现实地表达了深层生态学生态智慧中的“整体观念”，也就是人类对自己在世界中的位置的一种根本性认识。怀海身体力行“在农事上无等级差别，人人相同”。其无差别的劳动观在现实农事的维度上回答了深层生态学对生态智慧中的自我认同的追问。人类在自我认同的延展中实现平等和自我。“自我认同与平等的关系是自我实现的必要保障。”“当自我认同范围的扩大与加深达到了‘生态自我’的阶段时，便能在所有的存在物中看到自我，并在自我中看到所有的存在物。”生态自我与农禅中的“见性成佛”不无穿越的合一感。“空手把锄头，步行骑水牛。人从桥上过，桥流水不流。”人依赖自然规律而生存，反之并不亦然：自然规律不以人的意志为转移。禅诗从反逻辑的角度展示自然规律不可违背，人只是自然生态系统中的一员，万物平等，自食其力才是人在生态系统中并维护生态系统的完整、稳定的基本生活方式。

“一日不作，一日不食”也用平常话语道出了生存的根本：民以食为天。人在天地之间，其与自然万物最直接也最必不可少的物质连接就是饮食。如何对待与物质世界的联系是禅修与世俗生活的最大区别。“山前一片闲田地，叉手叮咛问祖翁。几度卖来还自买，为怜松竹引清风。”农田是用来种粮食的，但是把农田当作商品卖来卖去，农田难免落入荒废的境地。而人离开了土地，生活必将落入没有安全感的境地。真正的安全感来自人与土地之间的审美联系。人的心田也是如此，贪婪的心永远不会知足，最后的结果必然是迷失与沉沦。当精神与物质都脱离土地而存在时，生活就陷入亡命之徒的境地，和平、和谐、合一的完整、稳定与美丽也就如空中楼阁，遥不可及。现代化过程是不断脱离土地的过程，其最终形成的消费主义生活方式无法不伴随着人类技术圈与自然生态圈之间的巨大冲突而陷入更大的冲突之中。人类要把自己从令人绝望的冲突中解救出来，就需要学会“为怜松竹引清风”，让自己的生活重新回到与土地的审美联系之中。

农禅的“一日不作，一日不食”把禅修与劳动结合在一起，而不是与占有土地结合在一起，用人与土地之间的审美联系诠释物质联系，这对于现代人而言具有重要的借鉴意义。食物通过劳动获取，劳动是人与万物之间食物链关系的纽带。这是人类生存的根本。“苟简为我养，逍遥使我闲。寥亮心神莹，含虚映自然。”简单的生活与劳作保持人与自然之间相互映照的关系，也使得生存从物质占有的尘网中解脱出来，复归自然与逍遥。犹如松竹伴着清风轻松自在地摇曳，“一日不作，一日不食”，人与自然共生的景观也跃然而出。这在现代的生态危机语境中具有很强的张力。雷彻尔·卡森在《寂静的春天》里犀利地指出，现代农业生产面临的严重虫害归根结底是由现代生活方式造成的。现代生活方式一味地追求富有、高产、高利、高收，肆无忌惮地使用化肥、农药、除草剂，忽视了万事万物紧密相连的基本生态原则，使得人与土地之间的关系出现了巨大的潜在危机。奥尔多·利奥波德指出短时间的安全与富足似乎从长远来看只能产生危险。

我们需要谦卑地向自然寻求答案。“一池荷叶衣无尽，数树松花食有余。”天地有好生之德，人类最美好的生活方式是与自然合一，知足常乐。陈坚在《农禅并重的农业伦理以及佛教的中国化》一文中说："从现代'深层生态学'的角度来看，这种'农禅并重'或'农即禅'的观念实际上就是'生态即佛教'或者生态本身即是佛教的'生态佛教'，实际上就是程度不同的与农业相关的种种自然要素的集合。"深层生态智慧实质上是对工业化物质主义扩张的逆动。从深层次追问解决生态危机的办法，有必要深入到文化的层面，从生活方式上探求多样性共生与生态保护的解决思路。

总之，农禅中的"平常心是道"，安贫乐道"得自由"，"一日不作，一日不食"等世俗化的劳动修行，具有丰富的生态内涵以及引领人们回归自然的精神力量。湖南的药山寺、江西的曹山宝积寺以及北京的龙泉寺的农禅实践给有机农业注入了精神品质。比如龙泉寺的"大地心"农场实行农禅并重，在"拒绝使用化学农药和化肥的农业种植中培养人们的慈悲心""拒绝使用化肥，培养人们的感恩心和平等心""任务分配一视同仁，消除人们的分别心""征集种子，在源头上保护农业"等方面无不回应着深层生态学的自我实现、生态智慧以及共生平等的生态观念。农禅把"直指人心，见性成佛"的静思默想的修行与在土地上劳作联系起来，在农业生产的修行过程中见心见性，进入与自然万物共在的圆融空间。"青青翠竹尽是真如，郁郁黄花无非般若"中蕴含着深层生态学的自我在与自然万物的交融中认同的内涵。农禅中的"坐作并重"带动了寺院农业的发展以及寺院绿化的繁荣，并在人与自然万物的共存关系以及可持续生存层面具有丰富的可借鉴的资源。

农禅把生活态度、生活价值观念、生活方式纳入思维修的维度中，在自然万物的生命中、在与自然万物的互动中获得悟道的真谛，从精神层面展现了万事万物紧密相连的基本原则，与深层生态学的自我实现、生态智慧以及共生平等发生了互为阐释的联动。

第十章　返归敬畏自然之路——对环境正义生态批评与少数族裔文学及文化复兴的思考

从事生态文学研究的学者总是从自然与环境的基本概念开始，而忽略了环境恶化与环境种族主义之间的联系。

——乔妮·亚当森(《美国印第安文学环境正义与生态批评：折中方案》)

在不断强调维护自然生态的时候，在呼吁长江源头和黄河源头环境严重恶化的时候，我们也不要忘记，我们正在进行的西部大开发过程中，还要真诚地面对中国境内少数民族语言文化不断“沙化”的严峻的文化生态问题。

——阿库乌雾(《文化诗学：对话与潜对话》访谈)

2005 年，曾经获得诺贝尔和平奖提名的加拿大因纽特人希拉·瓦特·克劳提亚提出全球变暖是人权问题。生活在北极地区的因纽特人首当其冲地成为气候变化的受害者，从祖辈那里传承下来的独特的依极地环境而建的冰屋(igloo)，曾经具有冬暖夏凉的优势，现在却反讽地需要开空调才可以居住。冰川融化给他们的狩猎生活带来了严重的威胁，猎人们在冰块上走着走着就会落入冰雪融化造成的裂缝中，狩猎变得越来越艰难。几千年来，因纽特人恪守敬畏自然和与自然环境相互依存的经济、文化传统，温室气体排放量很小。然而，气候变化却最严重地威胁了他们的日常生活与传统经济、文化活动，不公正地让他们承担环境恶化带来的负担。这个问题在环境正义的层面成为一个现实而又紧迫的议题。希拉·瓦特·克劳提亚说：“狩猎是支撑因纽特人精神与文化的主要生存体验。因纽特人从狩猎中获取智慧、勇气与抵抗压力的韧性、耐心与创造力。我们通过狩猎学会明智的判断。没有这些技能，我们无法生存。”全球变暖给因纽特人的狩猎生活带来了极大的威胁，正在瓦解因纽特人的传统文化习俗。然而，从造成全球变暖的直接责任来看，因纽特人以及世界各大陆的其他土著人、各地区的少数族裔极不公正地承受了全球变暖带来的生存威胁。

事实上，环境正义已经变成了跨世纪的议题。环境正义运动肇始于 20 世纪 70 年代的美国。家庭主妇罗伊斯·吉布斯领导“爱河污染反毒运动”，唤醒民众反抗大企业无良排污、危害普通民众身体健康的不公正风险转嫁行为。80 年代，美国黑人社区发起了“不要把垃圾扔在我家后院”的“沃伦抗议运动”，抗议把环境风险转嫁给少数族裔群体的不公正操作。1983 年，美国联邦会计总署的调查报告揭示，该区四座最大的商用危险废弃物掩埋场有三座处于少数民族人口居多的社区。1969—1991 年的调查结果显示，在弗吉尼亚国王和王后县建造的垃圾填埋场大都位于非裔美国人居多数的社区。在休斯敦地区，82%的废弃物设施分布在黑人社区，而非裔美国人仅占该地区人口的 28%。1991 年，美国首届全国有色人种环境领导人高峰会议在华盛顿召开。会议指出环保运动中种族与文化正义问题缺席，批判环保运动不考虑种族、阶级、社会公正性是不完整的。会议起草了环境正义 17 项原则，描述了更深层、更广阔的环境正义目标，提出“确保在殖民压迫下被否定了 500 年的政治、经济与文化得以解放，重申殖民主义压迫有色人种社会，造成对土地的毒化以及对人民的屠杀”。从表面上看，殖民运动给少数族裔群体带来了不公正的后果。但从深层次看，自然环境被破坏，少数族裔文化被边缘化、弱势化，人类远离敬畏自然之路这三者之间存在着连环的关系。接下来，本章将借助环境正义生态批评来讨论三者之间的连环关系，并探求现代人重新返归敬畏自然之路的可能性。

一、环境危机与少数族裔文化被边缘化、弱势化

环境正义生态批评是生态批评借助环境正义视角，把文学与环境关系研究向种族、阶级问题上的延伸。论述范畴主要包括环境危机与社会种族、阶级压迫之间的联系；环境危机与主流文化滥权的联系，尤其是现代中心主义文化语境下，少数族裔及其文化群体承受着不公正的环境风险的现实；以及少数族裔文学与文化中敬畏自然的根本信念在解决全球性生态危机问题上所能发挥的调适作用。美国的环境正义生态批评家 T. V. 里德在界定和描述环境正义生态批评时，用提问题的方式导出文学与批评如何进一步深化环境正义运动的视域。他的问题包括：人们是否注意到环境恶化及其威胁正不公正地影响到了有色人种与穷人？如何看待美国国内及国际种族主义者对环境的不负责任态度？美国的有色人种与穷人在自然写作上有哪些不同的传统？在美国以外的不同文化中，有哪些不同的自然写作传统？诸如有毒废物、垃圾焚化、铅中毒、铀矿与铀残渣以及其他与环境健康有关的问题如何能在文学与批评上

更全面地被提出来？生态批评如何能够鼓励第三世界进行公正的、可持续的发展？生态批评的各种流派多大程度、以何种方式无视了种族与文化的问题？以一种文化的特定标准衡量其他种族和文化暗含着多么大的破坏性？

上述问题引发我们思考环境正义与少数族裔文化危机共在的现实，思考现代中心主义文化对环境和少数族裔文化所产生的共时性破坏；同时也促使我们呼吁批评界对不同的少数族裔文学与文化传统予以重视。但是，里德似乎忽略了对根源的思考——造成人类远离敬畏自然之路以及环境危机的根源到底是什么？

毋庸置疑，现代中心主义的文化与经济模式统一化、边缘化、弱势化了少数族裔的文学与文化，打破了多元文化依存关系的制约，造成文化多样性丧失，把敬畏自然的传统置于现代性的反面，于是，人类日益远离敬畏自然之路。现代中心主义文化以人类中心主义的线性发展模式无视自然的缓慢演化速度与规律，无节制地开发自然、掠夺自然资源、消费自然资源，造成资源和能源危机、生态环境危机。“人穷则返本。”环境危机与环境正义运动使得敬畏自然和文化多样性传统与现代性的关系有了反转、回溯，以寻求解决危机的出路。美洲印第安人在环境正义 17 项原则的前言中指出：

“我们……发起所有种族的国内与国际运动，与破坏和占有我们的土地与群落的行为作斗争，以此重建我们与神圣的大地母亲在精神上互相依赖的关系，重建并赞美我们的文化、语言和对自然界的信仰以及自我修复能力；确保环境正义；为了环境的安全与活力，推行可行的经济；确保在殖民压迫下被否定了 500 年之久的政治、经济与文化得以解放……”

敬畏土地与自然是少数族裔文化、北美与澳洲的本土文化以及古老文明文化中悠久的文化沉淀。文化是人类在与自然的互动中形成的信念、习俗、仪式、礼节、习惯、规章制度以及关系传统。人类与自然的关系归根结底是文化与自然的关系。如同重建生物多样性是修复自然生态危机的根本出路一样，重建文化多样性也是修复人类与自然关系危机、种族公平公正权利冲突的根本出路。美洲少数族裔提出的“确保在殖民压迫下被否定了 500 年之久的政治、经济与文化得以解放”，历史地把环境危机与少数族裔文化被压迫、被歧视的共在关系提上议事日程。而且这种共在关系随着各种环境问题的恶化正愈加明显。加拿大因纽特人正在首当其冲地不公正地承受着由全球变暖引发的气候变化导致的严重后果。没有雪，没有冰，他们的生活将不复存在，而他们与周围的环境和谐共生的悠久文化积淀也将随着冰雪消融而消失。这不能不引起对环境正义的反思和对国际上少数族裔文学与文化弱势化的重视。乔妮・亚当森在与印第安裔学生讨论莱斯利・希尔科的小说《仪式》时发现，生态批评家希望在印第安文化中寻找到的那种与自然的神秘联系，在今日的印第安人那里已经是乌托邦似的偏见与误读。印第安裔年青学生们正在遭受醉酒、吸毒、早孕以及暴力犯罪之苦。他们的生活环境也深受有毒物质的危害。小说《仪式》的地点背景不是在主流自然写作作家和环境主义者们期盼的原荒自然地区，而是在保护圈内、在露天铀矿、在边界地区。该作品要让我们看到的是这些有着信奉自然神圣性、敬畏自然、相信人与自然之间存在不可分割的整体联系的族裔，现在正遭受着被边缘化与贫穷的苦难。这种现象在中国少数族裔文学中也存在。姜戎在《狼图腾》中向读者展现了草原生态文化在现代社会中的衰微。蒙古族文化与草原环境相辅相成。草原上的牧民逐水草而居，保持着草原生态的完整：草原上人、羊、狼、草地以及对长生天腾格里的信仰是一个互相平衡、共生共在的生态文化系统。然而，当现代主义的工业化和城市化成为发展的唯一模式时，牧民们原来的文化传统被打破，他们被迫从游牧改为定居农耕，接踵而至的开矿与建厂也许在短期内能提高牧民的生活水平，但从长远来看却极大地破坏了草原的植被。而由此带来的沙漠化不仅会威胁当地牧民们的正常生活，甚至还会导致他们的文化与经济活动日渐衰落。

环境破坏，少数族裔文化传统被压迫、被边缘化，人类背离敬畏自然之路存在于文化记忆中。美国印第安裔作家塞蒙·奥提兹在诗文集《反击：为了人民，为了土地》中形象地表达了三者的连环共在关系。殖民入侵与环境问题之间的联系深深地嵌入印第安人的口头文学中了。书中，塞蒙·奥提兹回顾了 1680 年普韦布洛人(Pueblo)对殖民者的反抗。他在叙事中把普韦布洛人口口相传的关于茂密青草、丰收喜悦与清澈河流的故事与被殖民压迫、家园遗失的故事并置，不仅是为了表达怀旧的情怀，更是为了表达一种联系——环境破坏与文化压迫的联系。随着殖民到来，他们的生存环境被破坏，茂密的青草在消失，富饶的田野在荒芜，恪守传统的印第安人因此而穷困潦倒。这一切不可否认地与他们失去家园，以及狩猎和农耕文化被歧视甚至“被”消失有关。他们被迫进入工业化的经济社会，成为失去传统信仰、文化习俗、传统精神寄托的迷失者。在与土地紧密相连的精神联系、对土地的敬畏和信仰被打破之后，印第安裔被迫沦落为无所适从、流离失所的精神流浪者。少数族裔文化被破坏，人与地方环境的关系被破坏，人类与自然的关系也就渐行渐远。

二、文化多样性共生——人与自然关系的和解

环境问题从某种程度上说，归根结底是不容忽视的文化与社会正义问题。环境正义生态批评家乔妮·亚当森尖锐地指出：“从事生态文学研究的学者总是从自然与环境的基本概念开始，而忽略了环境恶化与环境种族主义之间的联系。”在现代中心主义框架内论述和阐释文学与自然环境的关系，对自然与环境的理解难免会停留在荒野、田园这些乌托邦想象的怀旧层面，使得生态批评无疑又成为一个建设语言象牙塔的平台。这有悖生态批评肇始时参与讨论全球环境危机出路的初衷。乔妮·亚当森认为生态批评的重要任务是要最大限度地了解不同文化的异同，以便来到一个“中间地带”，一个环境与社会问题起源的地带，进行变革。如此，就需要生态批评家运用他们文学的、环境的、文化研究的素养论证一个更合理、充分的基本概念，一种包容

差异，包容不同的自然理念、不同的荒野观念，包容公正和不同地方信仰的可能性，以期能够使得批评阐释、政治行为更加行之有效。所谓“中间地带”就是一个多样性文化观念共存的地带，一个现代中心主义文化与少数族裔文化互为补充的地带，一个不用一种文化的绝对价值标准衡量其他文化资源的地带，一个敬畏自然的地带。

寻找多样性文化观念共存互补的中间地带，有必要借助生态学的透镜。根据生态学知识透镜，我们知道生态系统多样性共生既存在于生态系统之间，也存在于一个生态系统内部。在前一种情况下，在各地区会形成多样的生境，分布着不同的生态系统；在后一种情况下，一个生态系统群落由不同的种组成，它们的结构关系多样，执行的功能不同，因而在生态系统中的作用也不一样。人也是生态系统中的一部分。人类文化产生于由不同生态系统构成的环境。奥尔多·利奥波德指出：“从生态学的角度来解释历史，清楚地说明人实际上只是生物体系中的一部分。迄今为止，我们只用人文观点来解释的诸多历史事件实际上是土地与人之间的生物作用，土地上的特征和生长在土地上的人的特征，可以同样有效地确定这些历史事实。”环境的多样性与文化多样性之间是相辅相成的伙伴关系。环境指某一主体和它周边的自然条件的互动空间，指人类“生活、工作、游戏、祈祷与学习的地方”。生活、工作、游戏、祈祷与学习表现人类文化活动形式。文化的形成因地形、地貌等自然条件的不同而不同，具有民族性与地方性。这种民族性与地方性的文化与自然环境之间形成不同的敬畏、依存和审美联系。郭雪波的作品中对萨满文化的再现，体现出了蒙古族人民对大草原、长生天的敬畏，对草原和草原上的马、狼与羊等生命与生命之间的依存关系的敬畏。不同的生态环境造就不同的民族文化。每一种民族文化在一方水土和不同的自然存在形式的互动中逐渐产生与形成了敬畏、依存与爱恋甚至相互作用的情感联系，产生不同的信仰、文学艺术、审美活动、生活习俗、经济与政治体系。自然环境与民族文化在敬畏、依存以及对地方的热爱与相互作用中，形成了互动和相互制约的关系，这种关系再现于多样性的文化活动和多样性的文学作品之中。因此，各民族的文学作品和文化活动蕴含着各自不同的自然生命多样性特征和与自然多样性和谐互动的经验、知识与智慧。

环境与文化多样性共生具有区域性和民族性的特点，表现为生活在一方水土上的人对这个地方产生的敬畏、依存、热爱以及与这个地方的万事万物相互作用的故事。不同区域、不同族裔的人们在与他们赖以生存的一方土地的互动中，以及与其周围的有机物和无机物的互动之中，形成了不同的想象，创造了神话和图腾文学作品，成为各民族文化、历史记忆的积淀。聚集在湘、黔、桂三省区的比邻地带的侗族以民歌的形式表达他们与一方土地互动形成的创世故事。在侗族的《人类起源歌》里是这样描述其先民对人类起源的追寻的：“起初天地混沌/世上还没有人/遍野是树蔸/树蔸生白菌/白菌生蘑菇/蘑菇化成河水/河水里生虾子/虾子生额荣/额荣生七节/七节生松恩。”从这简朴的歌词中，可以看出侗族人所秉持的由自然万物衍生而形成的世界观念，以及侗族人对树木独特的图腾信念。这种衍生观念与图腾信念使这个历史悠久又文化独特的民族形成了自己独特的生命意识，以及与自然万物相适应的文化习俗。于是，千百年来，“先造山林、再造人群”的观念，不仅得以确认与强化，而且一直延续下来，进而衍化为一个民族的生态理念和生态智慧，并以一种独特的理解形式（或风俗化、风物化，或艺术化）内化、渗透到社会的肌肤、血脉和文化的深层中去。以自然为图腾信仰，把人类文化建立在自然创生万物的衍生起源之上的文学积淀，在少数族裔文学与文化传承中比比皆是。因此，现在我们不得不提出这样一个问题：我们可不可以用创生性的现代化——现代中心主义文化——这一个标准来粗暴地衡量、转化并排斥敬畏自然的文化习俗与传统呢？

创生性现代中心主义文化与自然环境的关系具有很强的排他化、统一化、物质化。其排他化源于殖民主义文化的侵略性与优越性。殖民文化打破了本土安居乐业“一方水土养一方人”的人与自然的关系原则。殖民主义用宗教、技术、钢铁、枪炮在世界各地进行侵略与征服运动之后，胜败的逻辑也奠定了文化优越的等级逻辑。他们把自己的文化视为主体，被他们征服的文化便成了他者与客体。文化与土地之间的联系在主体与客体的关系中淡化为可有可无的背景。而殖民者的征服延伸到文化上则表现为现代文化的统一化，文化仿佛由主体决定游戏规则——信什么、做什么、怎么做都由主体文化说了算。而统一化的合法化的前提条件就是把自然物质化，以及最大限度地激发人类个体的欲望，使人类获得物质上的满足。我们在把人与自然关系统一化、排他化、物质化的过程中，人对土地、对自然环境的敬畏、依存与热爱的情感联系逐步淡化、消失，取而代之的是人类中心主义的等级化与物质化的联系。现代中心主义文化伴随着欧洲殖民扩张运动而产生，是西方基督教世俗化经过启蒙运动、科学技术的改造形成的物质现代化、民主化及全球化的文化。现代中心主义文化的特点是以人类为中心，把人类生存尊严与利益置于自然万物之上，并在20世纪之后发展为消费文化。奢华与消费导致人类无所顾忌地掠夺自然资源、消费自然资源。林恩·怀特在《我们的生态危机的历史根源》一文中指出：“西方基督教是世界上最人类中心主义的宗教…… 基督教与异教和亚洲宗教形成鲜明的对比，不仅确立了人与自然的二元对立关系，而且坚持认为人类为了自身利益而掠夺自然是上帝的旨意。”人类中心主义的文化超验化地把人与自然的关系等级化、物质化，即把人与自然万物的关系简化为管理者与被管理对象的关系——人类高于万物，是万物的主宰。随着启蒙运动的发展，管理者——人在认识自然的基础上，进一步把自然简约为物质资源的存在，摒弃了人类与自然之间的精神联系。培根曾提出这样的论断：“如果我们考虑终极因的话，人可以被视为世界的中心；如果这个世界没有人类，剩下的一切都将茫然无措，既没有目的，也没有目标……。因为整个世界都为人类服务，没有任何东西人不能拿来使用并结出果实。星星的演变和运行可以为他划分四季、分配世界的春夏秋冬。中层天空的现象给他提供天气预报。风吹动他的船，推动他的磨和机器。各种动物和植物创造出来是为了给他提供住所、衣服、食物或药品，或是减轻他的劳动，或是给他快乐和舒适。万事万物似乎都是为人做事，而不是为它们自己做事。”培根的人类中心主义的启蒙思想仍然为现代人们所信奉。不可否认，启蒙运动带来了人类意识自觉和认识世界的水平的突飞猛进。科技力量带来的物质文明大大提升了人类生存的尊严，促进了个性的解放。但是，我们必须重新审视培根所说的“人是世界的中心，自然没有人就没有了目的”的合理性、合法性、逻辑以及它所带来的后果。仔细审视，不难发现，“人是中心，万物以人为目的”具有极大的歧义性。一方面，它激励人类控制自然、改造自然、征服自然，带来了人类物质生活的方便、舒适、快捷等巨大进步，创造了前所未有的人类物质生活水平。另一方面，人类高于自然的自信也理所当然地使人类把自然万物看作服务于人类意志的资源，而忽视自然规律的重要性以及人类在自然规律面前的位置，从而打破了自然平衡，造成了物种大灭绝、生物多样性锐减、严重的气候异常变化。其后果正如雷彻尔·卡森所说——自然会反击。自然的反击犹如雪崩，正在以频繁的自然灾害的形式显现在我们的日常生活中。当今社会面临的日益恶化的自然环境与生态危机，让我们不得不反思人类与自然之间到底是支配与被支配的对立关系还是敬畏与依存的共生关系。

在现代中心主义文化观念中，原生态的自然等同于荒野。人类文明进步就是要把荒野自然改造成文明造物。在殖民时期与现代化初期，荒野的概念与原始、落后、愚昧、荒芜联系在一起。现代中心主义文化以把变荒野为文化的造物为使命，清除荒野所蕴含的多样性与相互关联的生态特征。与此同时，那些在与原始自然的互动中产生的文化、与原生态自然建立精神联系的文化传统，则统统被置于现代中心主义文化的对立面，被打上落后、愚昧、迷信的标签，成为现代中心主义文化排斥、清洗的对象。随着世界各地的荒野被改造，各少数族裔的文学与文化传统也随之被边缘化、被转化，并逐渐衰微。同样，现代中心主义的人与自然关系在环境危机、生态危机中日渐显露出其等级化与物质化的破坏性本质。极端物化的自然观迫切需要寻找回归与自然环境平衡之路。

反思现代中心主义造成的文化失衡，需要我们重新从根本信念上认识人与自然的关系，重新认识我们人类自身的身份、位置与自我实现。这就需要我们问一个问题：我们的身份、位置与自我实现有没有一个统一的标准答案？我们在反思人类自身的身份、位置与自我实现时要以什么为参照物？

三、结语：以自然为标准

要走出人类中心主义的思维定式，我们需要重新审视西方现代文化中自然与文化二元对立的思维逻辑，同时也要面对少数族裔文化支离破碎的现实。我们不能从一个极端走向另一个极端。美国白人主流环境文学虽然自梭罗开始逐渐认识到人类需要荒野，提出“保护世界在于保护荒野”的思想，但是经过仔细审视就不难发现其中的“荒野”概念本身已预设了他者的潜台词。荒野在梭罗、约翰·缪尔、艾比的笔下更多的是人类沉思、独处、求得精神升华和崇高审美的栖息地。梭罗的回归自然是一种超验主义的试验;约翰·缪尔在荒野自然中试图更近距离地接近上帝,与上帝对话,但自然在其中依旧只是媒介,是抵达终极真理的表象。归根结底,荒野的理念仍然摆脱不了二元对立的文化积淀,因为他们还是把拟人化的上帝作为标准。自然是洗清原罪的媒介。乔妮·亚当森在对艾比和塞蒙·奥提兹的对比研究中指出:“大多数欧裔美国人想要思考他们与自然的联系,但是与印第安人不同,他们不是走进花园,一个自然与文化的中间地带,而是走进了荒野,一个在他们的想象中人类没有踏足的地方。许多美国的自然主义者和自然作家往往想与自然发生原生态的关系。荒野就是他们想象中的第一批白人殖民者踏足美洲大陆时的样子。”实际上,在北美,荒野本身就是一个带有文化歧视性的概念。因为当西方的殖民者踏足美洲大陆时,印第安人已经在这片土地上形成了他们独特的文化。脚下的土地在印第安人眼里不是荒野,而是和他们的文化相互依存的生存地,是他们进行宗教活动、经济活动以及各种文化生活的家园,是他们生活、劳作、游玩和祈祷的地方。这里就是印第安文化意义上的自然环境。艾比在赞美自然给人带来的愉悦的同时,把人类在大自然中的劳作等同于破坏,走向了把荒野文明化的极端。而印第安人作家塞蒙·奥提兹则写到了自己在田野里劳作的过程中理解了人类与自然的关系。他认为自然不是没有人踏足的荒野,而是人类融入其中的神圣的与人相互依赖、相互作用的整体存在。

与此同时,我们也应该看到另一个现实。在现代,当我们一想到荒野自然的美好时,就会将它与印第安裔等少数族裔的文化联系在一起,却忽视了少数族裔文化已经支离破碎的现实。彝族作家阿库乌雾在《文化诗学:对话与潜对话》的访谈中说:“在不断强调维护自然生态的时候,在呼吁长江源头和黄河源头环境严重恶化的时候,我们也不要忘记,我们正在进行的西部大开发过程中,还要真诚地面对中国境内少数民族语言文化不断‘沙化’的严峻的文化生态问题。”必须承认,一个纠缠不清的悖论将使得人与自然之间的关系处在剪不断理还乱的境地。从某种意义上说,在人与自然关系的问题上,我们每个人仿佛都戴上了不同的有色眼镜,已经看不到自然本来的色彩了。只有摘下眼镜,才能看到自然的本来面目。因此,我们需要重新回到自然标准上来。

回到自然标准上来具有巨大的变革意义。乔妮·亚当森指出:回到自然标准上来“就是要探索并找到充分理解文化与历史异同的方式,以便我们能够相聚在‘中间地带’——观念纷争的地带,一个相互关联的社会与环境问题起源的地带,为了革新的变化而努力。”这里,乔妮·亚当森所说的“革新的变化”既指向现代人对于自然环境的态度和观念的革新变化,也指向对待少数族裔文学与文化的态度和观念的革新变化。如果破坏环境与压迫、边缘化、弱势化少数族裔文学与文化共时发生,那么拯救环境与复兴少数族裔文学与文化也需要同步进行。复兴少数族裔文学与文化是“协调人类与自然”的重要力量。如果保护生态环境仍然在现代中心主义的等级化、物质化的线性文化轨道上进行，那么，环境保护就永远跟不上愈演愈烈的环境恶化的速度。如希尔科在其作品《死亡年鉴》的结尾所述，我们都带着各自不同的文化历史记忆与经历，都脱离了与自然的直接连接。不同族裔对彼此之间的动机与政治观点都持怀疑态度，并质疑合作进程是否能够达成积极的成果。之所以出现这种不和谐的纷争，就是因为缺乏自然的标准。人类中心主义思维定式把为了自身利益而竞争称霸当成目标。这与自然的标准大相径庭。自然的标准需要人类以彼此适应而非竞争为目的，以生命整体性的稳定、完整、美丽而非利益最大化满足来判断和约束自身的行为。

"自然标准"出现在20世纪初。最早提出自然标准概念的是以富兰克林·金为代表的关注土地与农业生产关系的科学家。富兰克林·金结束在中国和其他东亚国家的旅行之后，创作了《四千年的农夫：中国、朝鲜和日本的永续农业》。在书中，他揭示了一个不仅事关农业，而且事关人与自然可持续关系的文化问题。他提出："美国百年间农业穷尽了地力，而中国农业经历了四千余年，土壤依旧肥沃，原因何在？"问题触及标准的问题。美国农业以产量、经济效益和竞争为标准来对待土地、对待种族、对待文化，这势必会造成土壤的退化、肥力丧失，使人与土地的关系出现危机。富兰克林·金从中国和其他东亚国家的农民养护土壤、以土壤为重的农业生产中看到了自然这个标准原则的重要性。当然，自然这个标准不像产量、经济效益或竞争那样可以确切地度量或评判高低。但是，人与自然的关系可以用数字来衡量吗？人与自然之间能够通过竞争的方式实现可持续的关系吗？人类是个复数名词。不同的地理环境里的人在各自不同的地方形成了不同的行为方式和文化。行为方式和文化的差异与地方紧密相关。以任何一种文化为中心标准来衡量所有的行为方式和文化都是有失偏颇的。

那么"自然标准"的核心是什么呢？答案是自然整体生命共同体的健康。其判断的标准就是奥尔多·利奥波德所提出的"凡是维护自然整体生命共同体的完整、稳定、美丽的便是合理的，凡是破坏自然整体生命共同体的完整、稳定、美丽的就是不合理的。"以这个标准来判断，产量、经济效益依旧在我们的生活中占有重要的地位，但是它并不是应无止境地追求的目标，而是为整体生命健康服务的。用温德尔·拜瑞的话说就是，人类在追求产量和经济效益的时候，也要顾及"人类生存地中其他生物的健康，其他生物包括土壤和水中的生物，包括地球表面的其他生物以及空中飞翔的鸟类"。

在气候变化、环境危机以及环境正义的语境下提出以自然为标准，具有深层的变革内涵。它需要我们重新回到敬畏自然、"天人合一"的平台上来审视人类与自然世界的关系、人类与人类的关系、人类与世界的关系。"以自然为标准"，上述诸种关系必须抛开竞争模式，而以相互适应的多样性共生关系展开。敬畏自然，以自然为标准，是现代人类走出以竞争模式判断高低优劣所造成的文化破坏、环境破坏危机的希望。敬畏自然，以自然为标准，把殖民运动之后被边缘化、弱势化的少数族裔文学与文化纳入文化共生的轨道上来，是建设和修复健康稳定的生命共同体的希望。

环境正义生态批评在正视环境危机与少数族裔文学与文化危机共在的现实的同时，也看到了少数族裔文学与文化对复兴文化多样性、制约现代中心主义线性文化的破坏性的生态聚合力量。人类要持续地在地球上享受平等、健康的精神生活与物质生活，就必须改变无节制地物质化自然的现代中心主义的线性文化发展模式，走出人类中心主义思维定式，以自然为标准，重建人类与自然之间的敬畏、依存与审美联系。

第十一章　从人文主义走向环境人文主义

吾生也有涯，而知也无涯。以有涯随无涯，殆已！

——庄子(《养生主》)

一个世纪以前，处于主导地位的思维模式认为所有的文化都应该按照西方模式发展，而环境人文承认并非所有的文化都走同样的历史轨迹。世界文化不是，也不应该被同质化。相反，不同的文化聚焦各个地方的生态知识，表述每个特定地方的人群如何生活，每一种文化都各有特色，因为它是在一个特定的地方发展起来的……换句话说就是，每一种文化都处在不断的进化与适应中，而且都在寻找它的道路。

——罗伯特·艾默特、大卫·奈(《环境人文：批评简介》)

随着环境灾难与气候异常变化危机日益渗入日常，人文主义的界限也在不断受到冲击，去人类中心主义在现实与认识层面都无法回避。巴里·康芒纳在其 20 世纪 90 年代出版的著作《与星球求和平》中就明确指出，人类行为已经过界，人类技术圈以其强大的向前发展的线性态势严重打破了生态圈万事万物紧密相连的循环原则，进入了与生态圈的战争状态。从人文主义视角来看，人类行为过界是个吊诡的表述。其吊诡之处在于人文主义的核心价值为人类中心主义，一切从人类的利益出发，为人类利益服务。然而，人类中心主义在强大的科技力量的推动下严重打破了人类赖以生存的生态圈的循环结构的稳定与安全，给人类基本生存带来了严重威胁，人类可持续生存的基本利益也就陷入了危机中。对于危机的现实性，科学家全球网络分别在

1992、2017和2019年三次对人类发出警告，警告人类注意全球环境危机状态。诺贝尔物理学奖得主亨利·肯德尔在1992年的警告中曾说："如果要避免更大的人类灾难，如果不让人类在这个星球上不可逆转地失去家园，就需要我们在地球上的行为与生活发生巨大的改变。"2017年，联合签名的科学家们认为人类在扭转环境恶化方面没有取得进展，他们认为人类必须做出有意义的转变，并列出了13个具体的转变步骤。两年之后，2019年，科学家们再次联名发出警告，警告气候变化以及物种灭绝问题的紧迫性。警告中特别强调一旦突破气候临界点，人类在地球家园的生存将会有不可逆转的危险。从人文主义的角度来看，科学家的警告旨在呼唤大众环境危机意识的觉醒。环境危机意识也隐含着反思人类中心主义的行为。那么，对于人文学者而言，这意味着什么？他们应该作何反应？对于人文主义本身而言，这又意味着什么？

在2016年4月22日地球日举办的纪念仪式上，177个代表团签署了巴黎气候变化协定，这是一个破纪录的数字。这个数字表明人类行为是导致气候变化的因素，因此人类应该承担起责任——已经得到广泛认同；这个数字意味着认同以消费带动经济发展的模式加剧了气候变化和环境破坏；这个数字也表明越来越广泛地认识到人类需要改变观念和生活方式并行动起来扭转危机现状，或者说可持续未来与发展的忧患意识开始深入人心。继续深究也就不难发现，人类中心主义无节制地刺激欲望，无目的地向前发展，已经导致人类生存不可持续这一危机。而可持续的未来仅仅依靠科学技术远远不够。物理学家瓦伦·西瓦拉姆在《驯服太阳》中向读者阐述了开发太阳能的技术前景。太阳能是环境友好型新能源。但是从物理学家的字里行间，我们不难发现作者表达的忧虑，即使人类有能力实现太阳能技术的不断创新，但是按以前的城市发展与生活消费模式来说，太阳能要达到30%的供给程度，需要更大的技术飞跃。众所周知，科技是把双刃剑，飞跃之后依旧会面临更大的飞跃，这一次又一次的飞跃不免令人想到夸父追日的结局。这与石化能源带来的结局又有多大的不同呢？

虽然全球监控、测量、扭转气候变化的生物地理要素需要科学来完成，可持续发展能源开发需要技术创新来完成，但是众多科学家与研究机构都已经认识到对人类要素——这个导致全球气候与环境变化的主要要素——的审视与研究也迫在眉睫。人类目前的生活方式、追求的目标、价值体系、人与自然关系的观念、态度以及行为乃至社会正义问题、文化多样性问题都与环境与气候变化有着重要的无法忽视的关系。瓦伦·西瓦拉姆在《驯服太阳》中指出，对可持续生存未来至关重要的创新应该是颠覆性的创新。颠覆性的创新离不开人文主义的基本信念、价值体系方面颠覆性的创新。人文主义者斯蒂文·哈特曼说："虽然科学界对气候变化与环境恶化日益达成共识，但是本身并不能带来社会价值观与发展模式或者人类行为的巨大改变。"巨大的改变需要科学与人文领域共同促成。也就是说，对于人类影响要素的颠覆性创新需要科学家、政策制定者、商业界、教育界以及人文界整合起来共同实现。实际上，这也是生态文明建设的必要条件。生态文明从整体系统相互关联的维度上展开。可持续生存的颠覆性创新实质上需要打破学科分野，重建整体关联的认识结构，需要走出人类中心主义，走向环境人文主义。环境人文是生态文明建设的主线。那么，什么是环境人文？如何建构环境人文？接下来，本章将从环境人文的缘起、发展以及建构内容与意义等方面展开论述，并展望环境人文在可持续发展以及生态文明建设方面的作用。

环境人文是以人与自然的关系为核心的整体认知方式，是跨学科与跨文化的知识建构模式，是以可持续生存为目的的审美、伦理与哲学理念。可持续生存是资源危机、能源危机与生态环境危机催生的概念。可持续生存需要解决的关键问题是人与自然的关系问题。人与自然的关系取决于人的思维模式、认识方式、知识结构。这就需要我们回顾一下人文主义传统。斯特芬洛在《人文主义简介》中指出，古代人文主义传统源于人类对上帝/神的追问，继而延伸到对人生的意义以及道德、价值与判断的追问，从某种意义上说，这些问题延续至今依旧是人类追问的问题。但是，现代人文主义自文艺复兴开始在思维模式与认识结构上就发生了变化。哥白尼提出日心说，对以上帝为中心的宗教秩序无疑具有颠覆性的意义。布鲁诺与伽利略用实证的方法论证了哥白尼的日心说，这无疑是人类在认识世界方面的历史性进步与飞跃。虽然两个人惨遭宗教迫害，但是他们所引领的科学精神却为启蒙运动打开了大门。培根倡导"知识就是力量，更重要的是运用知识的技能"，把科学技术的强大力量凸显了出来，实际上也就是把能够发现并利用科学技术的人"大写地"凸显出来。笛卡尔根据力学原理建立了机械的宇宙演化模型，对物理现象和生物现象进行机械的解释，奠定了机械主义自然观的基础，自此，自然被看成如钟表一样的机器，可以部分地被拆卸、组装并加以认识。19 世纪以降，达尔文的进化论理论对人类彻底摆脱宗教的束缚起到了背书的作用。接下来的生物解剖学研究解释了如何纯粹自然地、科学地研究机体构造，从而创造出新的物种，人类自此有了扮演造物主角色的野心。社会达尔文主义把达尔文自然进化的理论应用到社会体系，发展出"优胜劣汰、弱肉强食、物竞天择、适者生存"的发展逻辑。人文主义把对生命意义的思考演变成控制自然、开发自然、再造自然的创世逻辑，把道德与价值判断的追问演变成政治、经济、文化、生态层面的竞争。19 世纪初，英国哲学家边沁提出了功利主义道德原则，使得个体自利选择与大多数人的最大化幸福与福利满足成为在伦理层面的合理化判断。这在个体解放与理想社会的建构方面具有重要的意义。但是在人与自然的关系方面，人类把快乐与幸福的实现寄托在物质资源的占有与消费上，自然不可避免地成为实现人类幸福的物质基础，成为被任意掠夺、开发、利用的对象。到了 20 世纪，实用主义哲学加入功利主义伦理的队伍，现实本身成为真理所在。科学方法被奉为认识真理的唯一正确方法。一切对人的现实生活有利的，一切能够通过科学手段认识并且在人的现实生活中产生功效的，都是不容置疑的。自然世界被简单地等同于物质世界，被机械地等同于物质资源。在实用主义哲学观念里，人类世界是人类认识的世界的全部。超自然的认识与存在被置于科学理性的对立面,受到无视、蔑视甚至清算。功利主义与实用主义成为人文主义的思想支柱。于是,在现实生活中,物质主义就顺理成章地成为文化层面的合理化逻辑,个人主义在社会层面成为合理化的价值观念。人类中心主义成为人类社会发展的主导逻辑。为了人类物质生活水平的提高,为了实现个体最大化的利益,控制自然、主宰自然并开发自然成为人类社会进步的主旋律。最终,无论是空气、大地上的土壤,还是海洋中的水,无论是河流山川,还是地幔地壳,无论是大地景观还是南北极的冰雪世界,都打上了人类创造物的痕迹。地球无论是从物质构造上还是气候变化的规模上都体现了人类作用力的效果。而对于人类作用力的认识则远远超出了人类中心主义的人文主义的认识范畴,人文主义必然走向环境人文主义。这不是道德伦理的律令,而是已经成为历史的必然。

此外,随着科学的发展和学科的分化,人文主义的概念本身也从一个宏大的涵盖生命意义与终极价值判断的概念缩小为一个学科概念,产生了从语法、诗歌、修辞到哲学、文学、历史、伦理学等不同学科的分支。这些学科分支的割裂性研究显然无法形成对人类在环境中所发挥的作用的整体认识。19 世纪以降,文学作为学科,其文本局限在想象、情感的优美文字创造范畴,局限在小说、诗歌、戏剧、散文等文类范围内。文学学科文本与科学学科的写作形成泾渭分明、互不相关的分离关系。虽然文学研究采用了科学研究的方法,但文学研究的世界把自然世界排除在外,越来越萎缩成包含人与人的关系、人与社会的关系的人类世界。自然在文学文本中仅仅作为背景出现,被排斥在人文研究的视野之外,人与自然之间相互依存、相互作用的关系在文学研究中缺席。《寂静的春天》的书写敲响了人文与科学分离造成的危险的警钟。环境写作跨越了文学与科学之间的沟壑。《寂静的春天》一书中预警、反思、揭露与批判的问题实际上是一个系统的、人与自然之间相互联系的问题,文学地呈现了人类以科学的手段控制自然对生命链所造成的破坏性后果,揭示了学科分化的片面知识结构局限。除了《寂静的春天》之外,一批环境文学经典在生态批评、环境美学、环境伦理、人类学研究大潮中也涌现出来。《瓦尔登湖》《沙乡年鉴》《小的是美好的》《增长的局限》《自然的权力》等成为人类学、文化地理学、环境史学、环境伦理学、环境美学与生态批评共同聚焦的文本。对人与自然的关系、文化多样性的研究以及对人类中心主义与现代中心主义的反思,也呼唤跨越界限、整合地并能够整体地认识、思考人与自然关系的人文主义的出现。

环境人文术语的出现可以追溯到 20 世纪 90 年代末澳大利亚的环境人文研究——是由历史学家利比·罗宾、民族学家与文学批评家黛博拉·波尔德·罗泽以及生态女性主义研究者瓦尔·普卢姆德建立的一个环境人文研究小组首次提出来的。麻省理工学院在同一时间也成立了麦克阿瑟环境人文主义研究工作室,“寻求通过在人的机构、信仰与实践的行为中确定生态问题,以化解自然与文化的对立”。自 20 世纪 90 年代开始,欧美及澳大利亚的很多大学都把自然科学、社会科学与人文联合起来,并开始组建跨学科研究中心。约翰·亚当森提出,众多关注环境正义与后殖民生态学的学者在对原居民的研究和对种族的研究中发现，可以在世界上最古老文化的宇宙叙事、人与自然之间的故事、传奇与象征中找到环境人文的根源。因此，“环境人文是在自然科学与可持续性科学的最新研究的影响下进行的历史、哲学、文化、审美、宗教、文学、影视以及多媒体研究。”环境人文是聚焦文化与自然的关系并着重研究人类对环境的作用与影响的概念，它既是一个跨学科的概念，也是一个跨文化的概念。

那么，环境人文在哪些具体的概念上体现了跨文化与跨学科特性呢？接下来将通过深层生态学的地方意识、文化多样性、物质主义及人类世这几个概念论述环境人文的跨学科与跨文化特性。

一、深层生态学的地方意识

呼唤环境人文建设并非否定人文主义或者清算人文主义，而是要补充和完善人文主义。人文主义经过文艺复兴与启蒙运动的洗礼之后，在人的尊严与知识上获得了自觉意识的发展。边沁的道德观也让人有了自由的选择权。詹姆斯与杜威的实用主义提高了科学与理性在人的选择中的理论地位。但是人文主义如同硬币一样，具有两面。其另一面是人类中心主义对超自然的无视所导致的后果。自然规律并非由人的自由意志所决定。自然并非如笛卡尔已降的哲学家们所预设的那样是一台可以拆卸、组装的机器。人类的选择权与自然规律的不可忽视性造成了人类与自然之间在时间与空间上强烈的破坏性冲突与危机。从时间上看，人类中心主义发展在速度上无视自然进化规律，远远超出了自然缓慢进化的速度，破坏了自然的稳定与平衡。时下，失去控制的温室气体排放造成的气候异常变化已经呈现出对可持续生存的严重威胁。从空间上看，殖民运动带来的现代主义改变了人与地方的紧密联系，也从根本上改变了人的生存方式。现代主义生存方式不仅造成了从农业生产到商业消费对自然环境以及生命链的污染与破坏，也造成了外来物种入侵等严重生态问题。科学家们发现，其明显的危害是造成地方物种灭绝、严重破坏地方生态平衡、外来物种携带的病原微生物给人类的健康造成了潜在的危害。未知病毒的流动潜在地隐藏着发生瘟疫的危险。人与自然之间在时空上的破坏性冲突表明人与自然互为整体，或者更确切地说，人是自然的一部分，这是现代人文主义认知中所缺少的维度，也是环境人文对人文主义的基本补充。

反思人类中心主义势必要从本体论意义上反思人与自然的关系，或者说纠偏人类中心主义要从两个方面重新建构对人类的尊严、权利与科技理性的认知。一方面，对人与自然关系的认知需要整体地而不是部分地认知我们生存的世界；另一方面，人类是自然整体的一员或者一个组成部分，而不是高于自然万物的主宰。两者的基础是深层生态哲学的人与自然观，即自然不仅仅是人类可资利用以改善自身生存条件的资源,它也有自身的价值。自然的内在价值也是人类自我实现的价值基础。深层生态哲学是由挪威哲学家阿恩·奈斯在20世纪70年代初提出来的概念。阿恩·奈斯深受斯宾诺莎的影响。斯宾诺莎曾经提出我们认识世界的基础是我们对我们与世界的联系的认识。阿恩·奈斯试图从经验世界人与自然关系的视角论证自然绝非仅仅是机械主义科学所发现的价值中立的物质自然,而是一个具有内在价值、相互联系的整体。整体内部的联系体现出包容性、创造性、活力与无限的多样性。个体在与整体各部分之间的联系中产生道德与价值意义。另外,在阿恩·奈斯看来,由于自然不是死的,因而个体的自我实现模式也不能由物质来衡量,而应该由生物共同体多样性共生的原则来衡量。具体地说就是,个体的生命存在以尊重整体各部分生命存在为前提。用阿恩·奈斯的话说就是"我活,也让你活"。这样就最大限度地保护了生物多样性,从而也保护了人类存在的稳定性。雷彻尔·卡森在《寂静的春天》中这样阐释人与土壤生命共同体的关系:人类的生命离不开土壤生产的粮食。土壤生产粮食是一个共同体协同作用的结果。换句话说就是,土壤的肥力依靠土壤生命共同体的稳定来实现。土壤生命共同体内的诸成员诸如蚯蚓、螨虫、各种微生物之间相互作用,从而保持土壤的活力。人类与土壤及土壤生命共同体相互依存。人的可持续生存离不开土壤生命共同体的完整、稳定、美丽。人类生命与土壤生命共同体的稳定息息相关。在土壤生命共同体面前,人类是生产与消费循环链条中的一段。如果简单地以人类为中心,以满足人类需求为目标,盲目追求产量,盲目使用化肥与杀虫剂,土壤生命共同体就会被化学物质污染、破坏,土壤就会丧失生命力。人与自然之间的良性循环关系被打破,粮食生产的可持续性必然受到严重威胁,最后人类中心主义也必然坍塌。深层生态学在多样性共生与相互联系的整体中追问人类自我实现,从整体联系的视角看人与自然的关系,那么,人类以中心自居或者认为万事万物都为我所用的观点就不成立,相反,人类生存的目的是维护共同体的完整与可持续性。

在如何维护人类与自然整体的稳定与可持续性方面,阿恩·奈斯提出了生态智慧T.,之所以加上T(T是阿恩·奈斯生活的地方Tvergastein的首字母),是因为阿恩·奈斯旨在强调,在整体观念下,每一个个体都有责任立足于其所生存的具体地方来思考应对环境危机的方案。生态智慧T.需要从两个层面思考人与自然之间的可持续关系。其一是地方层面,其二是多样性层面。我们生存的世界是万事万物紧密联系的整体。这个整体在空间上是由一个一个的地方组成。地方是体现生态系统与生物共同体的具体操作单位。从地理与气候上看,每个地方都有其不同的地貌、地理环境、气候特点;从时间上看,每个地方在漫长的历史进程中都形成了各自不同的文化、习俗、社会形态。生态系统、大气物理以及文化历史构成了地方的时空整体。整体环境可持续与稳定取决于地方整体系统的可持续与稳定,取决于每个个体负责任的行为与消费。加里·斯奈德在《世界是一个一个的地方》中说:"我们生活的地方是我们的一部分……是我们自我重新发现的一部分。"当我们把我们的生命和一个具体的地方联系在一起的时候,我们才开始理解自己作为地球人的真正含义。当某一个体与地方达成相互认同，成为所在地方的一个成员，他的身份和价值与用资本及金钱衡量的身份和价值就属于完全不同的建构。

用资本及金钱来衡量个体身份和价值的建构把个体视作一个流动的个体——它不从属于任何一个地方，也就从责任与道德中剥离出来了。尖端的知识结构与技术带动个体流动。个体欲望的最大化满足通过把自然物质财富化的方式实现，同时架构起个体身份和价值。个体身份和价值依靠物质链接的等级阶梯来体现。物质资源是维系等级阶梯的基础。一旦资源枯竭，自然资源系统崩坍，身份和价值的等级阶梯也就分崩离析。这仿佛是在攀登空中楼阁，虽然充满了绚烂的憧憬与光彩，但是一开始就预设了悲剧的结局。

然而，与地方联系在一起的身份与价值却是完全不同的建构，这体现在：第一，其自我实现是以基本物质需求为满足，而不是以最大化物质需求为满足。而这两者的区别在于：前者隐含着知足常乐的文化传统，后者则追求欲壑难填的奢华与竞争。第二，其自我实现是以生命空间附近的地方为单位，而不是以殖民扩张为单位。环境人文立足于人与地方的联系，强调个人对自身物质需求满足的意识与责任。物质需求满足的意识与责任使人在自我层面获取了自由的掌控能力。阿恩·奈斯指出："通过地方自足与自治的程度，我们就知道生物拥有满足其基本需求的资源的程度，或者广义地说，自我实现资源在生命空间附近。"在深层生态的哲学理念中，个体的自由不在于在竞争的机制下个体利益的最大化满足，而在于在成为地方共同体的一员的过程中，自觉地维护共同体的稳定、完整与美丽。自由不是物质占有的自由，而是相互尊重与共生的伦理关系的自由。自我实现需要依靠自律完成。自律是最大的自由。奥尔多·利奥波德在《像大山一样思考》中讲述了个人在与濒死之狼眼中的绿火对视的一瞬间悟出的道理——原来以为把狼赶尽杀绝就会有更多的羊，财富就会不断增长，世界就变成了天堂，但事实并非如此。狼在地方生命共同体中具有不可或缺的重要作用，没有了它，食草类物种就会泛滥，地表的植被就会失衡，土壤就会沙化，水土也会流失，人类的未来就会被冲向大海。在生命共同体的可持续生存中，人类与狼是共生关系，在互相制约中实现可持续的安全。

可持续安全的智慧在于个人与地方伦理关系的建立。温德尔·拜瑞曾警告说："对自己生存的地方没有复杂的认知，没有对自己生存的地方的认知所依赖的忠诚，不可避免地就会肆无忌惮地滥用这个地方，最终毁灭这个地方。"在环境文学文本中，地方不是简单的人类活动的背景，而是人类认同的对象，或者说在人类活动中发挥作用。人是自然的一部分，首先是具体地方的一部分。只有对具体地方产生了认同感、归属感，才有可能与地方建立联系，建立熟悉的亲切的整体关系，进而产生关爱与保护的意识。20 世纪 80 年代，始于意大利的农夫市场和地方食物运动是现代西方以地方为本建立人与地方关系社区的平台。目前盛行于欧洲和北美的农夫市场重新恢复了人与地方的传统伦理关系，人与地方的伦理关系涉及生产方式、消费方式以及人们的日常生活方式。当以关爱大地的生活方式生产粮食、以关注大地的方式消费粮食,人类的生活就会从奢侈浪费、攀比与拜金转向简单、节俭、知足、充满关爱与健康。

人与地方的伦理关系始于人对地方的意识自觉。对地方的意识自觉表现在三个层面上:

其一是与地方产生的历史意识。这是人与地方之间的时间轴关系。时间轴上记录着个人与地方建立整体关系的记忆和故事。在这个时间轴上,地方上的万事万物成为记忆中的一个个站点。在这些记忆和故事中,人与地方的感情纽带、知识纽带编织出审美与伦理联系。在美国文学中,温德尔·拜瑞与他的波特威廉姆镇、罗伯特·费罗斯特与他的新罕布什尔、维拉·凯瑟与她的内布拉斯加,无不从不同的视角向我们讲述了我们与具体地方之间的历史意识的故事。我们从中读到了作者们在历史的积淀中再现人与地方之间的认同与归属,表达了融入与责任的重要作用。

其二是人与地方在情感维度上建立的神圣意识。劳伦斯·布伊尔在论述地方概念时说,当我们在一个地方长期定居下来,与之紧密地结合在一起时,与这个地方相关的意识就会发生从地方到历史再到神话传说的神圣意识转变过程。这个地方的一草一木对外来游客而言可能微不足道,然而对于当地人而言它们却是具有传奇色彩的感情记忆。

其三就是空间维度与地方融入的家园意识。温德尔·拜瑞说,如果不是因为他的家在肯塔基农场,他可能一辈子也不能领会到地方意识是什么,也不可能知道地方意识包含哪些要素。人与地方的意识自觉归根结底是融入这个地方的家园意识。他在“归乡”小说中,浓墨重彩地描述了回家的过程。家是个熟悉的地方,不是陌生的地方。家是放松心态慢慢走、慢慢欣赏生命的地方,不是急行军的地方。家是用眼睛去看、用身体去感受的地方,而不是用工具扫清一切障碍的地方。家是人可以主宰自己的生活节奏并与家人一起共同享受自然馈赠的地方,而不是被物质主义裹挟着一味地索取、占有从而最终受制于技术的地方。

综合上述三种意识不难看出,在现代文化语境中,人与地方的意识和伦理理念的建构在很大程度上具有修复的内涵。

实际上,在伴随着殖民主义运动席卷而来的现代文化之前,以地方为核心的文化,或者说因为地方的不同而不同的文化中,蕴含着丰富的人与地方之间的历史意识、神圣意识、家园意识的叙事。

二、文化多样性共生

深层生态哲学在整体观念上论证人是自然的一个成员,在尊重自然万物的价值层面上实现人自身的身份与价值。而自我价值与身份的实现又需要具体落实到人与地方的联系中。这是对环境人文中人与自然关系的思考的基础。从空间上看,整体由地方构成,整体的稳定取决于地方的多样性共生。从时间上看,人与地方的关系构成了不同地方的文化传统，文化传统维系着一个地方的稳定与完整。文化多样性共生在知识的维度上表明现代知识体系在历史的长河中的局限，对于我们从哪儿来、到哪儿去的问题，在不同地方的文化视域中会有不同的本体与认识论意义上的答案。环境人文突破统一文化价值观的人文主义，在跨文化的维度上重构多样性文化系统的价值与知识系统，重拾被排斥在现代文化之外的人文精神与智慧，建构多样性共生的整体主义环境人文体系。

从时间上看，文化多样性包含与地方紧密相关的多彩纷呈的历史叙事。不同的历史叙事讲述了各自文化中人与自然关系的生存智慧。以中国历史上儒家的中庸之道为例："天命之谓性，率性之谓道，修道之谓教。道也者，不可须臾离也……中也者，天下之大本也。和也者，天下之达道也。致中和，天地位焉，万物育焉！"中庸的根本在于尊重自然规律，承认在时间的长河里，我们对于天道认知具有不完全性与不确定性，因此在认知的局限面前，人类的根本在于"致中和"，即人类守住自己的位置，对自然怀有应有的敬畏，实现与万物共繁荣。庄子针对时间与认知也精辟地指出："吾生也有涯，而知也无涯，以有涯随无涯，殆已。"从庄子的论述角度看当今面临的气候异常变化的现实不难发现，人类对科学技术的依赖已经到了无视自然规律之本的程度，科学技术的发展使人类认知的自负自大膨胀到以造物主自居的地步。反讽的是在气候异常变化面前，科学认知的不确定与不完全性却成了各个国家推卸责任、延宕采取切实可行的措施的借口。科学技术以"知"界定智慧，中国文化以从"知"中看到"未知"来界定智慧。气候危机的现实再一次凸显历史叙事的厚重力量。中庸之道支撑了中华民族几千年，"生生不息之谓道"的文化根本重新成为救世的希望。救世的道在于转变：在于生活方式的转变、价值观的转变、伦理观的转变、审美观的转变——从割裂分离的片面、功利、统一认知的人文主义向整体主义相互关联的多样性认知的环境人文转变。

整体主义相互关联的多样性认知并非一个从无到有的建构，在与地方紧密相连的多样性文化里，不乏人与自然整体关系情感想象叙事。在人与地方整体关系的想象叙事中，讲述着一个又一个科技认知时代所忽视或者无视的整体联系的故事。如《狼图腾》中再现的狼在蒙古族文化中的图腾意义。它之所以成为图腾是因为它与牧民、与天神腾格里、与草原以及草原整体命脉之间存在互为整体的联系。如在郭雪波的萨满系列小说中，萨满在物质世界与神灵世界之间发挥了连接的仪式作用。如在本土印第安文化中不难发现人与土地之间互为拥有的生命联系的故事。如印第安裔作家斯科特·莫玛迪在《日诞之地》中讲述的在猎熊背景中人与熊之间的生命交流及成长的故事。苏轼"凤泉两部乐，松竹三益友"的诗句也精辟地概述了人与自然万物之间互为整体的情感交织。不同文化叙述不同的人与自然整体联系的情感想象故事，表达不同的伦理、审美、世界观，以及由此形成的生活方式：其中有以整体稳定与安全为核心，而不是以个人物质诉求为中心的生活方式；有预设的天道惩罚的伦理机制以及对整体系统中各成员之间敬畏与感恩的伦理关系；有把自然万物看作是友人与邻居的审美情趣。在不同的文化故事里，情感这个被时代抛弃的生命要素显现出了重要的意义。而情感想象讲述的生活方式、伦理诉求及审美情趣的叙事不是建构空中楼阁、走向乌有乡的故事，而是人与自然之间的家园叙事。

从空间上看，不同的文化传统讲述因地方不同而不同的家园叙事。中国道家文化讲述天人合一的家园叙事。在天人合一的叙事中，“人法地，地法天，天法道，道法自然”。自然而然是天人合一的前提，也是天人合一的结论。在天人合一的家园叙事中，人只能言说人的故事，人不能言说的故事是人所能言说的故事的条件，也是天人合一的条件。儒家与道家在出世与入世态度上大不相同，但是都对《诗经》中“战战兢兢”“如临深渊”“如履薄冰”的诗句赞以“实而中，情而信”。“天人合一”实在是极容易打破的自然平衡，而能够维护天人合一的平衡实质上是对人类大智慧的巨大挑战。萨满文化讲述万物有灵的家园故事。在万物有灵的叙事中，人与自然万物之间是可以交流、转换并互为整体的生命关系。在世界各地的本土文化中都不难发现人与自然之间整体融入的关系。

文化多样性是建构环境人文的重要视域。在近现代的300年时间里，全球化的人文主义从基督教文化体系里生成并伴随着科技力量发展起来。基督教文化创世的家园叙事以失乐园的方式展开、以末世的故事结尾。家园以人为万物命名并管理万物的等级物质结构呈现。在等级结构的失乐园里，人与自然之间很容易被呈现为主客对立关系模式、认识与被认识的关系。基督教世俗化之后，人被“大写地”突出出来，并以天命职责的信念实现觊觎造物主权力与地位的野心。马克斯·韦伯在《新教伦理与资本主义精神》中指出：“在任何一个宗教成分复杂的国家，只要稍稍看一下其职业情况统计数字，几乎没有例外地可以发现这样一种状况：工商界领导人、资本占有者、近代企业中的高级技术人员尤其是受过高等技术培训的管理人员，绝大多数都是新教徒。”新教徒给世界带来了一种文化精神——资本主义精神。在马克斯·韦伯的论述中，资本主义精神就是指个人把拼命努力地增加自己的资本并以此为目的的活动视为一种尽责尽职的行动，也就是把赚钱本身当作一种目的、一种职业精神、一种美德或能力。从人与自然的关系视角看，资本主义文化中的天职无疑是通过把自然资源转化为资本得以实现的。不可否认，资本主义文化极大地改善了人的物质尊严、物质自由、物质享受、物质便利与物质流动性，甚至物质创造力。从某种意义上说，人类已经进入了物质主义化的人类世。但是同样不可否认的是，资本主义伦理逻辑中的天职严重打破了地球生态系统的完整、稳定与美丽，严重威胁了人类在地球上的可持续生存。气候异常变化、能源资源危机、有毒物质污染以及贫富严重分化等现实表明，人与自然的关系已经到了深渊的边缘，已经能听到薄冰噼里啪啦开裂的声音。显然，近现代300年的文化逻辑与人文主义也面临着崩塌的危机。

如何修复或者面对物质主义化的人文主义危机是环境人文出现的历史条件，而环境人文最核心的力量来自文化多样性共生所能产生的可持续生存弹性。罗伯特·艾默特和大卫·奈在《环境人文：批评简介》中指出：

一个世纪以前，处于主导地位的思维模式认为所有的文化都应该按照西方模式发展，而环境人文承认并非所有的文化都走同样的历史轨迹，世界文化不是也不应该被同质化。相反，不同的文化聚焦各个地方的生态知识，表现每个地方的特定人群如何生活。每一种文化都各有特色，因为它是在一个特定的地方发展起来的……换句话说就是，每一种文化也都在不断地进化与适应中，而且都在寻找它的道路。

以一种文化优越于其他文化的认知为基础的现代人文主义，在三个世纪里不得不面对环境危机、资源危机、生态危机以及社会公正危机等危机四伏的弊端。贫富分化的张力、奢靡腐化名牌效应与饥荒水荒生存威胁的张力、过度消费与垃圾围城的张力、石化煤矿地产行业暴富与气候异常变化灾难重重的张力、城市不断扩张与物种灭绝地球热岛效应之间的张力、物质主义内卷式竞争与伦理道德精神操守不断沦丧之间的张力都在倒逼日益暴力的人文主义破茧重生，打破人类中心主义的外壳，与星球求和平，在时间、空间与情感上走向生态圈的万事万物紧密相连的基本原则，走向文化多样性共生的修复之路。

巴西纪实摄影师塞巴斯蒂昂·萨尔加多用他的镜头全景扫描了世界各地的自然风景和人文风景，其黑白镜头下的景观非常反讽地呈现了全球化物质主义时代的慢暴力对地球环境、地方文化以及生态多样性所造成的巨大破坏。在慢暴力背景下，人类学研究、生态批评研究、后殖民研究与环境正义、环境伦理、环境美学研究汇聚，以整合的态势，以跨学科跨文化的整体建构方法，重建文化多样性共生前提下的环境人文；反过来，环境人文也拒斥西方文化优越于其他文化的理念，承认以地方为基础的知识体系建构。

三、人类世的科学与物质

承认以地方为基础的文化多样性共生的知识体系是环境人文建构的视野与姿态。在承认大地生命共同体内自然万物内在价值的前提下实现自我是环境人文追求的一种生态智慧。但是，必须承认的是，以这种姿态与智慧要破解的难题是如何处理在有多重张力的人类世背景下的科学和物质的关系，或者说如何从时间、空间与情感维度上理解人类作用力以及重建生命的张力是环境人文需要面对的课题。

人类世的概念出现在2000年，由大气化学家保罗·克鲁岑和生物学家尤金·斯多默提出。人类世概念的内涵是人类作用力改变地球生物圈结构；改变构成星球的主要要素的含量与流动情况，如氮、碳、磷、硅；改变地球表面的物理平衡。人类世概念的认定属于地理学范畴。地理学家认定：时间上表明地球进入了新的纪元——人类参与造世的纪元；空间上表明在地球物质构造中人类作用力已经产生影响。地理学家杨·扎拉斯威兹把人类改变地球的作用力称为人类生物扰动性。从土壤、水到大气，从陆地到海洋，从南极到北极都能看到人类对生态圈的扰动留下的印记。人类行为对地表结构的改变最为明显，如道路、楼房、水坝、铁路、管道，甚至园林等景观的再造。人类俨然已经成为生态系统的工程师、景观设计者。从人类视角看，人类已经深深地嵌入地球物质层面的故事图景中。从功利主义与工具主义视角看，人类世似乎在宣布人类科技力量登峰造极的造世成果。科技装备下的人类如同《西游记》中已经能够上天入地、会七十二变的孙悟空，或者可以抽龙筋扒龙皮的哪吒。但是孙悟空真的无所不能吗？即使是脱胎换骨莲花化身的哪吒真的无所不能吗？

事实上，人类生存正在面临与日俱增的问题，且不说人类生产、生活造成的污染与垃圾问题，也不说城市化、工业化对能源与资源的消耗造成的枯竭危机，单单人类对地球大气构成的生物干扰，如温室气体过度排放，造成的气候异常变化就已经把人类推向了悬崖边，由此而引发的瘟疫、饥荒与资源争夺战更是把达摩克利斯之剑悬在了认为自己无所不能的自负的人类的头顶。人类是否即将进入被叙事的时空呢？

正如不同的文化中会有不同的上帝与神的造世故事，不同的物理空间也会讲述不同的人的故事。从物质的视角讲述的人类故事又会是怎样的呢？地球物质故事的历史性、空间性是不是完全能够用人的语言来表述呢？

如果从物质的视角来叙事，多样性的基本原则就更不容忽视。人类世在宣布人文主义胜利的同时，也暴露了人文主义的弊端和缺憾。人类能否脱离自然而存在？人类是否彻底超越了自然规律？人类世概念里的人类是集合名词还是非集合名词？且不说全球城市化发展的不平衡，即便是对气候异常变化这样需要全球共同面对的人类世问题，人类是否可以或者能够以统一的文化策略面对？

上述种种问题都需要把人放在人类世物质主义的环境里加以重新认识与理解：理解人类已经作为改变地球构成的主要作用力的实质与未来；理解科技力量与人类赖以生存的地球之间的相互构建；理解人类世物质主义对人类命运的影响。塞皮尔·奥普曼说："环境人文学者鼓励探讨在不同社会体制下，在不同时间框架内，不同模式的相互作用的人类世的状况。"环境人文势必是一个开放的、包容的、跨学科并跨文化的整体联系的认知方式、知识体系与审美伦理建构。

就整体联系而言，环境人文具有三个方面的内涵。第一，它具有整合的内涵；第二，它的建构必须与科学合作完成；第三，它需要捡拾被科学遗忘或者忽视的超自然的物质叙事。

首先，环境人文是学科整合的趋势与建构。环境人文术语产生于多个学科——如历史学、人类学、生态学、文学、美学、伦理学等——对共同面临的环境问题的研究话语聚合。不同学科在同样的环境问题面前从不同的视角对生活方式、生命意义，发展速度、规模与方向提出现代性的批判与反思。各个学科在研究中不约而同地发现学科分野如同学术上的盲人摸象，无法完整地审视问题，无论本体论还是认识论都会陷入狭隘片面的中心主义与形式主义的弊端。而不同视角的整合为找到接近完整地看问题的策略提供了可能性。

任何中心主义和统一化的认知模式及知识体系对于生态多样性与文化多样性共

生的繁荣都具有不容忽视的破坏性，都无法实现人类自身的认知。文学更是如此。在狭隘的文学学科范畴内，文学学者被方法论化。人类自身最重要的构成要素——情感与想象——成为被文字架空的形式。文学曾经涵盖一切写作的概念，成了科学与政治的附庸，附庸科学的研究方法、附庸政治意识形态的方向标。在20世纪，文学在经历了结构主义与解构主义之后，逐渐被边缘化并走向了虚无。随着生态批评的兴起，文学显示出复兴跨学科的生命力。文学研究借用历史学、地理学、人类学、生态学的方法，研究人与自然之间关系的情感与想象。同时，历史学、人类学、生态学、伦理学、美学等借用文学中人与自然之间情感与想象的再现，研究人类生命在时间、空间上多样性的伦理审美价值与意义，共同构建人类可持续生存的未来。可持续生存这一研究目的使得文学、历史学、人类学、生态学、哲学与伦理学等学科呈现出你中有我、我中有你的相互关联整体趋势。

如果说人文主义是殖民扩张的结果与建构，它以功利主义与实用主义的原则把人类带到了人类世物质主义的时空之中，那么环境人文则是人类世物质主义的结果与建构，人类世物质主义所面临的气候异常变化、资源与能源枯竭、人造环境的不确定性，把时间、空间与情感想象的意义探寻重新凸显出来，把对人自身的认知与实现、道德与价值的重建凸显出来。可以说，环境人文整合是以深层生态学的整体观念与生态智慧为原则，建构人类与时间性、与空间性的关系以及情感想象的文化弹性。

其次，在人类世时空中，环境人文主义的建构也是人文与科学关系的建构。其中包含两个方面的含义。

第一，环境人文推进科学与人文的合作。环境意识觉醒以科学认知为基础并反过来对科学技术认知的片面性提出反思。必须承认，科学认知是环境认知的基础。但是科学认知呈点状特色。每一学科的科学研究都在自身学科范围内深入，各个学科分离的状态使得“每个学科都看到自己学科的问题，不能意识到或者不容把自己的学科放到更大的框架里”。环境人文学者提倡从整体视角进行阐释与解读，从而使科学得以在整体的框架里成为人类在地球上可持续生存的风向标。科学研究发现了人类对地球的污染程度和人类作用力对气候变化的干扰程度，但是科学的分门别类使得科学发现呈现出碎片化点状分布，并强烈地受到政治与经济的选择与操控，缺少或者无法进入时间与空间整体认识图景，而仅仅作为实用与功利的工具性存在。环境人文从时间和空间的整体性出发，对科学发现从历史、伦理、审美与文化的视角加以认识与阐释，从而实现其在生命意义上无法实现的目的与作用。从这个意义上而言，环境人文既起到了桥梁的作用——架设了科学与人文之间的交通手段，也起到了镜像的作用——反观科学短板和人文与科学合作的空间。“环境人文在自然与社会科学问题上提供历史的视角，指出他们的日程、初始目标以及偶尔的失败如何受到意识形态和经济利益的影响。环境人文也助力科学成果与技术革新的阐释。”罗伯特·艾默特与大卫·奈指出：全球环境危机需要新的思维方式和新的共同体模式提供公民知识形式与环境解决方案。环境危机不可能仅仅通过找到解决特定问题的技术方法解决,因为这些问题本身就是被动地下沉到被动的消费者身上的。环境危机是人类行为所致,更是机构所致。机构依赖资本支撑,机构与机构之间凭借利益挂钩。其中的环境成本被粗暴地屏蔽在视野之外。依靠服务于这些机构并与机构利益相关的科学技术专业人员来解决问题难免不悖论重重。由于文化与政治的原因,即使是最先进的科学技术——例如那些减缓气候异常变化的科技,往往不被采纳。这就更急迫地需要跨学科的方法,包括人文、艺术与科学的方法,来促成环境观念、生活方式以及知识体系的改变。

第二,环境人文有望起到平衡或者制衡科学的实用与功利的工具性的作用。雷彻尔·卡森在《寂静的春天》中指出:人类科学技术的力量大大改变了人类与环境之间相互塑造的关系。人类创造的物质正在以自然进化所无法承受的速度与规模进入自然世界之中,对自然界的水、土壤、多样的生命造成史无前例的破坏与干扰。雷彻尔·卡森呼唤人们对有毒物质污染的意识觉醒,从而让人们看到科学是把双刃剑的事实。接踵而至的转基因技术、克隆技术、人工智能技术更是把生命的时间与空间急剧压缩。随着物种灭绝的加速,科学这把双刃剑对人类生命本身也开始显示出极大的威胁。科学伦理与确定科学的时空尺度的问题使得跨学科、整体辩证地制衡科学的实用与功利的工具性变得异常急迫和重要。

环境人文把人看作是自然整体中的一部分,提出在承认整体之中各成员内在价值的前提下实现人的价值。这对急功近利的科学发展无疑起到了一种杠杆作用。环境人文把生态多样性的丧失与生命意义和文化多样性的丧失联系起来认识,那么科学这把双刃剑所带来的问题实质上是伦理的、本体存在的、政治的、人类命运走向的问题,对科学进步的迷信就会在科学这把双刃剑的破坏性面前不攻自破。尤瓦尔·郝拉利指出,人类历史面临着两个张力的撕扯,一个是自然生态的张力,另一个则是科技的张力。前者表现为气候异常变化以及相关的自然力的叙事,后者则是人工合成的后人类科技力的叙事。两个有意思的端口并非两个对立的方向,而是相互关联、互为存在的平行方向。在相关的自然力的叙事中有科学家的救世形象,如《海云台》《后天》中塑造的科学家形象,他们都在竭尽全力地警示政府和权力部门自然灾害随时可能发生,但遗憾的是官员们把经济利益置于生命之上,对于科学家的警告置若罔闻。当生命的时间与空间严重受到经济利益的排挤时,情感与想象在灾难中才露出生命的本色,这是科技的悲哀,更是人文主义的悲哀。同时,科技力的叙事也表达了对自然力的无奈与依恋,如《银翼杀手》中人类与仿生人之间的纠结与绝望表现了科技至上的人文主义至暗的时空色彩。环境人文面临的选择与甄别,实际上也是对人的本质的选择与甄别:人是存在于时空之中的情感动物还是超时空的机器?

最后,在人类世的时空中,环境人文也是在物质主义中发现生命意义的过程。不可否认,人类世的现实表明科技产生了前所未有的物化力量。人类世的潜台词显然是人类与自然世界之间已然是你中有我、我中有你的不可分割的物质关系。

总的来说,地球故事从人类实践活动与生物、地理、化学力的相互作用中展开,人类与非人类——无论是生物的、非生物的——都在物质上和语义上联结在一起了。这就需要承认物质现象与语义过程分不开。物质在讲述交织着社会政治斗争与地理物理力的生态危机物质故事时非常有创意。

土耳其生态批评家塞皮尔·奥普曼在《人类世的规模——物质主义生态批评的反思》一文中从物质故事性视角破解人类世普世化的暗淡谜题。人类世概念出现后，其起始时间成为争议的焦点之一。从西方现代文明的视角，保罗·克鲁岑把标志着工业化的蒸汽机的出现作为人类世的起点，把 1945 年作为人类世大加速时代的开始。蒸汽机显然是人类世故事中的一个重要角色。众所周知，工业化进程并非一个全球同步的过程，世界各地的工业化发展速度与进程非常不均衡。从人文主义的视角，工业化带来的物质福利在全球范围内也并未得到公平公正的分配，物质利益的满足与环境责任的承担造成严重的环境正义问题，例如全球变暖给北极因纽特人带来的文化与生活方式的灾难性破坏，而因纽特人的生活方式和他们的文化导致的碳排放显然非常有限，也就是说他们的行为与发达的工业化国家相比对全球变暖造成的影响微乎其微，但他们的生活却最先也最严重地受到全球变暖的影响，他们独特的冰屋（igloo）本来是因地制宜、冬暖夏凉的建筑，现在在夏天却不得不使用空调才能居住。另外，他们的狩猎文化也因为冰雪融化而面临着消亡的危险。显然，在蒸汽机的故事里，人类不是一个不分你我的整体。环境正义严重质疑人类世的普世性，也就是说，人类世在物质的叙事中不应该只有一种阐释。物质的叙事超越了人类语言叙事的时空局限，提示人类无法忽视或者无视的超时空的自然主义的意义。

从历史地理的视角来看，人类参与地球构成的时空并非仅仅局限在现代文明时期，也就是说人类与地球的关系在历史上是一个不断生成的过程。这就为当代人类世的末世黑暗想象注入了时空的光明和情感温度。而历史地理的维度由文化多样性叙事构成，在文化多样性的时空里，物质叙事给环境人文跨学科跨文化建构提供了丰富的资源，也打开了人类世希望的视野。

色菲尔·奥普曼在《人类世的规模——物质主义生态批评反思》一文中说："把生命看作是由故事构成的等于承认创造性地表达物质所包含的含义——从原子到身体，从生物群到地理力量以及社会想象。物质的故事不难追寻，因为他们被编码在每一种可想象、需要被理解的形式中。我们所要做的就是调整我们对在我们的生活中留下痕迹的叙事的物质性的理解。"叙事的物质性需要跨时空的情感与想象。它激活现代文化以外的原初生命与物质之间的关系，揭示文化在物质故事中拉开帷幕的本质。这也正是环境人文的力量，即在多样性的自然与文化故事氛围中理解人类世。

多样性的自然与文化叙事不可避免地把被现代边缘化的传统故事推向前台。这就涉及物质叙事与科学之间的关系，以及物质叙事与科学所忽视或者无视的超自然之间的关系。传统物质叙事往往带有超自然的色彩。超自然主义是科学无法验证，而且一直被科学无视，甚至极力排斥的对象。事实上，无视与排斥只能使得科学认识陷入片面的局限，并不能证明科学认识就是全面的、整体的认识方法。事实证明，诸如萨满叙事、易经叙事、道家文化叙事都具有某种意义的叙事物质性。无论怎么被无视和排斥,它们都持续不间断地存在。其生命力就在于叙事中表达的人与自然之间超越时空的情感与想象联系。在人类世所面临的诸多问题面前,如气候异常变化、物种灭绝、城市生存可持续性危机,这种超时空的情感与想象的联系在物质叙事中很快就得以复活,并释放出与黑暗的末世的人类世理解相反的光芒。它为人类世里人的认知方式、生活方式、发展模式、审美与伦理理念的改变提供了可选择的不同的故事。

环境人文通过物质性叙事反观和正视人类本身——我们是谁?从哪里来?要到哪里去?迈克尔·波轮在《植物的视角》里说,我们通过植物的视角看我们自己,我们可能没有那么伟大,也许我们是被动的行动者。勒古恩在《路的方向》中也从树的视角讲述了人类的故事,并指出人类如果不懂相对论,至少应该懂得万事万物紧密相连。在中国神话系统中,伏羲的八卦故事更是把人类置于物质的叙事之中来理解。白龟在八卦故事中是救世主,也是启蒙者。在超自然的情感与想象中,人类与白龟或者与动物之间的关系呈现出完全不同的伦理与审美指向:人类需要谦卑地认知自身的身份,而不是以主宰者自居。对自身不同的身份认知自然会带来不同的生活方式、知识结构、行为模式以及对待自然万物的伦理与审美观念。

总之,从人文主义走向环境人文主义是人类整体主义认知的需要,无论是危机的话语还是人类世的物质现实都指向人文主义转变的历史必然。这种转变是人文与科学学科从分离对立走向整合的转变,也是人类生态智慧从全球化的人类中心主义走向以地方为本的把人类置于自然之中、承认万物内在价值的自我实现的转变,是文化从以科学为中心的现代线性文化单极发展态势走向自然与超自然的时空与情感想象相互关联、传统与现代并存的多级发展态势。环境人文主义在人与自然多样性共生的命运共同体平台上,在自然与文化的物质叙事中,重新建构人类的身份、认知、知识体系、生活方式、行为模式以及伦理与审美的价值判断。

参考文献

［1］ Adamson Joni. American Indian Literature, Environmental Justice, and Ecocriticism［m］. Tucson: University of Arizona Press, 2001.

［2］ Adamson Joni, Evans M M, Stein R. The Environmental Justice Reader: Politics, Poetics and Pedagogy［M］. Tucson: University of Arizona Press, 2002.

［3］ Armbruster Karla, Kathleen R Wallace. Beyond Nature Writing: Expanding the Boundaries of Ecocriticism［M］. Charlotteslle: University of Virginia Press, 2001.

［4］ Branch Michael P, Scott Slovic. The ISLE Reader: Ecocriticism, 1993—2003［M］. Athens and London: The University of Georgia Press, 2003.

［5］ Branch Michael, et al. Reading the Earth: New Directions in the Study of Literature and Environment［M］. Moscow: University of Idaho Press, 1998.

［6］ Bate Jonathan. The Song of the Earth［M］. London: Harvard University Press, 2000.

［7］ Buell Lawrence. The Environmental Imagination: Thoreau, Nature Writing and the Formation of American Culture［M］. Cambridge: The Belknap Press of Harvard University Press, 1995.

［8］ Commoner Barry. Making Peace with the Planet［M］. New York: Pantheon, 1990.

［9］ Coupe Laurence. Green Studies Reader: From Romanticism to Ecocriticism［M］. London: Routledge, 2000.

［10］ Emmett S Robert, David E Nye. The Environmental Humanities: A Critical

Introduction[M]. Cambridge: MIT Press,2017.

[11] Glotfelty Cheryll, Harold Bromm. The Ecocriticism Reader: Landmarks in Literary Ecology[M]. Athens and London: The University of Georgia Press, 1996.

[12] Iovino Serenella, Serpil Opperman. Material Ecocriticism[M]. Terre Haute: Indiana University Press, 2014.

[13] Muir K John. A Thousand Mile Walk to the Gulf[M]. Berkeley: University of California Press, 1992.

[14] Kroeber Karl. Ecological Literary Criticism: Romantic Imagining and the Biology of Mind[M]. Warrenton: Columbia University Press, 1994.

[15] Meeker Joseph W. The Comedy of Survival: Studies in Literary Ecology[M]. New York: Charles Scribner's Sons, 1972.

[16] Merchant Carolyn. The Death of Nature: Women, Ecology, and Scientific Revolution[M]. San Francisco: Harper and Row, 1980.

[17] Murphy Patrick D. Farther Afield: in the Study of Nature-Oriented Literature [M]. Charlottesville: University Press of Virginia, 2000.

[18] Neass Arne. Self-realization: An Ecological Approach to Being in the World "Deep Ecology for the 21st Century"[M]. Berklee: Shambhala Publications Inc. , 1995.

[19] Neass Arne. Ecology, Community and Lifestyle[M]. Cambridge: Cambridge University Press, 1989.

[20] Ortiz Simon. Fight Back: For the Sake of the People, For the Sake of the Land[M]. Albuquerque: University of New Mexico Press, 1980.

[21] Pilgrim Sarah, Jules Pretty. Nature and Culture: Rebuilding Lost Connections[M]. London and Washington D. C. : Earthscan, 2010.

[22] Reich Charles. The Greening of America [M]. New York: Random House, 1970.

[23] Slovic Scott. Seeking Awareness in American Nature Writing: Henry Thoreau, Annie Dillard, Edward Abbey, Wendell Berry, Barry Lopez[M]. Salt Lake City: University of Utah Press, 1992.

[24] Slovic Scott. Going Away to Think: Engagement, Retreat, and Ecocriticism Responsibility[M]. Reno: The University of Nevada Press, 2008.

[25] Walker Melissa. Reading the Environment[M]. New York: W. W. Norton & Company, 1994.

[26] Williams Raymond. The Country and the City[M]. New York: Oxford University Press, 1973.

[27] 艾伦·杜宁. 多少算够：消费社会与地球未来[M]. 毕聿，译. 长春：吉林人民出版社，1997.
[28] 奥尔多·利奥波德. 原荒纪事[M]. 邱明江，译. 北京：科学出版社，1996.
[29] 阿尔贝特·施韦泽. 敬畏生命：五十年来的基本论述[M]. 汉斯·瓦尔特·贝尔，编. 陈泽环，译. 上海：上海社会科学出版社，2003.
[30] M. H. 艾布拉姆斯. 镜与灯：浪漫主义文论及批评传统[M]. 郦稚牛，等译. 北京：北京大学出版社，2004.
[31] 比尔·布莱森. 万物简史[M]. 严维明，陈邕，译. 南宁：接力出版社，2005.
[32] 彼得·拉塞尔. 觉醒的地球[M]. 王国政，译. 北京：东方出版社，1991.
[33] 冯江，等. 动物生态学[M]. 北京：科学技术出版社，2005.
[34] 郭雪波. 银狐[M]. 桂林：漓江出版社，2006.
[35] 何怀宏. 生态伦理：精神资源与哲学基础[M]. 保定：河北大学出版社，2002.
[36] 姜戎. 狼图腾[M]. 武汉：长江文艺出版社，2004.
[37] 艾尔弗雷德·W. 克罗斯比. 生态扩张主义：欧洲 900—1900 年的生态扩张[M]. 许友民，许学征，译. 沈阳：辽宁教育出版社，2001.
[38] 老子，庄子. 老子·庄子[M]. 傅云龙，陆钦，注释. 北京：华夏出版社，2000.
[39] 雷彻尔·卡森. 寂静的春天[M]. 吕瑞兰，李长生，译. 长春：吉林人民出版社，1997.
[40] 罗宾·科林伍德. 自然的观念[M]. 吴国盛，柯映红，译. 北京：华夏出版社，1999.
[41] 卢梭. 孤独散步者的遐思[M]. 巫静，译. 长沙：湖南文艺出版社，2005.
[42] 雷毅. 深层生态学思想研究[M]. 北京：清华大学出版社，2001.
[43] 鲁枢元. 生态批评的空间[M]. 上海：华东师范大学出版社，2006.
[44] 刘勰. 文心雕龙[M]. 北京：大众文艺出版社，2009.
[45] 林省吾. 黄河历史述实[M]. 郑州：黄河水利出版社，2008.
[46] 李林樱. 啊，黄河[M]. 上海：文汇出版社，2006.
[47] 马军. 中国水危机[M]. 北京：中国环境科学出版社，1999.
[48] 蒙培元：人与自然：中国哲学生态观[M]. 北京：人民出版社，2004.
[49] 南怀瑾. 禅宗与道家[M]. 上海：复旦大学出版社，1996.
[50] R. F. 纳什. 大自然的权利[M]. 杨通进，译. 青岛：青岛出版社，1999.
[51] 让·弗朗索瓦·利奥塔尔. 后现代状态：关于知识的报告[M]. 车槿山，译. 北京：生活·读书·新知三联书店，1997.
[52] 佘正荣. 生态智慧论[M]. 北京：中国社会科学出版社，1996.
[53] 梭罗. 瓦尔登湖[M]. 苏福忠，译. 北京：人民文学出版社，2004.
[54] 尚玉昌. 生态学概论[M]. 北京：北京大学出版社，2003.
[55] 施瓦布. 希腊神话故事[M]. 刘朝之，艾英，译. 北京：宗教文化出版社，1996.

[56] 梯利. 西方哲学史[M]. 伍德,增补. 北京：商务印书馆，2004.
[57] 陶渊明. 陶渊明全集[M]. 汪荣培,译. 长沙：湖南人民出版社，1999.
[58] 唐纳德·沃斯特. 自然的经济体系：生态思想史[M]. 候文蕙,译. 北京：商务出版社，1999.
[59] 特里·伊格尔顿. 文学原理引论[M]. 北京：文化艺术出版社，1987.
[60] 特里·伊格尔顿. 文学事件[M]. 阴志科,译. 郑州：河南大学出版社，2017.
[61] 陶冶. 埃及神话故事[M]. 北京：商务印书馆，2000.
[62] 王佐良. 英国诗选[M]. 上海：上海译文出版社，1988.
[63] 吴言生. 禅宗哲学象征[M]. 北京：中华书局，2001.
[64] 徐刚. 沉沦的国土[M]. 北京：北京文学出版社,2005.
[65] 易卜生. 易卜生文集[M]. 潘家洵,译. 北京：人民文学出版社，1995.
[66] 亚里士多德. 形而上学[M]. 北京：商务印书馆，1996.
[67] 张浩. 中国文艺生态思想研究[M]. 武汉：武汉出版社,2002.
[68] 哲夫. 黄河生态报告[M]. 石家庄：花山文艺出版社，2004.
[69] 张祝平. 生态文明视域中的民间信仰[M]. 广州：暨南大学出版社，2013.
[70] 章家恩. 地球人迟到的忏悔[M]. 上海：上海科学技术出版社,2002.